海军工程大学涉外丛书

涉外

礼仪知识

主　编　尹敬湘　喻子敬
副主编　邓　波
参　编　龚　梅　刘　伟　陆　杨
　　　　蒲晓露　唐　瑛

WUHAN UNIVERSITY PRESS
武汉大学出版社

图书在版编目(CIP)数据

涉外礼仪知识/尹敬湘,喻子敬主编.—武汉:武汉大学出版社,
2015.12(2022.5 重印)
海军工程大学涉外丛书
ISBN 978-7-307-16973-9

Ⅰ.涉…　Ⅱ.①尹…　②喻…　Ⅲ.外交礼节—高等学校—教材
Ⅳ.D802.2

中国版本图书馆 CIP 数据核字(2015)第 240684 号

责任编辑:韩秋婷　胡国民　　　责任校对:李孟潇　　　版式设计:马　佳

出版发行:**武汉大学出版社**　(430072　武昌　珞珈山)
(电子邮箱:cbs22@ whu.edu.cn　网址:www.wdp. com.cn)
印刷:武汉邮科印务有限公司
开本:720×1000　1/16　印张:17　字数:295 千字　插页:2
版次:2015 年 12 月第 1 版　2022 年 5 月第 2 次印刷
ISBN 978-7-307-16973-9　定价:28.00 元

前　言

外事工作是国家外交的重要组成部分，是国家军事外交最为活跃的重要领域，也是海军战略运用日益突出的重要内容，具有很强的政策性、纪律性和严肃性。加强海军外事工作，有利于海军现代化建设，有利于国家的长治久安，符合国家和平发展战略的需要。在不同历史时期，海军外事工作为推进国家总体外交、维护国家安全、推动我军建设发挥了重要作用，为共和国外交书写了光辉篇章。

党的十八大以来，中国正前所未有地接近世界舞台的中心。在错综复杂的国际新形势下，作为维护国家领土与海洋权益的主要力量和展示国家形象的重要载体，人民海军在强军兴军的伟大征程中发挥着不可替代的作用。海军对外交往在国家外交和安全战略全局中的重要性进一步增强，地位更加突出。按照中央军委和总部的军事外交战略部署，人民海军在抓紧做好军事斗争准备的同时，以不断拓展的与外军大交流、大合作等一系列对外交往活动为有效手段，向世界各国及其军队传递着和平友好与合作共赢的最新声音，展示着不断壮大的国防实力。而直接面对外国军人并战斗在我军涉外交流一线的海军官兵，更应该从思想上、政治上、行动上同党中央军事外交政策保持高度一致，必须解放思想、开阔眼界，深入把握新形势下军事外交工作的特点和规律，熟练掌握军队外事工作的方式方法，不断提高工作能力和工作水平，坚决维护国家主权、安全、发展利益。

《涉外礼仪知识》是海军院校学员成长为海军军官之前必须学习的教材。本书可作为海军院校面向在校学员开展外事政策纪律教育及开设涉外知识礼仪系列课程的主要教材，也可作为海军机关和部队官兵、外事工作人员与外军交往的一本涉外礼仪知识的参考书。本书着重从海军外事工作的原则、海军军官应具备的涉外能力与素质、一般涉外工作常识与国际礼仪、涉外交往工作基本内容、海军礼仪等多方面，对涉及海军外事、外训及其他涉外工作的相关内容进行论述和说明。其目的是增强院校学员的涉外知识，培养和储备海军优秀的外事工作人才，同时也希望能为广大军队外事工作人员和海军各兵种部队官兵日常涉外工作提供一些帮助与借鉴。

本书在编写的过程中，参考了国防部外事办公室历年编纂的《军事外交》、《对外交往表态口径》，沈培华编著的《职业海军军官指南》（海潮出版社，2011 年 8 月），美国彼得·卡斯滕编著的《海军贵族》（海潮出版社，2011 年 4 月），美国罗伊·W. 康奈尔编著的《美国海军礼仪、传统与习惯》（海潮出版社，2011 年 4 月），金正昆主编的《国际礼仪》（北京大学出版社，2005 年 8 月）及《公关礼仪》（陕西师范大学出版社，1994 年 2 月）等资料。同时，还要特别感谢军械士官学校基础部语言教研室蒲晓璐、海军医学科技研究所科技计划处唐瑛等同志，他们分别为本书的第二章、第三章及第六章提供了许多有益的资料；特别感谢海军工程大学外训系外军留学生管理军官祝剑少校、郭鹏少校、朱建鹏少校，他们参与了许多重要内容的修订，周密安排和筹划了本科及研究生学员随中国海军舰艇远航训练及出访、参加外国海军海上联合演习训练、参加海军重大军事外交活动等与外军官兵的涉外交流实践工作，使本书具有更强的指向性和可操作性，在此表示诚挚的谢意！

由于时间仓促，水平有限，书中难免有错误或不足之处，敬请读者批评指正。

编 者

2015 年 5 月

目　录

第一章 军队外事工作概述

第一节　军队外事工作的意义与种类

一、军队外事工作的意义

面对日益激烈的国际竞争，实现中华民族的伟大复兴，提高国际的国际竞争力，对内需要不断提高综合国力，对外需要构筑安全可靠的外部环境。我军的外事工作以维护世界和平、维护我国根本利益、保障我国国家安全、提高我国国际地位、进一步营造和平国际环境为战略目标，服务于国家的整体外交，服务于军队的现代化建设，服务于祖国统一大业。与世界各国及军队建立和平友好、平等相待、团结合作、共同发展、面向未来的长期稳定、全面合作的国家和军队间关系，是军队工作的重要组成部分，具有十分重要的战略意义。

（一）做好军队外事工作，是营造和平稳定的国际和周边环境的实际行动

我国面临世界上最为复杂的安全环境，周围邻国众多，人口稠密，民族、宗教矛盾复杂，国家间领土、领海问题交织，经济发展不平衡，各种矛盾突出：既有传统安全问题，又有非传统安全问题；既有以往殖民主义的遗患，又有当今霸权主义的阴影。在这种情况下，如何有效维护国家安全、营造和平稳定的国际和周边环境？中国自古崇尚协和万邦、亲仁善邻的思想。进入现代，当经济纽带结成的相互依存的网络将各国关系日益紧密地联结在一起的时候，国家安全越来越具有国际性，一国的安全越来越需要以他国的安全为条件和保障。单纯依赖自身军事优势、依赖冷战时期的军事联盟、依赖“零和”的指导思想，越来越难以有效维护今日的国家安全。变化了的世界需要摒弃冷战思维，建立适合时代需要的以互信、互利、平等、合作为核心的新的安全观念。抛弃停滞、追求发展，抛弃封闭、追求开放，抛弃对抗、追求合作，既是对国家的要求，也是对军队的要求。

以台湾问题为例，李登辉和陈水扁在台“执政”时期，“台独”势力不断制造分裂，国家统一面临严重威胁。台湾问题是我们的内政，但也有着深刻的国际背景。其政治性、战略性很强，不仅涉及两岸关系本身，而且诸如钓鱼岛、南海岛礁主权归属等诸多国际问题都与其有着千丝万缕的联系。因此，站在维护国家和民族统一的高度，从维护和保持国家发展重要战略机遇期出发，科学分析台海局势的发展变化，全军在相对长的时期内都要毫不松懈地做好对台军事斗争准备。解决台湾问题，必须坚持军事斗争与政治、外交斗争紧密结合在一起，综合利用各种手段充分发挥总体优势，牢牢掌握两岸关系的战略主动权；综合利用各种手段充分发挥总体优势，牢牢掌握两岸关系的战略主动权；解决台湾问题，很大程度上也取决于我们能否营造一个有利的国际空间环境，争取各国的理解和支持。做好外事工作，既为我军与外军的相互沟通提供了机会，又为我国向外宣传对台湾问题的原则立场，争取外军理解和支持创造了条件。近几年，我军通过开展多层次、多渠道、多形式的对外交往，生动地宣传了我国解决台湾问题的基本方针，使我国的国防政策和安全政策得以向外军及外军人员进行清楚的展示和阐述，收到了很好的效果。实践证明，做好外事工作，在增加知华派，培养亲华派，减少反华派，营造有利于解决台湾问题的国际空间环境上，能够发挥独特的作用。

（二）做好军队外事工作，是推进中国特色军事变革的内在要求

当前新军事革命发展迅速，来势很猛。这场军事变革的核心是信息化，实质是军队建设模式的根本转型和战争形态的根本转变。要建设信息化军队、打赢信息化战争，就必须在推进中国特色军事变革方面迈出更大的步子。外事工作，为我军架起了与外军联系的桥梁，搭设了开展交流与合作的平台。与外国军人，特别是与有多国受训经历的外国中高级军官接触交流，不仅可以掌握其所在国军队建设的新思维、新方法，也可以了解美英等发达国家在军队建设、武器装备、联合作战、军官培养、院校建设等方面的经验，使我军有机会吸收对自己有益的东西，对推进我军现代化建设有积极的促进作用。实践证明，做好外事工作，有助于增加相互了解，扩大国际影响，有助于及时了解各国军队的发展动态，跟上世界军事变革和发展的潮流，有选择地学习和借鉴外军有益东西，更好地为国防和军队现代化服务。在当前世界军事变革加速发展的大趋势下，军队外事工作可以发挥其独特的作用，增强军事合作的深度和广度，在为中国特色的军事变革服务上有所作为、有所建树。当前可以在外事工作与军队建设的结合上积极下功夫，构建四大服务平台：一是对外军事交往平台，全方位推进与世界各国军队的交流

与合作、了解与信任；二是军事技术交流平台，加强与各国的军事技术合作；三是军事人员培训平台，利用国际军事训练资源和智力资源，培养适应中国特色的军事变革和军队建设跨越式发展的新型指挥和科技人才；四是军事理论研究的平台，加强国际军事学术交流，推动军事理论创新。

（三）做好军队外事工作，是促进国防和军队现代化建设的客观要求

当今世界和未来世界的竞争，从根本上是人才的竞争。科学技术进步日新月异，世界新军事变革加速，知识和人才越来越成为战斗力的主导因素。在促进国防和军队现代化建设的历史进程中，军事院校肩负着培养高素质人才的重要使命。《2020年前军队院校教育改革和发展纲要》明确提出了建立和完善以岗位任职教育院校为主体、岗位任职教育与生长干部学历教育相对分离、军事特色鲜明的新型院校体系，这标志着我军院校教育的重心由学历教育转向任职教育。外军院校教育基本上以任职教育为主，积极做好军队外事工作，准确地把握外国军人职业发展的规律，大胆借鉴外军培训军人的有益经验，对于构建我军院校的任职教育体系，具有一定的作用。

总的来说，搞好军队外事工作，对于配合国家外交斗争、营造国家安全环境、维护国家安全利益、推进中国特色军事变革、促进国防和军队现代化建设，战略意义极其深远。

二、军队外事工作的种类

军队外事工作领域宽、范围广，涉及军事代表团互访、国际和地区安全合作、军控履约、对外军事技术合作、参与联合国维和行动、人员培训、智力引进等方方面面。

（一）军事代表团互访

主要包括军队领导人（国防部长、武装部队司令、军兵种司令等）往来，军队专业技术人员交流、军舰互访、文体交流等。军事代表团互访可以加强国与国（或国际及地区组织）之间的军事交流，促进军事合作友好关系的深入发展，有利于增进互信，加强合作，共同维护世界的和平与稳定。近年来，我国各类军事交往团组年均达360多批，其中出访代表团160余批，各类出国军事人员近2000人次。

（二）国际和地区安全合作

主要包括双边和多边安全合作对话机制、互派军事观察员、互派武官、双边和多边联合军事演习等。国际和地区安全合作有利于威慑地区恐怖势力，增进区域安全合作和地区稳定，有利于各国军队相互了解、相互学习和

相互提高。更重要的是，通过防务交流，可以增加军事透明和政治互信，并促进双边关系的全面发展。截至2014年年底，我国已与俄罗斯、美国、英国、法国、德国、加拿大、澳大利亚、日本、巴基斯坦、哈萨克斯坦、泰国、南非等10多个国家建立了不同形式、定期和不定期的安全防务磋商机制。同时，我国与世界上150多个国家建立了军事关系，在100多个国家设立了武官处，在我国设立武官处的国家也有近百个。

（三）军控履约

国际军控和裁军法律体系是以联合国为中心的全球集体安全框架的重要组成部分。选派武器核查专家参加联合国禁止核武器、化学武器、生物武器、导弹等军控领域的武器核查任务，参与国际军控和多边核查机制是联合国各成员国的责任和义务，也可以为维护世界和平、推进国际军控和防扩散进程作出重要贡献。

（四）对外军事技术合作

主要包括军援军贸、军事技术合作研究、军事学术交流、国际问题研讨等多种形式。对外军事技术合作不仅可以加强军队与军队之间的友好交往，还能够宣传本国的国防政策和安全政策，展示军队的建设成就，增加透明度，进而推动军事理论的创新和军事技术发展。

（五）参与联合国维和行动

派遣军事人员参与联合国维和行动，本身就是外交行动。在联合国的框架下维护世界和地区的和平稳定，是各国政府和军队的责任与义务。这既可以检验和展示各国军队的训练水平、装备水平和快速反应能力，也能检验和展示其与他国军队协调、协作的能力，是军队综合能力的反映。自1990年首次派工程兵赴柬埔寨参加联合国维和行动以来，截至2014年年底，我国已参与20多项维和行动，先后向联合国20多个维和任务区派出了1万多名军事维和人员。是联合国安理会中派出维和人员最多的国家。

（六）军事留学生

向国外派遣军事留学生，利用外军训练资源，学习借鉴军事强国先进的军事理论成果和科学的治军经验，深入了解外军军队建设、武器装备及人员培训情况，是各国普遍采用的培养军事指挥和科技人才的办法。为增进互信，加强合作，主动宣传本国军队的国防安全政策，展示军事实力和技术水平，许多国家和军队还积极安排和接受外军人员培训。1996—2014年，我国先后向美国、俄罗斯、英国、法国、德国等20多个国家的70多所院校派出了数千名军事留学生。我们还采取“请进来”的办法，以外训院校或部队为载体，以学术交流为主线，加强对外培训工作。各承训单位在加强外军学员对我国、我军了解和信任的基础上，聘请外军学员讲课，组织中外学员学术交流，加强双向活动，推进了我军人才培养和院校建设、教育训练。这些年来，我们为世界许多国家培养了一定数量的官兵，他们中有的担任了国家领导职务，还有很多走上了军队领导岗位，成为发展国际关系的友好使者。

第二节　海军外事活动的基本原则

随着国家改革开放的不断扩大和我国国际地位的不断提高，人民海军在维护国家领土完整、捍卫国家海洋权益、履行国际人道主义义务等方面，对外交往的范围越来越大、领域越来越宽、数量也越来越多。自1985年海军首次派舰艇编队出访南亚三国以来，每年都组织各型舰艇编队远赴各大洋进行例行战备训练和访问世界各国；根据联合国章程派出了数十批次的舰艇编队赴亚丁湾护航和实施国际人道主义救援；与多国海军举行以“和平使命”、“海上合作”和“环太平洋-201X”为代表的年度系列海上联合军演；举行庆祝海军成立60、65周年庆典，召开西太平洋海军论坛等；接待了数十个国家来访的近200艘次海军舰船；海军各院校也开展了丰富多彩、卓有成效的对外交往活动。海军作为能够成建制、成规模走出国门、走向大洋的军种，在发展与外军友好合作关系、展示我军建设成就和形象、加速海军现代化建设等方面，作用十分明显。因海军的自身特点，组织和开展外事活动有以下几条原则需要认真遵循和把握：

一、服从服务的原则

军事服从政治，军队外事服从国家外交，这是任何时候都不可动摇的基本原则。做好海军外事工作，必须很好地坚持这一原则，牢固确立服从并服务于国家外交大局、服从并服务于国防和军队现代化建设的指导思想。要始终着眼政治，做好外事工作，坚定不移地贯彻党中央提出的我国对外工作的十条方针，把维护国家整体利益和对外战略作为最高准则；要自觉在国家和军队外交大局下行动，安排工作、处理问题时，都要考虑到大局、服务于大局；要充分发挥海军外事工作的独特作用，广泛宣传我国经济建设和军队现代化建设的伟大成就，扩大我国军队的政治影响，展示我军威武文明之师的良好形象。

二、友好交往的原则

与外军进行交往，要本着发展友谊、增进了解的目的，坚持求同存异，多找共同点，扩大合作面，使相互间的关系不断朝着健康稳定的方向发展。要把发展友好关系建立在自尊自爱、自重自强的基础上，面对不同社会制度不敌视，面对发达国家不自卑，面对发展中国家不自大，充分体现我军友好交往的真诚愿望。要善于化解矛盾，讲究方法，坚持原则性与灵活性的有机统一，针对不同对象、不同问题，采取不同的方式和方法，做到有理有利有节，始终掌握军事交往的主动权。

三、学习借鉴的原则

积极跟踪世界军事高新技术发展的趋势，借鉴一切有益的东西，是推进海军现代化建设的内在要求。在海军外事活动中，要善于抓住和利用各种有利时机，多渠道、多途径、多手段地开展工作，把对我们有用的一些东西学过来。国家不论大小强弱，在军事思想、军事理论和军事技术等方面，都有自己的一些长处。在这一点上，我们要有当学生的心态，不能妄自尊大，要学会博采众长、为我所用，凡是有利于我军现代化建设，有利于为打赢服务，有利于提高部队战斗力的，我们都要认真地研究和学习借鉴。要扩大学习领域，既要学习专业技术，也要学习军事、政工、后勤、科研，装备等方面知识；既要重视有形的技术装备和武器装备，也要重视无形的军事理论和战略思想。要努力开拓新的合作领域和新的合作项目，充分发挥海军舰艇编队互访这一特有方式，开展深入、广泛的学习、借鉴、交流活动。

四、慎重稳妥的原则

周恩来总理生前多次说过“外事无小事”，这是老一辈外交家长期实践经验的总结。在对外交往中，我们经常与不同社会制度、不同意识形态、抱有不同政治目的的对象打交道，做的每一件事、说的每一句话，都带有一定的政治含量，一个小的疏漏，都可能损害国家和军队的形象，甚至会引起外交上的麻烦，造成不良的政治影响。这就要求我们开展外事工作时，一定要慎而又慎、细而又细，认真地安排好每一项活动，精心地设计好每一个细节，严密地处理好每一项工作，做到谋事在前、筹策在先。只有这样，才能增强工作的针对性和计划性，减少工作的盲目性和随意性，确保党中央、中央军委战略意图的圆满实现。

五、安全节俭的原则

海军外事活动，特别是舰艇编队出访，规模大、人员多、航程远，情况复杂，安全工作要求高，难度也很大。不牢固确立安全第一的思想，严格落实各项安全措施，就难以保证人员、装备、防线和保密等各方面不出问题。特别是当前国际恐怖活动愈演愈烈，暗杀、爆炸、劫持等暴力事件接连不断，国内外各种带有组织性、政治性、连锁性的群体性事件也有增多的趋势。这些情况都给做好海军外事活动中的安全警卫工作提出了更高、更新的要求，因而要从事海军外事工作，就必须保持高度的警觉，要精心组织、严密部署、忠于职守，确保来访外宾和重大外事活动的绝对安全。同时，我们还要积极发扬我军艰苦奋斗的优良传统，贯彻“勤俭办外事”的方针，科学筹划、合理安排、精打细算，真正把钱花到实处、花到关键处，做到出去一次有一次收获，接待一次有一次效益。

第三节　外事政策与纪律

一、国务院颁布的《涉外人员守则》十项规定

（1）忠于祖国，忠于人民。坚决维护国家主权和民族尊严，不说不利于祖国的话，不做有损国格、人格的事。

（2）站稳立场，坚持原则，警惕和抵制敌对势力推行和平演变的图谋，自觉抵制资产阶级腐朽思想和生活方式的侵蚀，做到“富贵不能淫，贫贱不能移，威武不能屈”。

（3）坚决执行党和国家的方针政策，自觉遵守法律法规。如实反映情况，严格执行请示、报告制度。

（4）保守国家秘密，严格执行保密法规。坚持内外有别，不泄露内部情况。

（5）忠于职守，尽职尽责。提高警惕，防奸、反谍、反策反。

（6）加强组织观念，自觉遵守纪律。在国外服从驻外使领馆的领导，遵守驻在国的法律，尊重驻在国的风俗习惯。不搞大国沙文主义，不搞种族歧视。

（7）不同外国机构和外国人私自交往，不利用职权和工作关系营私牟利。严禁索贿受贿，不违反国家规定收受各种名义的回扣归个人所有，严格

执行授受礼品的规定。

(8) 勤俭节约，廉洁奉公，分清公私界限，严格遵守财务制度。

(9) 谦虚谨慎，不卑不亢。讲究文明、礼貌，注意服饰、仪容。严禁酗酒。

(10) 顾全大局，发扬风格，协调配合，协同对外。

二、总政治部下发的《政治纪律十不准》

(1) 不准发表与党中央、中央军委精神不一致的言论。

(2) 不准与社会上的非法组织和非法刊物及有政治性问题的人发生联系。

(3) 不准围观和参与社会上游行、示威、静坐等活动。

(4) 不准擅自与国外、境外人员交往。

(5) 不准传抄、张贴、私藏大小字报。

(6) 不准听信和传播谣言。

(7) 不准收听收看国外、境外反动电台、电视节目。

(8) 不准组织和参与集体上访。

(9) 不准成立条令条例之外的组织。

(10) 不准参加任何宗教组织和宗教活动。

三、中国人民解放军涉外保密规则

(一) 总则

第一条　为加强军队涉外保密工作，维护国防及军队的安全与利益，根据我军保密条例和国家有关保密法规，特制定本规则。

第二条　凡涉及军事秘密内容的对外交往活动、外宾参观访问、涉外通信联系、外事电报管理，均属于本规则管理范围。

第三条　涉外保密工作必须贯彻突出重点、积极防范、内外有别的方针，坚持既确保军事秘密安全又便于工作的原则。

第四条　全军涉外保密业务指导工作，由总参外事办公室负责办理。各大单位涉外保密工作，由司令部或办公厅（室）负责办理。

(二) 对外交往

第五条　对外交往中，任何人不得泄露国家和军队的秘密。

第六条　不得在外事场合谈论军事秘密。确需谈及某些秘密问题时，要十分注意方式方法，防止被窃听。

第七条　与外国人谈话时，凡涉及国家和军队重要情况，均以我国公开发表过的或已经上级批准的口径为准。有关问题，未经批准不得向外国人透露。谈话内容应如实向领导反映，不得隐瞒或修饰。

第八条　不得将秘密文件带到外事场合。与外国人会谈时，不得把秘密文件摆在桌上。内部商量对策和交换意见，应在有保密条件的地方进行。

第九条　未经批准，任何人不得私自与外国人接触。外国人联系公务必须在规定的地点，不得进入我军办公区或与办公区相通的宿舍区探亲访友。

第十条　经批准向外国人提供军用物资及资料时，涉及秘密内容的，必须进行技术处理。

（三）参观访问

第十一条　安排外国人到我军事单位参观访问，均需征得总参外事办公室同意。

第十二条　未经批准，不允许外国人在军事单位摄影、录像，并应事先向陪同人员和外国人宣布。

第十三条　对于非法进入我军事单位的外国人，应检查证件，查明情况，及时通告当地安全机关并报上级机关，配合安全机关对其进行审查、处理。若系外国驻华使、领馆及武官处成员，应报当地外事部门处理，必要时报外交部和总参外事办公室。

（四）涉外通信

第十四条　我军人员（包括职工和随军家属）未经批准不得与外国人（包括外国机构、团体）建立通信联系。如需要建立通信联系，一律报军以上单位政治部门同意。

第十五条　发往国外的私人信件，不得谈论国家、军队秘密，不得书写部队番号、代号，不得使用公用信笺、信封。

第十六条　严禁将机密级文件、内部报刊或记有内部情况的笔记本自行带到国外。出国人员确实需要携带某些秘密级文件资料时，应按有关规定办理临时信使手续，由临时信使带出，回国时亦应由临时信使带回。

第十七条　严禁使用军用电话与外国人和在外国驻华使馆、机构、国际组织工作的中方人员通话，军内总机不得受理外国人和海外打来的电话。不得以任何方式将军用电话号码告诉上述人员。凡有常驻外宾的军事单位，均应安装民用电话，并不得与军内共用同一条电缆或同一总机。

第十八条　凡遇外国人找我军联系事宜，应由其直接与国防部外事办公室联系，然后根据谈话内容，再由国防部外事办公室通过有关部门处理。

（五）密码电报

第十九条　向驻外机构拍发电报或出国人员在国外遇有重要紧急事项需发电报向国内汇报请示，凡涉及秘密内容的，不得用明电拍发。急而不密的事项，一律不得发密电。

第二十条　严格掌握外事明密电报的划分，同一事项不得既发密电，又发明电或信函。一般情况下，应明来明复、密来密复，在特殊情况下，明电或信函必须涉及密电时，不得暴露有关密电日期和内容。

第二十一条　阅办外事密码电报，应在办公室或阅读室进行，严禁在宿舍、公共场所等有碍保密的地方阅办。个人不得私自抄存、翻印、复制密码电报。不准在报刊上原文登载和在电话中原文传诵密码电报，不准与密语、明码和普通传真电报互转、并用。

第二十二条　外事密码电报确需改用文件形式转发或文章形式公开发表时，均应报经发电或受电单位的主要首长批准，改发文件、文章，必须改变电报格式，要删节文字、舍头去尾；确需向群众口头传达时，要依其内容，概述其意，严禁出现“密码电报”字样。

第二十三条　外事密码电报必须严密保管、收发、送阅、借用等，均应严格履行登记、签收手续。发现密码电报丢失或严重泄密时，应立即检查、处理并将情况及时报告主管领导和有关部门。

（六）附则

第二十四条　我军人员（包括离、退休干部）除严格执行本《规则》外，同时必须遵守其他有关保密规则、规定。

第二十五条　关于军队涉外保密工作的奖惩问题，按《中国人民解放军保密条例》第八章的有关条款执行。

四、军内人员与外国人交往时应注意的问题

军内人员在同外国人接触交往时，要讲文明、讲礼貌，自觉维护民族尊严和国家声誉。在公共场所，对外国人的正常活动不要干预，不要围观，不要尾随，不要评头品足，更不要纠缠外国人练外语或要求拍照。

对外国人同军内人员打招呼、询问、交谈等正常友好活动，应以礼相待、热情友好、不卑不亢。如遇外国人发表不同的政治观点或提出怀疑、误解的问题时，应当正面阐明我国的立场、观点。对个别外国人态度不友好、蓄意挑衅、对我国攻击诬蔑时，应当严正表明立场，据理驳斥，但要做到有理、有利、有节，不予纠缠。

要高度警惕外国人利用各种机会和手段、攀拉关系、腐蚀引诱、刺探我国政治、军事、经济、文化情报和进行不法活动。如遇外国人向军内人员散发“调查表”、“征询意见票”时，受调查的军内人员要拒绝填写，并应及时向上级报告。军内人员不得以任何理由擅自与外国人来往，如属正当关系或有正当事务，确属必要来往时，要向组织请示报告。

军内人员同外国人正常交往时，必须自觉遵守我国法律、法令和有关外事政策、纪律，自觉防止资产阶级思想和生活方式的侵蚀和影响。不要随意同外国人谈论我国内部情况，泄露党和国家机密，不要向外国人索要财物，不要托外国人套购市场短缺商品，不要托外国人转递申诉信件和材料，不准拦截外国人及其车辆，不准与外国流氓鬼混，不准与外国人勾结进行走私倒卖活动，不准向外国人散布不满言论或攻击我党和社会主义制度的反动言论。

对遵守我国法令和规定的外国人，要保障其人身安全、财产安全和他的正常活动。要注意防止少数反革命分子、刑事犯罪分子和亡命之徒伤害、偷窃、抢劫、诈骗、敲诈外国人，破坏我国声誉。发现反革命分子、刑事犯罪分子的捣乱破坏活动或发现外国人有违法和可疑活动时，要及时报告，采取有效措施，防止敌人阴谋得逞。

五、军队外事人员涉外礼仪注意事项

着军服时，同场活动的军服制式要统一，服装要整洁，上下颜色要一致，帽徽、肩章和领花佩戴要符合要求，衬衣不得外露。

着便装参加外事活动，可根据活动性质按要求着装，服装要整洁体面。不得将军服（军裤、长袖衬衣、短袖上衣等）做便衣穿用。参加正式、大型外事活动，宜穿黑色皮鞋和深色袜子，男同志不能穿前后外露的凉鞋。

参加外事活动，男同志要注意刮胡须，剪指甲，会见外宾时不要剔牙、掏耳、抠鼻子；女同志化妆应当得体，不要浓妆艳抹或穿着奇装异服。

出席外事活动要注意仪表，姿势端正。立时不要东倚西靠；坐时不要晃腿或靠在椅背上眯眼休息；交谈时不要用手或刀匙筷指着对方。

参加外事宴请、招待会、酒会时，要举止文明、彬彬有礼，做到六不要：每次取食不要太多；使用餐具时不要碰撞声音太大；咀嚼食物时不要咂嘴；喝汤时不要发出呼噜声；饮酒不要过量或劝酒；离开时不要带走香烟、糖果等剩余物品。

在外事活动中，要多同外国人接触，多做友好工作，谈话声音要轻。不要中国人聚在一起、频繁敬酒、高声交谈。

在禁烟的外事场所，要自觉遵守规定不吸烟。

六、中国人民解放军出访团组注意事项

（一）遵守礼宾规定

通常应按照计划日程活动，留意行程变化；代表团团长一般准时或少许提前到达出发地点（如饭店大堂），代表团成员一般提前5～10分钟到出发地点等候（在团长抵达后先于团长登车）；参加活动时请按照礼宾顺序站立和入座；会谈会见时请集中精力，不要打瞌睡；听情况介绍时请提前准备高质量的问题；参观和游览时不宜只顾拍照而不听讲解或掉队。

（二）加强保密观念

在宾馆房间内、车辆上和外宾面前不谈秘密事宜；除特别需要和经上级批准，机要文件和载体（包括出访前提供的国情、军情等参考材料）不带出国；不议论别国，尤其是发展中国家相对比较落后，接待上也有不尽如人意的地方，但国外许多陪同军官懂汉语，不宜在外宾面前议论别国的短处，宜多讲好话。

（三）注意仪态仪表

着军装时请注意军姿军容；着装宜平整、干净，可根据日程安排及时和经常进行熨洗（除内衣外可交由代表团工作人员协助处理）；军便装不混穿，着便装时最好不扎军装制式领带；着长袖衬衣时请勿挽袖。

（四）讲究餐桌礼仪

喝汤、进食时请尽量控制声响；进食方法可观察主人动作；宴会时最好“多敬酒少劝酒”（可根据不同的对象灵活掌握），以不失态为宜；席间可主动和外宾交谈。

（五）尊重当地风俗

各国都有自己特殊的宗教和民族习惯，各国法律和规定也各有特色，例如，佛教尊敬和尚，不许摸别人的头；伊斯兰教不允许喝酒，不主动和妇女握手；印度教敬牛如神；有些寺庙进入时要脱鞋脱袜；在君主（立宪）制国家对王室要尊重；飞机上全程戒烟，公众场合应尽量少抽烟或不抽烟；不随地吐痰，不大声喧哗；有些单位不允许摄、录像；及时支付小费（每天房间和其他服务小费可按当地使馆武官处建议支付）等。

（六）重视人身安全

平时不要单独外出或不假外出；保管好个人的财物，钱和贵重物品最好

随身携带或适当存放，个人物品一般不要放在床上（以免服务员拿走）；上街谨防扒手和抢劫；在国外街头如遇到乞丐，最好敬而远之（以免因发善心而招致围堵）。

（七）确保身体健康

早餐一般安排在酒店用自助餐，卫生和质量比较有保证；宴会上尽量不喝生水和冰水，可用啤酒或饮料代替，在酒店可用酒店或使馆提供的电水壶烧水，或饮用冰箱内饮料和酒店赠的饮用水；请及时调节室内空调，防止温差过大引起不适；慎用酒店洗浴用品（毛巾、浴池、马桶）；谨防蚊虫叮咬，可根据日程及时运用防蚊药品；请带齐个人常备药品。

（八）合理携带行李

根据出访任务和国家不同，适当携带个人物品（各类服装和用品应尽量考虑周全），一般以大件托运为主，手提行李尽量从简。美国“9·11”事件后，各国都加强了机场的安检工作，大多数国家对于要客也不免检，有时可能会带来一些不便，刀具、金属利器（包括小剪子、水果刀、指甲刀）、打火机、火柴等均不能放在随身行李中，如需携带，应妥善放在托运行李中（有的国家规定托运行李中的电器需和电池分开放置）。

（九）慎用电话、电视

国外饭店的长途电话费用通常为正常话费的数倍以上，发展中国家的移动电话费用也十分昂贵，而且不保密。有些饭店提供收费电视频道，注意防止误播。

第四节　海军军官应具备的素质

海军是一个战略型、国际型、综合型的军种，其外事工作具有任务特殊、政策性强、参与人员多、涉及范围广等显著特点，这就要求全体海军官兵必须具有宽泛的国际化视野及综合化的素质和能力。这种素质和能力主要体现在以下几个方面：

一、高度的政策理论水平

外事工作人员是代表国家进行对外交往、处理涉外事务等活动的主体。外事工作人员能否忠实执行本国的外交政策，在很大程度上取决于其自身的素质，有非凡之人，才有非凡之事。所以，世界各国对外事工作人员的要求都很高。我国党和国家领导人历来都重视外事队伍建设。周恩来同志对外交干部的选拔、培养教育，付出了很多心血，并言传身教、身体力行。早在新中国成立之初，周总理指出：我们的队伍一定要符合外交上“另起炉灶”的要求，应当是一支新型的队伍。外交部建部之初，从军队、地方调来一批久经考验的同志和新中国成立前就从事外事工作、统战工作、地下工作的干部，以及优秀的青年学生，其意图是把我党多年来的军事斗争和政治斗争的战略、策略思想及经验运用到外交斗争中来，使它成为一支“文装解放军”。周总理对外交人员提出的“站稳立场、掌握政策、熟悉业务、严守纪律”的严格要求，已被外事人员熟知并成为普遍遵守的准则。此后有些领导人在不同场合又提出过不同的要求，它们的基本精神相同，只是侧重点有所变化。如提出“一要有原则立场，二要有政治眼力，三要有斗争策略，四要有组织才能，五要有外交艺术”；或者“立场坚定、目光远大、头脑敏锐、业务熟练、才华出众、风格高尚”；或者外事干部应当有“特别高的觉悟，特别好的风气，特别好的道德，特别严格的纪律，特别高的工作效率”等。江泽民同志强调，要建设一支忠于祖国、献身社会主义事业、精通业务的外事队伍。他还强调外事人员特别要具有“富贵不能淫，贫贱不能移，威武不能屈”的品质。他也指出，尽管环境、任务和队伍构成发生了很大的变化，“站稳立场、掌握政策、熟悉业务、遵守纪律”十六字准则仍然没有过时，他要求我们结合今天的实际，继续贯彻执行。

从以上我们可以看出，外事工作人员素质的核心是“可靠”两字，即政治上可靠，业务上可靠。对于海军及其所属院校外事战线的工作人员来说，政治上可靠是第一位的。海军及其所属院校的外事工作人员要具有敏锐的政治头脑和较高的政治水平，要透彻理解和坚定不移地执行党和国家及军队的各项方针政策，不断提高自身政策理论水平。对与外方人员在一般问题上、细节事务上的分歧，外事工作人员要灵活处理；在涉及我国主权、领土完整和国家独立等原则问题上，则要站稳立场，毫不含糊。言谈交流时，既要注意做好我国国情的宣传工作，又应该注意不能把我们的意识形态强加于人。

外事工作人员应该具备应有的民族自豪感和国际主义的情操。在与外方人员交往的过程中，对综合国力、军事实力强于我们的，要不卑不亢、有理有节，切不可低声下气、自灭“威风”；对国力、军力相对较弱的，应热情谦虚、平等相待，切忌流露出傲慢自大情绪，必须防止民族优越感和大国沙文主义倾向。

由于工作需要，外事工作人员有时要参加一些重要的军方会见、会谈等外事活动，有时还会接触一些内部文件，涉及内容均属国家和军队的机密，外事工作人员必须严守政治纪律、外事纪律、保密纪律，不得以任何方式予以透露。

二、良好的思想道德素质

传统外交认为外事工作者的合格人选应该既是一个思想家，又是一个实干家；既是一个活动家，又是一个学问家；既要开朗，又要诚恳；既要勤奋好学、深思熟虑，又要不恃才傲物、明哲保身。他不应沾沾自喜或者动辄生气；他应能把由于自己的地位而受到的照顾和优待，与给予他人的照顾和优待区别开来。虽然，他不能总是流露自己的性格，但他本性坦率和诚实，能赢得他人的信赖和信任。英国有一位叫哈罗德·尼科松的议员曾概括地说过："我认为，理想的外事工作者必备的素质是：真诚、精确、镇静、忍耐、和蔼和忠实。也许有些人会反驳说：'你忘掉才智、学识、判断力、谨慎、殷勤和机智了。'我并没有忘记，因为我认为这是理所当然的条件。"现在我们常说外事工作人员一举一动关系国家、人民利益，一言一行牵涉祖国的声誉和形象，所以要有高度的思想觉悟、高尚的职业道德和强烈的事业心和责任感。

对于海军外事工作人员来说，在军队外事活动中要牢记我是一个中国人，我是一名革命军人。要树立光荣感、责任感、事业感，每时每刻想到自己代表国家、军队和人民，在对外交往中，坚决维护国家主权、利益和安全，坚决维护民族的尊严。在错综复杂的涉外事务中对祖国和军队赤胆忠心，要经得起严峻的考验。海军外事工作人员必须具有良好的职业道德，要有埋头苦干、认真严谨的工作作风和甘于寂寞、乐于奉献的精神，始终遵守职业规范和操守，忠实地执行我国的军队外事政策，全心全意地为军队、海军外事工作服务。

外事工作人员所处的是一种特殊环境，往往在"香风毒雾"、"灯红酒绿"的包围之中，因此更应有大公无私的精神，摒弃一切利欲熏心的杂念私心。对于不好的事物现象，若不加以警惕，则会耳濡目染、潜移默化，久而不闻其臭并与之同化了。只有铮铮铁骨才能经得起糖衣炮弹，只有耿耿忠心才能"心不动、眼不红、手不痒"，要拒腐倡廉，防止各种丑恶行为。

三、熟练的本职业务能力

因军兵种的特殊性，从事海军外事工作的人员绝大多数不是专职外事人员，往往还要兼职一定量的，有时甚至是大量的军事、装备、文秘、教学、勤务等其他工作；而恰恰与国外海军人员交流接触时，对方也是同样情况或者对纯外事以外的交流需求更多、更感兴趣。因此，无论从高质量地完成自身工作的角度出发，还是从更好地进行对外交流的角度着想，对我海军外事工作人员都应该提出“熟练的本职业务能力”这一要求。即如果你是舰艇支队的外事工作人员，你就应该对本支队的舰艇非常熟悉，同时也应该是个优秀的舰艇干部；假如你是海军院校的外事工作人员，那你同时也应该是个好的教员。因为“不是冤家不碰头”，同行才会惺惺相惜。外军人员既然专门来到你的舰队、院校，肯定也会是个差不离的内行，只有碰到水平相当或高水平的对手，才会有交流的兴趣，才会由衷地赞赏；否则若发现你对本单位、对本职工作只是略懂皮毛，那肯定会是表面上“你好我好大家好”，说一大套外交辞令，内心里却一百个瞧不起。

四、扎实的外事工作基本功底

外事工作是一门牵涉广泛的综合性工作，其业务包括诸如熟悉中央对外方针政策和有关规定、本系统有关业务知识、语言交流、国际知识、国际惯例、外事程序、礼仪函电等。外事工作人员可以通过学习理论专著、阅读文件报刊、外事书籍来熟悉国际形势、中外历史、本国国情、具体业务和对外表态口径，还可以通过工作实践积累经验，不断提高业务水平。

语言是人类特有的最重要的交流思想的媒介。今天，没有一个国家可以游离于世界之外，或者不与外界接触。世界上有 200 多个国家和地区，近 2000 个民族，三四千种语言。世界上约 95%的人口使用近 100 种语言，其中，有 13 种语言的使用人数超过 5500 万。使用汉语的人数最多，达 13 亿，占世界人口的 1/5，然后依次是英语、俄语、西班牙语、印地语和法语。但真正使用汉语的只有中国，世界上有 60 多个国家和地区讲英语，40 多个国家讲法语，基本遍及全球各大洲。所以，熟练掌握一门以上的外语，尤其是英语、法语，是做好外事工作的一项非常重要的基本功。

外事工作人员面对的是国外人员，处理的是涉外事务，办事必须遵守国际公认的礼仪准则，掌握通行的工作规范程序。

除了掌握外语和礼仪规范之外，外事工作人员还应该拥有较强的口头文字表达能力、组织协调能力及管理能力。外事工作杂、细、标准高，外事工作人员必须善于辞令、善于总结，同时也必须善于统筹规划，确保思路清晰、雷厉风行、紧张有序、有条不紊，体现出优秀的分析问题和解决问题的能力以及敏捷的应变能力。

随着形势发展，外事工作人员还应学会调查研究，这也是做好外事工作的一项很重要的基本功。外事工作要宣传自己、了解别人，就要认真调查研究，知己知彼，百战不殆。近几年来，外事工作和涉外交往中出现了许多新情况、新问题，为此我们要尽可能多了解情况、掌握信息，为领导提供科学的决策依据，调研中要提倡积极思维，不仅要提问题，还应同时提出解决问题的建议。

另外，作为海军及其所属院校的外事工作人员，要注意养成良好的军人气质、严谨的工作作风、端庄得体的仪表，在工作和外方人员面前展示出革命军人良好的军政素质和精神风貌。

五、丰富的科学文化知识

为做好对外交往工作，海军及其所属院校的外事工作人员还必须具有广博的知识。概括来讲，就是要既懂政治，又懂军事；既懂自然科学，又懂社会科学；既了解掌握国家和军队建设形势，又了解掌握世界和各国军队发展状况；既熟练掌握外事工作的基本技能、程序和方法，又熟悉掌握国际法和出访国家的天文地理、文化习俗等。

首先，要具有外事工作所涉及领域的专业知识，以提高完成外事工作的质量和效率。同时对科学文化、社会百科的掌握要能做到精泛结合。其次，对政治时事、经济贸易、历史文化、国际关系、人文科技以及风土人情等，都要略窥门径。当然，海军外事工作人员与一般涉外人员不同，他所交往的对象、范围有限，并且较为固定，因而重点要对交往国的政治体制、经济状况、军事力量、对外关系、历史文化、风俗习惯、宗教信仰以及地理风貌等有较为深入的研究，还要通过各种渠道对外方人员的所在国进行及时的动态了解，力争成为“多国通”。

第二章 涉外工作常识

第一节 国际组织

一、世界贸易组织

世界贸易组织，简称世贸组织，于 1995 年 1 月 1 日成立。它取代了协调世界贸易长达 47 年之久的关税与贸易总协定（简称关贸总协定）。图 2-1 所示为世界贸易组织的标识。

图 2-1 世界贸易组织标识

世界贸易组织是通过乌拉圭回合谈判，在关贸总协定的基础上建立起来的一个多边的国际经济贸易组织。世界贸易组织实际上是一项规定国际贸易法律准则的多边贸易协定，也是各缔约方为实现减低关税、进行多边贸易谈判、协调国际贸易关系和解决国际争端的场所，现已成为在世界经济贸易发展中起重要作用的“经济联合国”。世界贸易组织将与世界银行和国际货币基金组织并驾齐驱，成为当今世界经济体系的三大支柱之一。

1944 年 7 月布雷顿森林会议上，曾设想成立一个国际性贸易组织，使它同当时成立的世界银行和国际货币基金组织一起，构成二战后左右世界经济的“货币—金融—贸易”三位一体机构。1947 年联合国贸易和就业会议签署的《哈瓦那宪章》决定成立世界贸易组织，后来由于美国的反对而未能实施。1986 年关贸总协定乌拉圭回合谈判启动后，欧洲共同体、加拿大于 1990 年分别正式提出成立世界贸易组织的议案。

近半个世纪以来，关贸总协定通过组织多轮多边贸易谈判大幅度削减了关税，促使世界贸易增长了10倍以上。但是随着世界经济的发展，国际贸易变得更为复杂，涉及范围更为广泛，关贸总协定在职能上的种种局限也日益暴露出来。在这个背景下，各缔约方通过于1993年年底达成的乌拉圭回合协议，决定成立世界贸易组织。1994年4月在摩洛哥马拉喀什举行的关贸总协定部长级会议上正式决定成立世界贸易组织。

世界贸易组织的宗旨和基本原则与关贸总协定基本相同，旨在通过市场开放、非歧视性和公平贸易等原则，来达到推动实现世界贸易自由化的目标。

尽管世界贸易组织与关贸总协定两者有着发展上的联系，但是两者在性质、职能和权限等方面有较大区别，这些区别主要表现在：

（1）两者的法律依据不同，而且各自地位也不同。世界贸易组织协定要求各国代表草签后，需经各国国内立法机构批准，是一个国际公约；而关贸总协定只由行政当局订立协定书后便付诸实施，没有经过国内立法机构批准，只是一个行政性协定。世界贸易组织作为法人，是国际法的主体，享有外交特权和豁免权，其地位同世界银行、国际货币基金组织的重要地位相同；而关贸总协定不是联合国的专门机构，只能算是一个联系机构。

（2）世界贸易组织的法律规范性、统一性和约束性高于关贸总协定。关贸总协定中存在的许多“灰色区域”已被世界贸易组织取消，并将逐步纳入到管辖范围内。

（3）世界贸易组织设立了“争端解决机构”，与关贸总协定中零散的解决争端机制相比具有更高的效率和权威性。

（4）世界贸易组织的管辖范围比关贸总协定有所扩大。新增加的三个领域是：与货物贸易有关的投资规则、知识产权规则和服务贸易规则。

二、国际原子能机构

1954年12月第四届联合国大会通过决议，建议成立一个专门致力于和平利用原子能的国际机构。经过两年筹备，1956年10月26日，在联合国总部举行的有82个国家参加的规约会议上，一致通过了国际原子能机构的规约。1957年7月29日，该规约在法律上正式生效。同年10月1—23日该机构在奥地利维也纳举行首次全体会议。国际原子能机构是在联合国主持下的一个独立的政府间组织，总部设在奥地利的维也纳。它与联合国订有关系协定，每年向联合国大会提交报告，在适当情况下，也向安理会和经社理事

图 2-2 国际原子能机构标识

会提交报告，但在法律上它并不是联合国的直属机构。图 2-2 所示为国际原子能机构的标识。

任何国家，不论是否为联合国的会员国或联合国专门机构的成员国，经理事会推荐并由大会批准入会后，交存对原子能机构规约的接受书，均可成为该机构的成员国。截至 2010 年，国际原子能机构共有 151 个成员国。1971 年 12 月 9 日，该机构通过决议，承认中华人民共和国政府在国际原子能机构中是代表中国的唯一合法政府。1983 年 10 月，中华人民共和国政府递交了接受该机构规约的接受书，从而正式成为成员国。

国际原子能机构的主要组织机构有大会、理事会和秘书处。大会由全体成员组成。每一个成员国有一个投票权。在正常情况下，大会每年举行一次会议，选举理事会，审议理事会年度报告，批准预算及向联合国大会提出年度报告等。大会下设全体委员会和总务委员会，后者兼有证书委员会的职能。理事会由 35 个理事组成，其中 13 个为“指定理事国”，22 个为“选举理事国”。指定理事国由世界性核技术（包括原材料生产）最先进国家（10 个）和地区性最先进的国家（3 个）担任，任期 1 年，中、英、法、苏、美均为指定理事国。选举理事国按地区平均分配原则由大会选举产生，每年改选一半，任期两年。理事会行使该机构的法定职能，不仅有立法和决策权，而且负有执行职务的责任。秘书处是该机构的执行机关，由总干事领导，总干事是最高行政领导，由理事会推荐，大会批准任命，任期 4 年，可连选连任，在理事会的一般指导和监督下履行其权责。秘书处下设政策制定办公室、技术合作司、核能及安全司、行政管理司、研究和同位素司、安全保障司。此外还设有 3 个研究单位：塞伯斯道夫实验室（奥地利）、里雅斯特国际理论物理研究中心（意大利）、国际海洋放射性实验室（摩纳哥）。它们主要从事核物理、核化学、放射性同位素应用等方面的研究工作，为机制的活动服务。国际原子能机构出版物有《核聚变》双月刊、《原子能评论》季刊、《国际原子能机构通报》季刊。另外，每年还出版数十种关于原子能的科技书籍。

三、西方七国首脑会议

西方七国首脑会议是西方主要发达国家的最高级经济会议。20 世纪 70

年代初，西方国家经历了第二次世界大战后严重的全球性危机。为共同研究世界经济形势，协调各国政策，重振西方经济，由法国提议，于 1975 年 11 月 15—17 日在法国巴黎郊外的朗布依埃召开了有法国、联邦德国、美国、日本、英国、意大利 6 国首脑参加的第一次西方首脑会议。第二次会议于 1976 年在波多黎各的圣胡安举行，加拿大也参加了这次会议，于是会议就成为西方七国首脑会议。此后，西方七国首脑会议，作为一种制度每年举行一次。1992 年和 1993 年俄罗斯总统叶利钦正式参加政治磋商。1997 年 6 月 20 日，西方七国首脑会议在美国丹佛市举行，俄罗斯首脑自始至终参加了会议。于是，七国首脑会议成为八国首脑会议。

四、华沙条约组织

华沙条约组织简称华约，是根据 1955 年 5 月 14 日在华沙签订的《友好合作互助条约》而成立的军事政治同盟，创始国有 8 个：俄罗斯、阿尔巴尼亚、民主德国、波兰、罗马尼亚、捷克斯洛伐克、匈牙利和保加利亚，后来阿尔巴尼亚和民主德国相继退出，总部设在莫斯科。图 2-3 所示为华沙条约组织的标识。

图 2-3 华沙条约组织标识

1991 年 2 月 25 日，华沙条约组织 6 个成员国的外长和国防部长在匈牙利首都布达佩斯召开了部长级政治协商委员会特别会议，决定从 1991 年 4 月 1 日起解散华约联盟的军事机构，同时停止一切军事行动；同年 7 月 1 日，华沙条约组织各成员国领导人在布拉格正式宣告（友好互助条约）有效期结束，华沙条约组织彻底解体。

五、北大西洋公约组织

北大西洋公约组织简称北约，是第二次世界大战之后美国为了遏制苏联，维护其在欧洲的主导地位，联合西欧、北美主要发达国家，为实现防卫协作而建立的一个国际军事集团组织。该组织于 1949 年 4 月 4 日由美国、加拿大、比利时、法国、卢森堡、荷兰、英国、丹麦、挪威、冰岛、葡萄牙和意大利在美国华盛顿签署了北大西洋公约，决定成立北大西洋公约组织。

北约拥有大量核武器和常规部队，是西方重要的军事力量，也是所谓自由民主阵营在军事上实现战略同盟的标志，是马歇尔计划的发展，是美国得以控制以英国和法国为首的欧盟的防务体系，更是美国世界超级大国领导地位的标志。该组织的宗旨是缔约国实行集体防御，任何缔约国同他国发生战争时，必须给予援助，包括使用武力。华约解体后，除了原有的美国、英国、法国、德国、匈牙利、希腊、土耳其等传统成员国外，北约还通过不断东扩，吸收了罗马尼亚、保加利亚、阿尔巴尼亚、克罗地亚等众多社会主义国家。截至2014年，该组织拥有28个成员国。图2-4为北大西洋公约组织标识。

图2-4 北大西洋公约组织标识

北约理事会荣誉主席由各成员国外交部长轮流担任，任期1年。

六、上海合作组织

1991年苏联解体后，中国与苏联长达7000多公里的共同边界，变为中国与俄、哈、吉和塔四国的共同边界，相应地，原先中苏双方一对一边界谈判，变成了中国与俄罗斯、哈萨克斯坦、吉尔吉斯斯坦、塔吉克斯坦四国的边界谈判。1996年4月26日，在各方已就边界问题达成原则协议的基础上，中、俄、哈、吉、塔五国元首首次聚在上海，庄严签署《关于在边境地区加强军事领域信任的协定》。由于五国元首的首次会晤在上海举行，这一合作进程后来被冠以“上海五国”的称谓。

1997年4月24日至25日，五国元首又相聚莫斯科，签署了《在边境地区相互裁减军事力量的协定》。从1998年阿拉木图和1999年比什凯克会晤开始，会晤的主题已由加强边境地区信任逐步扩大到五国在政治、安全、外交、经贸等各个领域开展全面合作。

2000年杜尚别会晤期间，乌兹别克斯坦国家元首伊·卡里莫夫以观察员身份参加了会晤，2001年6月，乌兹别克斯坦被吸收为“上海五国”的正式成员，使“上海五国”变为六个成员国。2001年6月14日六国元首发表联合声明，首次使用了“上海合作组织”这一新名称代替“上海五国”。并将中、俄、哈、吉、塔、乌共同称为这一新的联合体的创始国，共同签署了《“上海合作组织”成立宣言》。

“上海合作组织”是冷战结束后欧亚大陆上出现的一个新型国际合作机制，它掀开了中、俄、哈、吉、塔、乌六国关系史上崭新的一页。该机制所体现和倡导的“睦邻互信、平等互利、团结协作、共同发展”的时代精神，为国际社会摒弃冷战思维，探索新型国家关系、新型安全观和新型区域合作模式提供了宝贵的经验和启示；为推动世界多极化进程和建立公正、合理的国际政治经济新秩序和促进国际关系民主化起到了开拓性作用。图 2-5 所示为上海合作组织的标识。

图 2-5 上海合作组织标识

第二节 国际政治

一、国体

国体指国家的阶级性质，即社会各阶级在国家中的地位。由社会经济基础所决定，任何国家都实行一定阶级的专政，不同阶级的专政形成不同的国体。国体的类型历史上主要有：奴隶主阶级专政、地主阶级专政、资产阶级专政、无产阶级专政等。任何国体都有与之相适应的政体。

二、政体

政体是国家的政权构成形式，通常指国家权力及体现这种权力的机关。政体与国体相适用。由于历史条件和阶级力量对比关系的不同，国体相同的国家，可能采取不同的政体，但都体现一定阶级的专政。历史上出现的政体主要有：君主专制、君主立宪制、贵族共和制、民主共和制等。

三、王国

王国是以国王为国家元首的国家。有实行政教合一的君主专制王国，国王是教长，又是国家元首，立法行政权都由国王掌握，如沙特阿拉伯王国；在实行君主立宪制的王国，国王名义是最高行政首脑，实际上行政权由内阁行使，如英国、丹麦、荷兰等王国。

四、大公国

大公国是指君主称号为大公的国家。大公是一种爵位，是世袭的国家元首，掌握国家最高权力。它出现于中世纪欧洲封建割据时期。9 世纪以来，东斯拉夫人以基辅为中心统一了封建国家——基辅罗斯，最高统治者称罗斯宛大公。14 世纪，东欧各小封建领地联合为封建国家立陶宛大公国，最大的封建主就是立陶大公。现今仅存的自称为大公国的只剩下卢森堡大公国，是以大公为国家元首的君主立宪制，君主的称谓相当于诸侯，可又是国际上保障其主权独立的资本主义国家。

五、一党制

一党制指国家政权长期由一个政党掌握的政治制度。在这种制度下，有两种情况：一是除执政党外的其他政党在法律上均被禁止，不能合法地存在和活动；二是其他政党可以存在和活动，但不参与政权，政权长期为一个政党所垄断。

一党制有三种形式：一是法西斯一党制，法西斯垄断政权，法律上禁止其他政治活动，实行赤裸裸的恐怖统治，党的机构和国家机构合二为一，这种形式也称法西斯极权制；二是一党权威制，执政党是唯一合法的政党，法律上禁止其他政党的存在或事实上就没有出现过其他政党，有议会、选举等，不同程度承认公民的民主权利，这种形式也称单党制；三是一党多元制，社会多党化，政权为一党长期垄断。

六、两党制

两党制指两大政党交替执掌政权的政治制度，形成于 17 世纪 70 年代的英国。当时议会中有代表新兴的资产阶级、新贵族利益的辉格党和代表地主贵族利益的托利党，二者势均力敌，轮流执政。两党交替执政，后来成为一种制度，流行于欧美等国。通过定期的议会选举或总统选举，议会中获得多数议席或当选总统的政党组织政府，成为执政党。竞选失败的政党成为反对党（在野党），起某种监督政府并牵制其活动的作用。以后若反对党在选举中获胜，则互换其位置。实行两党制的国家，有时还存在其他政党，但他们因势力小，很难改变两党轮流执政的局面。

当前两党制在资本主义国家有三种不同模式：一是典型的英国式议会制度下的两党制，即由在下议院中席位最多的政党组成内阁，成为执政党，席位次多的政党成为法定的反对党；二是在议会中有越来越多的政党占有席位，大党要赢得议会多数必须争取小党的支持，如澳大利亚、新西兰、加拿大等；三是美国式的三权分立制度下的两党制，执政党标志不是在国会中占多少席位而是取得掌行政权的总统职位。

七、多党制

多党制指在一个国家内多党并存的政治制度。这种制度起源于法国。法国自1870年成立“第三共和国”时就实行多党制。各个政党可以单独或联合参加竞选，由在议会中占多数议席的一个政党或几个政党联合组织政府。参加政府的政党为执政党（在朝党），不参加政府的政党为反对党（在野党）。

八、内阁制

内阁制是“责任内阁制”的简称，由议会产生并对议会负责的政权组织形式。18世纪初产生于英国，一般认为，1721年建立的沃尔波政府是英国第一任责任内阁，此后内阁制被资本主义国家广泛采用。主要特点有，内阁由议会中占多数席位的政党或构成多数席位的几个政党联盟组成。议会中的多数党就是执政党。执政党领袖由国家元首任命，称内阁总理或首相。内阁对议会负责，受议会监督，定期向议会报告工作。议会通过不信任案时，内阁必须辞职，或提请国家元首下令解散议会、重新选举，以决定本届内阁的去留。

九、议会制

议会制亦称“代议制”或“国会制”，是以议会为国家最高权力机关、政府（内阁）对议会负责的一种政治制度。起源于13世纪英国封建等级代表机关，在资产阶级“三权分立”原则的基础上发展而来，有一院制、两院制之分。采用议会制的国家，通常在宪法上规定：议会行使立法和组织、监督政府（内阁）等权力；政府由议会中拥有多数席位的政党单独或联合组成；在议会对政府的主要施政方针政策不支持，或通过不信任案时，除非解散议会，政府（内阁）必须辞职。议会与内阁相适应，政府实行内阁制的都属于议会制国家。议会制为资本主义国家所普遍采用。其形式有君主立宪制和民主共和制，但君主和总统都是名义上的国家元首，不掌握实权。

（一）一院制

一院制指资本主义国家议会只设一院的制度。其特点是：机构单一，责任明确，立法和通过议案比较简便。现在采用的国家不多，如丹麦、希腊、芬兰、新加坡、黎巴嫩、突尼斯、危地马拉等国。其名称各国也有所不同，如丹麦称议会，突尼斯称国民议会。

（二）两院制

两院制指资本主义国家议会设上、下两院的制度。最初起源于英国，后为其他资本主义国家所普遍采用。通过上、下两院的彼此牵制，可以起到相互制衡的作用。两院都享有立法和监督行政的权力，议案必须经两院分别通过才能成立，因而上议院往往用拖延和否决下议院通过的决议的办法牵制下议院。有的国家规定，在两院决议不一致时，或者在规定的期限内上议院未作出决定，即以下议院的决议作为整个议会的决议（如日本）。也有在两院不一致时，用两院协商方式加以解决的。

1. 下议院

下议院在美国、日本称众议院，法国称国民议会，荷兰称第二院。其设有议长和多种常设委员会等组织机构。下议院议员通常按人口比例由选民分区选举产生，定期改选。下议院享有立法和监督政府、监督财政等权力。在议会制（内阁制）国家里，下议院通常被赋予较多的权力，如内阁的组成、条约的缔结和财政预处案的制定等，均需经下议院首先审查和通过。在下议院否决财政预算案、或通过对内阁“不信任案”时，除非解散下议院，否则内阁必须辞职。有些国家还规定，下议院有审判被弹劾的官吏等权力。但上议院对下议院通过的法案有否决权或搁延权，因此下议院往往受到上议院一定程度的牵制。

2. 上议院

上议院始自英国的贵族院，后为许多资本主义国家所仿效，但名称在各国有所不同，如美国、日本、法国称参议院，荷兰称第一院。议员资格通常比下议院议员有更多的限制，通常是间接选举产生或由国家元首指定，任期比下议院议员要长，甚至是终身制或世袭制；具有立法和监督政府的权力，对下议院通过的法案有否决权或搁延权。有的国家规定，上议院（参议院）享有核准高级官吏任免，批准缔结条约，审判被弹劾的官吏等权力。

（三）议长

议长指议会的主持人和议会对外的代表。一般由议员选举产生，或由国家元首直接任命，或由政府指定的高级官员兼任（如美国参议院议长由副总统兼任，而众议院议长是由全院大会选举产生）。其主要职权是：对外代表议会，对内主持议会活动，担任会议主席，掌握议事程序，监督议会的行政事务等。有的国家还规定，在国家元首因故不能视事或死亡时，议长代行总统职权。

十、共和制

共和制指国家代表机关或国家元首由选举产生的一种政治制度，采用这种制度的国家称为共和国。它产生于公元6世纪末希腊雅典的民主共和国。共和制在不同阶级专政的国家、不同历史时期有不同的性质。古希腊、古罗马民主共和国、贵族共和国是奴隶主专政的共和国；中世纪欧洲出现的城市共和国是封建主专政的共和国；资产阶级共和制有议会制和总统制两种形式；社会主义国家亦普遍采用共和制。由于各国具体历史条件不同，共和制的具体表现形式也呈多样化。

十一、君主制

君主制是以君主（国王、皇帝）为国家元首的一种政权形式。采用君主制的国家称为君主国。一般由君主全部或部分地掌握国家最高权力，并通过其军政官僚机关管理国家。君主制并不是形式划一、一成不变的。君主制一般是世袭的，并且终身任职，只在古代欧洲的少数地区是由贵族或诸侯推选的。君主制又分为专制君主制和有限君主制（君主立宪制）。在奴隶制度下，通常是暴君政治或神权政治；在封建制度下，有早期封建君主制、等级代表君主制、专制君主制；在资本主义制度下，一般为君主立宪制。专制君主制下，君主独揽国家的最高权力；君主立宪制下，君主的权力受到宪法和议会的限制。

十二、君主立宪制

君主立宪制，亦称有限君主制，以君主（国王、皇帝）为国家元首，但其权力受国家宪法限定在一定范围的政权组织形式，是资产阶级和封建势力妥协的产物，分为议会制和二元制。在议会制君主立宪制下，君主不直接支配国家政权，处于象征的地位；内阁掌握行政权，并对议会负责，如现在的英国、荷兰等。在二元制的君主立宪制下，君主任命对他负责的内阁，直接掌握行政权，立法权归议会行使，但君主对议会通过的法案有否决权，如1817—1918年的德意志帝国和从明治维新到第二次世界大战结束时的日本帝国，现代的尼泊尔、摩洛哥等。

十三、总统制

总统制是以总统为政府首脑的政权组织形式，产生于18世纪末的美国。其主要特点是：总统既是国家元首，又是政府首脑，掌握行政权，是陆海空三军的统帅；总统不是由议会产生的，而是定期由选民直接或间接选举产生的。在总统任期内，如总统有违法行为，议会可以提出弹劾，但不能通过不信任投票迫使总统辞职；由总统任命和领导的政府各部部长只对总统负责，不对议会负责；总统应向议会报告国务，无权解散议会，但对议会通过的法案可以行使否决权。在这种制度下，政府和议会分掌权力，故又称二元共和国。

十四、联邦制

联邦制是由若干成员国或邦、州联合组成统一国家的制度，是国家形式“复合制”中的一种，是国际交往中的主体。联邦有统一的宪法和法律，有最高的立法机关和行政机关。立法机关通常有议院，该院以成员国平等选派代表为原则组成，如美国参议院。联邦行使国家的外交、军事和财政等主要大权。联邦同成员国间权限的划分，由联邦宪法规定。各成员也设有自己的立法机关和行政机关，有自己的宪法和法律，在自己管辖的地域内行使职权，并可依据联邦宪法的规定，同外国直接发生关系。各成员国的公民同时又是联邦的公民。有的联邦是由以前的殖民地联合而产生的。现代许多联邦制国家都加强了中央集权，有的实际上已变成单一制的中央集权国家，如美国、澳大利亚、印度等，有的是从封建割据到中央集权制国家的过渡形式。

十五、邦联制

邦联是指两个以上的主权国家为了军事、贸易或其他特定目的而组成的一种国家联合。它不是国家主体，本身没有统一的最高立法、行政机关，也没有统一的军队、赋税、预算、国籍等。共同的协商机关是邦联议会或成员国首脑会议，其决议须经有关成员国批准才能生效。邦联各成员国保持各自独立的内政、外交大权。邦联产生于资本主义发展的早期，如1776—1787年的美国、1815—1848年的瑞士、1815—1866年的德国，随着这些国家经济、政治的进一步集中和统一，先后改组成邦联。现代某些国家为了某种利益和需要而组成的国家联合，如欧洲共同体、东南亚国家联盟等，实际上也是邦联的一种形式。

第三节 国际文化与宗教

一、国际主要语言

（一）汉语

汉语是国际通用语言和联合国的工作语言之一，属汉藏语系。汉语是这个语系中最主要的语言，我国境内的藏语、壮语、傣语、侗语、黎语、苗语、瑶语等，我国境外的泰语、缅甸语等都是亲属语言。除了中国大陆和台湾地区以外，汉语还分布在新加坡、马来西亚等地。约6000年前已有汉语的文字。汉语的标准语是近几百年来以北方官语为基础逐渐形成的。它的标准音是北京音。汉语的标准语在中国大陆称为普通话，在台湾地区称为“国语”，在新加坡、马来西亚等称为华语。汉语的主要方言分北方话、吴语、湘语、赣语、客家话、闽北话、闽南话和粤语。以汉语为母语的人有9.4亿以上。

（二）英语

英语是国际通用语言和联合国的工作语言之一，属印欧语系日耳曼语族西日耳曼语支。说英语的国家和地区很广泛，主要有英国、美国、加拿大、澳大利亚、新西兰、南非和爱尔兰等。现在全世界至少有3.5亿人口以英语作为基本交际语言，加上其他能够讲英语的人，总数达到10亿。无论就外交，还是就经济、文化和科技交流而言，英语都已成为通行全世界的国际性语言。伦敦地区的英语为标准英语。另外，美国英语同以英国为中心的英语在发音、词汇、语法等方面都有一定的差别。

（三）法语

法语是国际通用语言和联合国的工作语言之一，属印欧语系罗曼语族，地位仅次于英语。法语以明晰、严谨、可靠为特点，通常作为国际条约、协议等重要文件的标准用语。使用法语的国家除法国外，还有比利时（南部）、瑞士（西部）、加拿大、卢森堡、海地以及非洲一些原法属殖民地上建立的国家。使用法语的人口近2亿。以法语为官方语言或重要语言的非洲国家包括塞内加尔、毛里塔尼亚、阿尔及利亚、马里、几内亚、科特迪瓦、多哥、贝宁、尼日尔、喀麦隆、乍得、中非、吉布提、刚果、加蓬等。法语在这些国家中作为第一语言使用的人数不一定很多，但它在正式场合和正规教育中有重要的地位。

（四）俄语

俄语是国际通用语言和联合国的工作语言之一，属印欧语系斯拉夫语族东斯拉夫语支。说俄语的国家主要是俄罗斯，俄语也是东欧地区许多国家的通用语言或第二语言。中国新疆境内俄罗斯民族聚居的地区也使用俄语。俄语的覆盖面广，从波罗的海沿岸到萨哈林岛（库页岛），将其作为第一语言的人口有1.5亿或更多，作为第二语言的有4000多万。在东欧、非洲一些国家、各发达国家以及越南和中国，学习俄语的人数比例也相当高。

（五）西班牙语

西班牙语是国际通用语言和联合国工作语言之一，属印欧语系罗曼语族。除了西班牙把它作为主要语言外，墨西哥、危地马拉、洪都拉斯、萨尔瓦多、尼加拉瓜、哥斯达黎加、巴拿马、古巴、海地、多米尼加、波多黎各、哥伦比亚、委内瑞拉、厄瓜多尔、秘鲁、玻利维亚、智利、阿根廷、巴拉圭和乌拉圭诸国也把它作为官方语言或通用语言。在菲律宾，西班牙语历史上也曾占据官方语言的地位，现仍有一小部分人使用它。在美国，也有相当数量的西班牙语居民。在印欧语系中，西班牙语的使用人数仅次于英语，达到2亿以上。

（六）阿拉伯语

阿拉伯语是国际通用语言和联合国工作语言之一，属闪含语系闪语族。在历史上，它曾是中亚、西南亚、印度西部、北非和西班牙等广大地区使用的语言。现在它仍是埃及、利比亚、突尼斯、阿尔及利亚、摩洛哥、毛里塔尼亚、苏丹、科威特、沙特阿拉伯、巴林、阿拉伯联合酋长国、阿曼、也门、伊拉克、叙利亚、黎巴嫩、约旦和巴勒斯坦等众多国家的官方语言和主要使用语言。使用人口1.3亿以上。

（七）拉丁语

拉丁语属日耳曼语系罗巴语族，原为古代拉丁姆方言。古代意大利人，以罗马为基地向世界称霸。拉丁语作为罗马帝国的标准语在意大利本土使用，并向罗马帝国统治下的地区传播。今天的意大利语、法语、西班牙语、葡萄牙语等均以2—6世纪的大众的拉丁语的口头语言为母语。拉丁语作为正常交际语言的地位现已消亡，但仍为天主教的宗教语言以及医学等专业用语使用。

（八）日语

日语是世界上重要的语言之一。在语言分类上被认为属于阿尔泰语系，与朝鲜语有亲属关系，但这尚不是定论。日语除了是日本的主要语言外，在太平洋群岛、美国和南美洲的一些国家也有少数居民使用。使用人口约 1.3 亿。日语有独特的语言构造，有固有的文字，与其他语系不同而自成体系。由于日本是世界经济大国，日语在国际交往中的地位日益提高，目前世界各国学习日语的人也迅速增加。

（九）印地语

印地语是印度的主要官方语言，属印欧语系，是印度使用范围最广泛的语言，分西部印地语和东部印地语。西部印地语起初流行于恒河上游一带，通行于印度伊斯兰教徒中，吸收了许多阿拉伯语和波斯语的词汇，后来一并采用波斯文书写，形成现在的乌尔都语。东部印地语主要流行于东部印度教徒中，它严格摒除波斯与阿拉伯语汇，采用印度传统的天城体字母书写，现在是印度政府的主要官方语言。在印度的邻国，也有一部分居民使用印地语，其人数最多的是尼泊尔，有 40 万人。使用印地语的人口总数超过 3 亿。

（十）孟加拉语

孟加拉语属印度语族，是孟加拉国的主要语言，印度的西孟加拉邦、特里普拉邦和阿萨姆邦也使用孟加拉语。印度的孟加拉语居民数量差不多与孟加拉国相当，加上邻近国家也有些居民讲孟加拉语，总人数达到 1.4 亿以上。孟加拉语常被视为非主要的国际性语言之一。

（十一）斯瓦希里语

斯瓦希里语是非洲的通用语言之一，属班图语系东班图语族。它在众多非洲国家，例如肯尼亚、乌干达、坦桑尼亚、布隆迪、刚果（金）等国广泛使用，大多把它作为官方语言。在另一些国家，如卢旺达等，也有讲斯瓦希里语的居民，或把它作为贸易上的语言。使用斯瓦希里语的人口超过 3000 万。

（十二）葡萄牙语

葡萄牙语是世界通用语言之一。葡萄牙语属印欧语系罗曼语族，是葡萄牙的主要语言，葡萄牙近邻的法国和西班牙也有一部分葡语居民。巴西则是南美以葡语为官方语言的国家。美国、加拿大和圭亚那也有居民讲葡语。在非洲，佛得角、几内亚比绍、圣多美和普林西比、莫桑比克等国也通行葡语，有的还定为官方语言，葡语的使用人数约为 1200 万。

（十三）意大利语

意大利语是世界通用语言之一。意大利语属印欧语系罗曼语族。除了是意大利的主要语言外，在瑞士南部、塞尔维亚、美国和非洲一些前意大利殖民地，也有一些居民使用意大利语。使用人数约7000万。

（十四）德语

德语在欧洲范围内是使用人口最多的语言。属印欧语系日耳曼语族西日耳曼语支。在德国、奥地利、瑞士等国，它是主要语言，在东欧一些国家及法国、英国、加拿大、南美洲也有一些使用德语的居民。全世界使用德语的人数在1.1亿左右。德语已被视为非主要的国际性语言之一，它在世界文化和科技发展中具有举足轻重的作用。

二、世界主要文字

（一）阿拉伯字母

阿拉伯语的文字产生于公元4世纪左右，其来源是纪元前的阿拉米亚字母。现行的阿拉伯字母共28个，都表示辅音，元音用附加符号表示。附加符号指字母上方或下方的点、小圆圈或小笔画。字母的形式因独用或写在词首、词中和词尾而有所不同。这种字母流传很广，为欧、亚、非很多语言所采用。除各阿拉伯民族用阿拉伯语外，还有很多非阿拉伯语使用过或至今仍使用阿拉伯字母，如伊朗、阿富汗、巴基斯坦、土耳其、印度尼西亚、马来西亚、阿塞拜疆和中亚地区的各民族语。现在土耳其语和印度尼西亚语已改用拉丁字母，东欧各国中使用阿拉伯字母的民族语言已改用斯拉夫字母。

（二）表音文字

世界文字的类型之一，是用书写符号记录语言中的语音单位的文字体系。按书写符号所记录的不同语音单位，表音文字又可分为音节文字和拼音文字。一般认为最早的拼音文字是公元前1000多年居住在地中海东岸的北方闪米特人（塞母人）所创造。现代世界上的表音文字几乎都发源于诸闪语文字中最古老的腓尼基文字。语言中的语音单位，不论是音节还是组成音节的音位，都远比表音单位为少。因此，表音文字书写符号的数量也远远比表意文字少。这有利于语言的学习和使用。今天世界上大多数语言都使用表音文字，例如英语、法语、德语、俄语、西班牙语、阿拉伯语，以及中国境内的藏语、蒙语、维吾尔语等。一些不久前还使用表意汉字作为书写工具的，如越南语、朝鲜语等，也改用了表音文字。

（三）表意文字

世界文字的类型之一，是用书写符号记录语言中的各个表意单位（词或词素）的文字体系。古汉字、古埃及文字和古巴比伦楔形文字基本上是表音文字。但是这些古代文字，从它们的最早形态开始，都包含一些表音成分。例如汉字在甲骨文阶段就已包括一些假借字和形声字。因此实际上，没有一种文字是纯粹的表意文字。汉字是流传至今而且仍在继续使用的表意文字。由于汉语的历史发展，现代汉字中已有很多字记录的不是一个词，而是一个词素了。表意文字由于其中书写符号记录的是语言中的词和词素，因此符号的数量很大，而且表音不够明确，根据字形无法读出字音，结构又复杂，笔画繁多，难以掌握其规律。这对于学习和使用都十分不便。但表意文字的书写符号，可以超过具体语言的界限，因此现代各种表音文字中都广泛使用一些表意符号，例如阿拉伯数字 1、2、3、4、5、6、7、8、9、0 以及数学中的等号“=”、物理学中的电压“V”、化学中的氢“H”等，它们也被视为表意文字。

(四) 拉丁字母

拉丁语使用的字母，是希腊字母通过一种叫做埃特鲁斯字母的中介而间接形成的。它产生于公元前 7 世纪左右。公元前 1 世纪罗马人征服希腊后，拉丁字母已基本上具有今天的面貌，共有字母 23 个，中世纪时增至 26 个。拉丁字母由于字形简单，便于认读和书写，加上古代罗马和中世纪教会势力的影响，流传很广，成为世界上最通行的字母。

(五) 梵文字母

古代印度的书面语梵文所使用的字母。早期的梵文字母（公元前 3 世纪—4 世纪）叫做婆罗米字母。经过长期演变，于公元 7 世纪形成天城体梵文字母。早期的婆罗米字母和后来的天城体字母都是音节符号。天城体共有字母 50 个。其中 13 个表示元音（多位于词首）、33 个表示辅音和元音“a”组成开音节。此外还有 4 个附加符号，分别表示辅音送气、辅音带鼻音、元音带鼻音和音节中只发辅音。要表示辅音同其他元音的组合时则用合体字母，即在字母的前后上下添加表示元音的特殊字母。表示辅音丛也使用合体字母。合体字母在上面用 1 条横线贯穿起来，成为天城体书写的显著标志。书写从左至右横行。约在公元前 2000—前 1000 年写成的婆罗门教、印度教最古老的经典《吠陀》都是用梵文写成的。“吠陀”的意思是“知识”、“学问”。《吠陀》共有 4 部，即《梨俱吠陀》、《婆摩吠陀》、《夜柔吠陀》和《阿闼婆吠陀》，内容主要是对神的赞歌、祭词和咒词。今天的印地文（印度通用语言）和尼泊尔文仍使用天域体梵文字母。孟加拉文等所用字母是梵文字母的变体。

(六) 日本文

日本文简称日文。作为现代日语的书写形式，它是混合使用表意字性质的汉字和音节符号性质的假名的文字。假名是音节字母，分平假名和片假名两种字体，各有50个字母。平假名是草写体，由汉字草书的偏旁或部分笔画构成；片假名是楷书体，由汉字楷书的偏旁或部分笔画构成。通常使用时一般以平假名为主，片假名用于书写电报通讯、西方借词和小学识字阶段的教科书等。两种假名同等重要，假名字母表称为“五十音图”。1946年改革后，只剩46个假名、45个音。现代日语实际上共有71个假名、68个音，包括清音、浊音、半浊音和泼音。汉字是日语的表音文字，按规定现有1850个，用来表示日语主要的实义词，假名主要用来作前缀、后缀、连词、助词和语法形式。

（七）越南文

在古代，越南并没有文字。公元初它借用汉语汉字，自10世纪后，开始用汉字书写越南语。13世纪末至14世纪初，仿照汉字的形声、会意、假借等造字方法制“字喃”（“字喃”是“南国的文字”之意），代替过去长期使用的汉字，但实际上汉字和汉语并未废弃，出现了汉字和字喃混合使用的情况。在越南凡是有关史地、政治、文学著作的古文献，实际上都是用汉字写成。17世纪初，欧洲天主教传教士创制了1种以拉丁字母为基础的拼音文字，用来书写越南语。共有24个字母，标声调，每个音节表示1个词或词素。这种文字直到20世纪初才被正式采用，成为现行的越南文。

（八）斯拉夫文字

公元9世纪时为书写斯拉夫语而在希腊字母的基础上创制的一套字母。创制人是当时拜占庭基督教（东正教）的传教士基里尔，因此也称为“基里尔字母”。基里尔字母共43个，体现了斯拉夫语的语言特点。早期的斯拉夫字母还有另一种形式，称为格拉戈尔字母。这种字母共40个，字形和希腊字母、基里尔字母大不相同，因其应用的范围比较狭窄，后来完全被基里尔字母取代。现代各种斯拉夫语言中，俄语、白俄罗斯语、乌克兰语、保加利亚语、塞尔维亚语都以基里尔字母为基础，只是在字形上稍有变化。东欧许多国家中的民族新创制的文字也多采用新拉夫字母，一些原先有文字的民族也以这种字母为基础进行了文字改革。蒙古人民共和国在20世纪40年代改用以斯拉夫字母为基础的新蒙文。

（九）朝鲜文

朝鲜语的书写形式，是一套形式独特的拼音文字。朝鲜及中国朝鲜族都使用它，公元7世纪前朝鲜本无文字，用汉字代替，名叫“乡歌”。乡歌虽全部使用汉字记音，意义却与中国自己的汉字无关。从7世纪到20世纪初，朝鲜使用一种混合文字，叫“吏读”。吏读在形式上都是汉字，文句中实词多用汉语，虚词多用以汉字记音的朝鲜语，1443年李朝世宗时创制了朝鲜拼音文字，叫“谚文”，也叫“训民正音”。它有28个字母（元音字母11个，辅音字母17个）。后经不断改革，现有字母40个（元音21个，辅音19个），全部字母由8个基本笔画加划、变形或复合而成，字母的拼写方法极为特别：由元音字母和辅音字母按音节写成1个小方块，元音前的辅音字母在左或在上，元音字母在右或在下，元音后的辅音字母在元音字母之下，字母的笔顺和音节中字母的排列都是先上后下，先左后右。行款方式以前是竖写左行，现在改为横写右行。在朝鲜民主主义人民共和国以及中国吉林省延边朝鲜族地区完全使用这种拼音文字。在韩国的朝鲜文中仍然夹用部分汉字。

三、世界宗教

世界宗教是指突破地域和国家疆界限制的世界性宗教，是宗教发展史上最高的历史形态。一般指现代世界三大宗教，即基督教、佛教和伊斯兰教。基督教徒人数占世界宗教徒总人口的32.4%，其中三分之二分布在欧美；佛教主要流传于东北亚、南亚和东南亚许多国家和地区，约占世界宗教徒总人口的6.2%；伊斯兰教主要流传于亚洲和非洲，特别是西亚、北非、南亚次大陆和东南亚各地，约占宗教徒总人口的17.1%。

（一）基督教

1. 基督教的产生

基督教信仰上帝（或称天主）创造并管理世界，耶稣基督是上帝的儿子，降世成人，救赎人类。以《旧约全书》（承继自犹太教）和《新约全书》为《圣经》。1世纪初产生于罗马帝国统治下的巴勒斯坦地区。起初只在城市里组织小社团，后逐渐在罗马帝国许多地方建立较大的组织。2—3世纪，分散在各地的社团开始走向统一，教会逐渐形成，基督教亦由于中上层人士加入并逐渐取得领导权等原因而开始改变其早期的性质。早期的基督教反映当时的奴隶和贫民对奴隶制度的憎恶，但又主张今生要忍耐、顺服，把希望寄托于来世。3世纪中叶基督教为罗马皇帝所镇压，该教称之为“教难时期”。公元313年，罗马皇帝颁发《米兰赦令》承认基督教的合法地位，后又于公元325年召开帝国全境基督教主教会议（尼西亚会议），对基督教从政治上组织上和思想上加以控制。公元392年罗马皇帝正式承认基督教为罗马帝国国教，禁止其他宗教流传，并把大批土地、农奴和各种经济特权赐予教会。公元395年罗马帝国正式分裂为东、西两部分，原已存在于基督教内部的东派（传播于希腊语地区）和西派（传播于拉丁语地区）的分化加剧。公元1054年东、西两派正式分裂，东部教会称“正教”（即东正教），西部教会称“罗马公教”（即天主教），史称“东西教会大分裂”。16世纪，罗马公教内发生反对教皇封建统治的宗教改革运动，陆续产生了脱离罗马公教的基督教新教各宗派。新教后又不断分化，派系繁多。

2. 基督教的基本教义

基督教的基本教义，除了一般宣扬信仰上帝以及“天堂”、“地狱”之类的说教外，最主要的是宣扬“人皆有罪”。基督教承袭犹太教传说，人类始祖亚当、夏娃偷吃了伊甸园中“知善恶树”上的果子，以致后来的人一出生就是罪人，世上一切苦难都是人们自己犯罪的结果。因此，人们必须忍受苦难，只有信靠救世主耶稣为人赎罪，才能求得死后永生。此外，基督教还为教徒规定了“十戒”，如“不杀生”、“不偷盗”、“不可贪恋他人财物”等。

3. 基督教的派别

基督教主要有天主教、正教和新教三大派。

（1）天主教。天主教是罗马公教在中国的名称，亦称“加特力教”，又因以罗马为中心，故名“罗马公教”，是基督教的一派。395年罗马帝国正式分裂东、西两部分，基督教东、西两派的分化加剧。476年罗马帝国灭亡前后，罗马主教逐渐成为整个西部教会的领袖，后自称教皇。1054年，东、西两派正式分裂。西部教会以罗马为中心，以“普世性”自称，自称“公教”，同自称“正教”的东部教会相对峙。天主教崇拜天（即上帝）和耶稣基督，尊玛利亚为“圣母”。强调教徒必须服从教会的权威，声称教士有授自天主的神秘权力，可以代表天主对人定罪和赦罪，并有一整套等级森严的教阶制度。中世纪时为西欧各国封建社会中占统治地位的宗教。恩格斯称天主教为西欧“封建制度的巨大的国际中心”。16世纪欧洲宗教改革运动中，产生了反对罗马教皇、脱离天主教的“新教”，天主教在欧洲一部分国家丧失了统治地位。“新教”主要分布于意、法、比、西、葡、匈、波、美及拉美各国，曾于元代传入中国，后中断。明万历十年（1582年）天主教正式传入中国。中华人民共和国成立后，中国天主教于1957年成立中国天主教爱国会。

（2）正教。正教是基督教的一派。395年罗马帝国分裂后，基督教东西两派的分化加剧。1054年正式分裂，东派教会以君士坦丁堡（今土耳其伊斯坦布尔）为中心，自称“正教”，意即“保有正统教义的正宗教会”，故又被称作“东正教”。正教初期主要分布在希腊语地区，宗教仪式中使用希腊语，故亦称“希腊正教”。正教自称信守325年尼西亚会议以来的前7次世界性主教会议的决议，不承认罗马教皇是全世界基督教会的首脑。主张主教以外的一般神职人员均可婚娶。教义信条在细节上同天主教略有分歧。中世纪时，直接受拜占庭帝国（东罗马帝国）的控制，并被国会定为国教，故又有“拜占庭教会”之称。16世纪末，莫斯科大主教脱离君士坦丁堡后，在俄国逐渐形成了使用古斯拉夫语的俄罗斯正教，并被俄国定为国教。18世纪后，东欧一些国家的正教也陆续宣告在行政上对君士坦丁堡独立。正教在世界上共有15个自主教会，但在名义上仍共同尊重君士坦丁堡宗主教在正教众主教中的首席地位。主要分布于希腊、塞浦路斯、保加利亚、罗马尼亚、南斯拉夫等国。各国正教会前常冠以国名，如希腊正教会、保加利亚正教会等。1727年中俄签订《恰克图条约》后，俄罗斯正教正式派遣传教士进入中国，并曾在中国北部一些地方建立了东正教会。

（3）新教。新教是中国对基督教抗罗宗（或抗议宗）的称呼，德文为“Protestants”，意为“抗议者”，最初指在1529年德意志帝国会议中对恢复罗马公教（即天主教）特权的决议案提出抗议的新教诸侯及城市代表。在西方，以后以此词作为新教各宗派的共同称谓。在中国，常以“基督教”一词单指新教，有时也将其称为“耶稣教”。新教是基督教的一派，是16世纪欧洲宗教改革运动中脱离天主教而产生的各个新宗派，以及随后又从这些宗派中不断分化出来的更多宗派的统称。新教对天主教的一些传统教义作了删除，如不承认“炼狱”（亦称“涤罪所”），不承认“变体论”（即认为弥撒仪式中经神父“祝圣”后的饼与酒“真正”变成耶稣的身体和血），反对尊玛利亚为圣母，强调信徒直接与上帝相通而无需神父作中介，教会制度多样化而不强求一律。第一批新教教会主要有路德宗（以德国和北欧的仪义会为主）、加尔文宗（以瑞士、法国、德国、苏格兰等地的长老会、归正会为主）、圣公会（以英国的圣公会为主）等派别。16世纪中叶起源于英国的清教徒运动中出现了公理会、公谊会等新宗派。18世纪随着英国资本主义的进一步发展，又产生了更加资本主义化的卫斯理宗等。19世纪以来，基督教在美国的发展更加多样化，新宗派和跨宗派性的流派不断产生。主要分布于英国、美国、德国、瑞士、北欧各国及澳大利亚、新西兰等国。清嘉庆十二年（1807年）马礼逊来华，为新教派来中国的第一个传教士。中华人民共和国成立后，中国基督教新教于1954年成立了中国基督教三自爱国运动委员会。

4. 基督教的经典

《圣经》是基督教的经典，分《旧约全书》和《新约全书》两部分，两部分合称为《新旧约全书》。

(1)《旧约全书》。《旧约全书》分为四大类，共39卷，用希伯来文写成。

①摩西五经。包括《创世纪》、《出埃及记》、《利未记》、《民数记》、《申命记》，相传为摩西所作。内容是上帝创造天地万物及古以色列人的传说法规等。

②历史书。包括《约书亚记》、《士师记》等12卷。内容是以色列民族的形成和兴衰的历史。

③诗歌书。《约伯记》、《诗篇》、《箴言》、《传道书》、《雅歌》等，大多为大卫和所罗门所作，内容多为宗教哲理、诗歌、格言及其他文艺作品。

④先知书。据传为诸先知所作，分为大先知书和小先知书，共17卷。

(2)《新约全书》。《新约全书》也分为四大类，共27卷，用希腊文写成：

①四福音书。《马太福音》、《马可福音》、《路加福音》、《约翰福音》，记录了耶稣及门徒的生活。

②使徒行传。叙述了使徒传教历史。

③保罗书信和其他书信。包括使徒致教会书等。

④启示录。使徒约翰据其所见的异常现象写成的记录，多有预言未来的作用。

《圣经》的正中是诗篇。编排在最中央的一节是：投靠耶和华，强似依赖人。“投靠”、“依赖”正是“宗教”、“皈依”之意。

《新旧约全书》记述了公元前2世纪—1世纪犹太民族的历史，反映了人类社会的早期生活，具有重要的史料价值。

5. 基督教的礼仪

(1) 天主教的礼仪。

①“洗礼”，入教仪式，经洗礼可赦免入教者的“原罪”和“本罪”，并赋予恩宠和印号，使其成为教徒后，有领受其他“圣事”的权力。

②“坚振”，亦译“坚信礼”，天主教“圣事”的一种，入教者受过洗礼的一段时间后，再接受主教所行“按手礼”和“敷油礼”，谓可使“圣灵”降于其身，以坚定信仰，振奋人灵，故名“坚振”。

③“告解”，亦称“办神功”，“圣事”的一种，是教徒在领洗后对所犯错误向耶稣求得赦免的请罪，使他们重新得到恩宠而亲自定立的。举行时教徒向神父告明对上帝所犯的罪过，并表示忏悔；神父对教徒所告的诸罪要“守秘密”，并指明应作何补赎，而为之赦罪。

④“终傅”，“圣事”的一种，即临终时为其敷擦“圣油”。在教徒垂危时由神父用已经主教祝圣的橄榄油敷擦病人的耳、目、口、鼻和手足，并念诵一段祈祷经文，认为借此可以帮助其忍受痛苦和赦免罪过，安心去天国见上帝。

⑤“望弥撒”，对圣体圣事礼仪的称谓。认为此仪式是以不流血的方式重复进行耶稣在十字架上对上帝的祭献，并认为经过祝圣的饼和酒实质上变成了耶稣基督真正的身体和血。主礼人（神父或主教）先领“圣体”和“圣血”，然后让教徒轮流领圣体（一般信徒不参加领“圣血”）。

⑥“圣餐”，或称“神父圣礼”，天主教称“圣体圣事”，其礼仪则称“弥撒”。

⑦“讲道”，在举行公众仪式时由神父对信徒讲解《圣经》和其他教理教义。

⑧“婚配”，“圣事”之一，教徒结婚在教堂由神父主礼，仪式主要由神父询问男女双方是否同意结为夫妇，在双方肯定回答后，主礼人诵念规定的祈祷经文，宣布是天主所配合的人不能分开，对结婚双方祝福。

⑨“圣事”，或称“圣礼”，认为“圣事”有七件，即圣洗（洗礼）、坚振、告解、圣体（或圣餐）、终傅、神品（或称授职礼，祝圣神父）和婚配。

⑩“阿门”，亦称“亚孟”，意为真诚，是宗教仪式的结束词，表示希望一切祈祷唯愿如此并允获所求。

（2）新教的礼仪。

①“祈祷”，亦称“祷告”，特指向上帝和耶稣基督呼求、感谢、赞美等。分为不出声的“默祷”（或称心祷）和出声的“口祷”，个人单独进行的“私祷”和集体举行的“公祷”，有规定的成文祷词和无成文祷词的随口祈祷等。举行出声“公祷”时，皆有一位“领祷人”（常为牧师）主领祈祷，祷毕由参加者同声呼“阿门”。

②“讲道”，举行公众礼拜时，由牧师对《圣经》进行讲解。

③“赞美诗”，举行礼拜仪式时所唱的赞美上帝的诗歌，多数皆有高音、中音、次中音、低音四部，可供四部合唱之用，内容是对上帝的赞美、

感谢、祈求等。

④“洗礼”，入教仪式分注水洗礼和浸礼两种，认为是耶稣立定的“圣事”，可赦免入教者的“原罪”和“本罪”，并赋予“恩宠”和“印号”，使其成为教徒，此后有权领受其他“圣事”。

“注水洗礼”，主礼者（牧师）给受洗者额上注少量的水，让水从额上流下，同时口诵规定的经文。

“浸礼”，洗礼的方式之一，主礼者口诵规定的经文，引领受浸者全身浸入水池中片刻。

⑤“圣餐”，亦称“神交圣礼”，是基督教主要的仪式之一。主礼人（牧师）对面饼和葡萄酒进行祝祷，然后分给正式信徒饮食。

⑥“婚配”，请牧师证婚，但不视为圣事。

6. 基督教的节日

（1）天主教的节日。

①“主日”，即星期日去教堂“望弥撒”。

②“圣诞节”，亦称“耶稣圣诞瞻礼”。12 月 25 日耶稣基督诞生，称这一日为“圣诞节”。“圣诞节”有圣诞树等把教堂打扮得五彩缤纷，是教徒最盛大最隆重的节日，好像中国人过春节一样，老人小孩个个欢愉。在节日里每家也都是如此布置的。

③“复活节”，亦称“耶稣复活瞻礼”。“主复活节”，《新约圣经》载耶稣被钉死在十字架后，第三日“复活”。每年“春分”后的第一个星期日（3 月 21 日至 4 月 25 日之间）为“复活节”。

④“圣灵降临节”，亦称“圣神降临瞻礼”。重大节日之一，教会规定每年复活节后第 50 日为“圣灵降临节”，又称“五旬节”。

⑤“圣母圣诞节”，纪念圣母玛利亚诞生日，9 月 8 日举行。

⑥“圣母月”，每年 5 月为圣母月。

（2）新教的节日。

①“降临节”，亦称“将临节”，指圣诞节前第四个星期的星期日（11 月 30 日前后）起至圣诞节日，为迎接耶稣的诞生和他将来复临的这段时期，是基督教历年的第一个节期。

②“圣诞节”，是基督教的主要节日之一，为纪念耶稣基督的诞生，规定每年 12 月 25 日守此节。

③“显现节”，亦称“主显节”，意指耶稣三次向人显示其神性。《新约圣经》载：第一次为诞生时，大星引领东方三博士前来朝拜，显示出他是

基督；第二次为开始传道受洗时，“圣灵”如鸽子降临在他头上，显示出他是上帝的儿子；第三次参加迦拿城婚宴时，将水变为酒，显示出他的荣耀。

④大斋节”，亦称“封斋节”，基督教的斋戒节期。据《新约圣经》载：耶稣于开始传教前在旷野内守斋祈祷40昼夜，为表示纪念，规定耶稣复活节前的40天为此节期，教徒在此期间一般于星期五守大斋和小斋，节期内教堂祭台上不供花，教徒不举行婚配，停止娱乐等。新教多数教派已不守此节。

⑤“棕枝主日”，亦称“圣枝主日”和“主进圣城节”。据《新约圣经》载：耶稣受难前不久，骑驴最后一次进耶路撒冷城，当时群众手持棕枝踊跃欢迎耶稣，为表示纪念，此日教堂以棕枝为装饰，有时教徒也持棕枝绕教堂一周。规定在复活节前一周的星期日举行。

⑥“受难节”，亦称“耶稣受难瞻礼”，基督教纪念“耶稣受难”的节日。据《新约圣经》记载：耶稣于复活节前第3天被钉在十字架上而死。据此教会规定在犹太教安息日的前1日为受难节，即复活节前的星期五为此节日。

⑦“耶稣升天节”，亦称“耶稣升天瞻礼”，“主升天节”，基督教纪念耶稣升天的节日。据《新约圣经》记载，耶稣复活后第40天“升天”。教会规定复活节后第40天（5月1日至6月4日）为此节日。

⑧“圣灵降临节”，亦称“圣灵降临瞻礼”，基督教重大节日之一。据《新约圣经》记载：耶稣复活后第40日“升天”，第50日差遣“圣灵”降临。据此教会规定每年复活节后第50日为“圣灵降临节”，又称“五旬节”。

⑨“三位一体主日”，基督教节日（天主教译称“天主圣三瞻礼”）。圣灵降临节后的星期日定为恭敬上帝（天主）三位而守此节。

⑩“诸圣日”，亦称“诸圣瞻礼”，基督教节日之一，西部教会于11月1日举行。初期仅为纪念殉道圣人，后逐渐扩展到所有得救的“圣徒”（指升入天堂的所有信徒）。

7. 基督教其他常识

（1）进入教堂，要衣冠端正，神情严肃、认真、虔诚，不得吸烟，不戴有“鸭舌”的帽子，以表示对天主的尊敬，不是教徒者，只能在后面观看，不得干扰。教徒进教堂必须单腿跪拜一次，离教堂时以“圣水”抹额，单腿跪辞。

（2）教堂里的物件，尤其宗教仪式、宗教活动用的圣物、圣品不能随意动用和抚摸，只能眼看，不要动手。

（二）佛教

1. 佛教的产生

佛教起源于公元前5—6世纪的古代印度，相当于中国的春秋时代。距今已有2500多年的历史，当时正是印度奴隶制经济急剧发展的时期，阶级矛盾和民族矛盾日益尖锐。这种情况反映在思想界，是空前活跃的，各种思想派别纷纷登台，佛教就是当时新出现的自由思想界中一个重要的派别。

佛教的创始人，相传是北印度迦毗罗卫国（今尼泊尔境内）净饭王的儿子悉达多·乔答摩（公元前565—前485年），差不多与中国的孔子是同代人。释迦牟尼是佛教徒对他的尊称，意思是释迦族的“圣人”，据说他从小就受婆罗门的传统教育，29岁出家，从35岁起，一直在印度北部和恒河流域进行传教活动，逐渐得到统治阶级上层分子的支持，创立了佛教。

佛教的发展分为四个阶段：

第一阶段，前6世纪中叶至前4世纪中叶，释迦牟尼创教及其弟子传承其教说为“原始佛教”。

第二阶段，前4世纪中叶，佛教内部由于对教义和戒律产生认识分歧，分裂为许多教团，后称18部、20部，为“部派佛教”。

第三阶段，1世纪左右开始为“大乘佛教”（把以前的佛教称为“小乘”）。

第四阶段，7世纪以后“大乘”（Mahayna）一部分与婆罗门教混合形成“密教”。13世纪初在印度佛教趋于消亡，19世纪后又稍有复兴。它的经典由口头到文字在长时期内形成各宗各派学说，经典繁多，总称为“经、律、论”三藏（Tri-pitaka）。2世纪贵霜王朝迦腻色迦王以后，佛教向古印度境外传播，发展成为世界性宗教，在许多国家形成各具民族特色的教派。传入中国和朝鲜、日本、越南等国的以大乘佛教为主，称为北传佛教，其经典主要属汉文系统；传入中国西藏、内蒙古和蒙古，俄罗斯西伯利亚等地区的为北传佛教中的藏传佛教，俗称喇嘛教，经典属藏文系统；传入斯里兰卡、缅甸、泰国、柬埔寨、老挝以及中国傣族地区的以“小乘”为主，称为南传佛教，经典属巴利文系统。近代以来在欧美各国也有佛教流传。

2. 佛教的教义

基本教义是把现实人生断定为“无常”、“无我”、“苦”；苦的原因既不在超现实的梵天，也不在社会环境，而是每人自身的“惑”、“业”所致。“惑”指贪、痴等烦恼，“业”指身、口、意等活动。“惑”、“业”为因，造成生死不息之果，根据善恶行为轮回报应。摆脱痛苦之路是依经、律、论三藏，修持戒、定、慧三学，彻底转变自己的世俗欲望和认识，超出生死轮回范围，达到这种转变的最高目标称做“涅槃”（Niwana）或“解脱”。这些说法，包含在“五蕴”、“十二因缘”、“四谛”等最基本的教理之中，成为以后佛教各派教义的基础。反对“波罗门第一”，在因果报应和修行解脱方面主张“四姓平等”，主要受到刹帝利、吠舍种姓的支持而得到传播。佛教的基本教义的核心就是一个“苦”字，即人世间充满着苦难。一个人，从他出生到死，甚至还在娘胎的时候，就离不开“苦”。佛教说，人生有八种苦，真所谓“苦海无边”。但人们只有领悟佛教的“真理”，做到“自我净化”，才能被“解脱”，即脱离苦海，到达幸福的彼岸世界，这就是所谓的“回头是岸”。此外，佛教宣扬“因果报应”、“生死轮回”和“一切皆空”等。

3. 佛教的经典

佛教经典的数量比起其他宗教来，可称得上是浩如烟海。佛经主要是记载释迦牟尼的弟子们转述释迦牟尼在世时的说教，其中包括后来的佛教徒假托他的名义所写的著作。佛经一般分为三类，即经、律、论。“经”，记载教义；“律”，记载戒律；“论”，关于教理的解释。如《金刚经》、《心经》、《华严经》、《法华经》等。

中国拥有世界上数量最多、内容完备的佛经和佛教文化史料，目前在中国保存的汉文《大藏经》和藏文《大藏经》，是研究佛教最重要的典籍。

4. 佛教在中国的传播及发展

佛教早在西汉哀帝元寿元年（公元前2年）就传入中国，后经魏晋南北朝的发展逐渐在中国扎下根，成为中国封建社会上层建筑的一个组成部分。到隋唐时期，由于统治阶级的大力扶植，佛教进入鼎盛时期，并逐渐形成了各种佛教宗派，诸如天台宗、华严宗、禅宗、净土宗等。这一时期，翻译了大量的佛经。其中译经成就最大的首推玄奘（公元602—664年）。他历尽艰险，九死一生，终于到达佛教祖地——印度，他在印度生活了十几年，于公元645年回到长安。玄奘从印度带回由24匹马驮运的大小经律论共520夹、657部，此外还有佛像、舍利等。

公元8世纪，中国西藏地区出现了藏传佛教（俗称喇嘛教），它是佛教的一支，主要分布于中国的藏族、蒙古族等地区。它是印度传入的密教、内地传入的大乘佛教和当地的原始宗教——“本教”相结合的产物。喇嘛是“上人”、“师长”的意思。公元10世纪以后，藏传佛教形成了不少教派，主要有红教（宁玛派）、花教（萨迦派）、白教（噶举派）和黄教（格鲁派)，其中以黄教为著。

目前，佛教主要流行于亚洲，特别是南亚和东南亚的一些国家，如印度、斯里兰卡、尼泊尔、中国、日本、缅甸、越南和柬埔寨等。

5. 佛教的教制、教职

(1) 总称“和尚”(Upadhyaya)、“尼姑”，所谓“看破红尘，遁入空门”，亦称“僧”、“比丘”(Bhiksu)。尼姑亦称“比丘尼”(Bhiksuni)，妇女出家修行，叫尼姑。我们尊称其为法师（Dhraomacarya)、大师、高僧、长老、上人、师太（女）等。

一座大寺庙内，职称繁多，负责人称“方丈”、“住持”或“堂头和尚”。下面有很多执事僧，负责职僧有上座、寺主、维那，称为三纲。佛教僧制称为两序（两班)，文武两班即东序、西序。西序选择学德兼优者担任，称“头首”，有六职：首座、书记、知藏、知客、知浴、知殿。东序选择精通世事者担任称“知事”，有六职：都寺、监寺、副寺、维那、典座、直岁等。再下面有塔主、园主、门头、典客、侍者等，还有就是云水僧、游方僧、行脚僧。

在西藏、蒙古的喇嘛教则称活佛、喇嘛等。

(2) 佛教信徒称男居士、女居士，尊称擅越（Danapati)、护法（Dharmapala)、施主。有的和尚为了对女居士表示客气和尊敬称之为“女菩萨”，她们信仰虔诚，有钱，有一定的社会地位，对寺庙有大的帮助，乐善好施。

(3) 佛教有“三宝”（Triratna)：①佛宝，指释迦牟尼，亦指一切佛；②法宝，指佛教教义；③僧宝，指继承宣扬佛教教义的僧众。

佛教的和尚（比丘)、尼姑（比丘尼）穿的衣服叫“二衣”。其中一类为制衣，包括僧众三衣（Trictvara)、尼姑五衣。听衣：如其他长衣和涅槃僧衣等。“袈裟”是佛教的法衣。僧人所穿法衣用杂色布制成，故从色而言称法衣为袈裟。“袈裟”为梵文（Kasaya）音译，原意“不正色”、“坏色”，即杂色。

6. 佛教礼仪

(1) “皈依”。佛教名词。由梵文（Sarana）意译，亦译“归依”，与“信奉”意同。《大乘义掌》卷十：“归投依伏故曰归依……”信奉佛、法、僧谓之三归依（Trisaranagamana)。

(2) “剃度”。佛教名词。剃除须发是佛教徒出家（Pravraiana）接受戒条的一种规定。佛教认为是度越生死之因，故名。

(3) “受戒”。佛教徒通过一定的仪式，接受佛教戒律。戒有五戒、八戒、十戒、具足戒等区别，因而受戒仪式也各不相同。

（4）“斋”。佛教的“斋”有两种意义：①过中午不食；②素食。在家信徒（居士）按时持“八斋戒”，只吃素食，称做“吃斋”。施饭与僧叫“斋僧”。会僧而施食，称为“斋会”。

（5）“斋日”。佛教名词。佛教在家信徒按日期持“八斋戒”，称为“斋日”。

（6）“朝山”。指佛教徒到名山大寺进香拜佛敬礼菩萨。

（7）“打七”。佛教仪式。分为两种：①禅七，禅宗僧人每年冬天进行的参禅活动，从阴历十月十五日起，至腊月八日止共“七七”49天；②佛七，净土宗僧人进行念佛活动，随时可以举行，“七七”49天中只念“阿弥陀佛”，敲木鱼击磐，名为“打念佛七”。

（8）“修行”。指佛教徒依据佛教教义修习行持。内容包括戒、定、慧三个方面，扩为37道品，大乘概括为6度。

（9）“参禅”。佛教禅宗修持方法。“参”为“参究”，“禅”为“禅道”。参究禅宗修行之道，求得“明心见性”，叫做“参禅”。

（10）“合十”。亦称合掌，口称“阿弥陀佛”（Amitabha），是佛教徒的普通礼节。左右合掌，十指并拢，置于胸前，表示衷心的敬意。

（11）“问讯”。佛教礼节，以两手相屈，曲腰至膝，操手下去，合掌上来，两手拱齐，叫做“问讯”。

（12）“顶礼”。佛教礼节。两肘两膝和头着地，称为五体投地，而后用头顶礼尊之足，故名。向佛教像行礼，则舒两掌过额，承空，以表示头触佛足。

（13）“法会”。佛教为说法、供佛、施僧等举行的仪式、集会。

（14）“法事”。亦称“佛事”，指念经、供佛施僧、拜忏等宗教仪式。

（15）“功德”。“功”指做善事，“德”指得福报。一般指做念佛、诵经、布施等，据说因此可得善的报应等。

（16）“圆寂”。（Paimirvana）。和尚、尼姑去世称“圆寂”，把尸体放在缸内火化，骨灰装入佛塔内。

7. 佛教的主要节日

（1）涅架节。纪念释迦逝世的佛教节日，由于南传、北传佛教对释迦生卒年月的说法不同，纪念“佛涅槃日”的时间也不尽一致。中国、朝鲜、日本等国的大乘佛教一般定于每年夏历2月15日（日本在近代改用公历）。届时佛教寺院要举行佛涅架法会，挂释迦涅槃图像，诵遗教经等。《百丈清规》卷二载：“2月15日恭遇本师释迦如大和尚入涅槃之辰，率比丘众，严备香花灯烛茶果珍馐，以申供养。”

(2) 佛诞节。亦称“浴佛节”，纪念释迦诞生的节日，佛寺届时举行诵经法会，并根据“佛生时龙喷香雨浴佛身”的传说，以各种名香灌洗佛像，并供养各种花卉。另外，还举行拜祭佛祖、施舍僧侣等庆祝活动。节日的时间，中国汉族等地区为夏历4月8日。《百丈清规》卷二载：“4月8日，恭遇本师释迦如来大和尚降诞之辰，率比丘众，严备香花灯烛茶果珍馐以申供养。”

(3) 盂兰盆节。又称“盂兰盆会”、“盂兰盆斋”、“盂兰盆供”，另称“中元节”，为每逢夏历7月15日，佛教徒为追荐祖先而举行活动的节日。“盂兰盆”，梵文 Ullam-bana 的音译，意思是“救倒悬”。《盂兰盆经》载：释迦弟子目莲，看到死去的母亲在地狱（Naraka）受苦，如处倒悬，求佛救度，释迦要他在7月15日即僧众安居终了之日，备百味饮食，供养十方僧众，可使母解脱（Mukti）。节日期间，除施斋供僧外，寺院还举行育经法会以及举办水陆道场、放焰火、放灯等宗教活动。

(4)“成道节”。亦称“成道会”、“佛成道日”、“腊八”，为佛教节日。相传释迦成佛之前，学修苦行多年，饿得骨瘦如柴，决定放弃苦行。此时遇见一牧女送他乳糜，食后体力恢复，后端坐菩提树下沉思，于12月8日成道。为纪念此事中国佛教徒于阴历十二月八日，以米和果物煮粥供佛，称为“腊八粥”。嗣后吃“腊八粥”成了中国的民间习俗。《百丈清规》卷二载：“腊月八日恭遇本师释迦如来大和尚成道之辰，率比丘众，严备香花灯烛茶果珍馐，以申供养。”

(5) 观音生日和成道日、涅槃日。夏历2月19日是观音的生日，夏历6月19日是其“成道日”，涅槃日是9月19日。佛教寺院、佛教信徒在这些日子都做法事和各种纪念活动。

8. 佛教徒习惯

佛教徒不吃荤，有的是吃“常素”，如和尚、尼姑均是如此。有的一般教徒逢佛教节日吃素，平时可以吃荤。而喇嘛教则可吃牛、羊肉。

在佛教国家不能随便摸小孩的头顶。

(三) 伊斯兰教

1. 伊斯兰教的产生

“伊斯兰”是阿拉伯文“Islam”的音译，原意为“顺服”，指顺服唯一的神安拉的旨意。中国旧称“回教”、“清真教”、“天方教”等。7世纪初，穆罕默德于阿拉伯半岛创立的一种神教，与佛教、基督教并称为世纪三大宗教。

穆罕默德于40岁（约610年）时开始创教活动，创教初期未能立即取代阿拉伯半岛的多神崇拜，直到622年迁至麦地那并在该地建立政教合一的宗教公社，才从组织上、制度上和军事上保证了对多神崇拜的胜利。7世纪30年代初，发展成为半岛的统治宗教。8世纪初，进一步发展成为地跨欧、亚、非三洲的世界性宗教。自初期哈里发国家以来，一直是各政教合一的封建国家（包括其后建立的阿拉伯哈里发帝国、奥斯曼帝国，以及各哈里发王朝）和近代伊斯兰国家统治的精神支柱。

2. 伊斯兰教的基本教义

伊斯兰教的基本教义就是信仰安拉是唯一的神。“除安拉外，再无神灵，穆罕默德是安拉的使者”被称为伊斯兰教徒（穆斯林）必念的“清真言”。安拉，中国穆斯林称之为“真主”。西北地区称“胡达”。他是主宰一切的神。人的一切都是由安拉决定的，即所谓“前定”的思想，“万物由天定，生死不由人”正是这个意思。

伊斯兰教除了让穆斯林绝对信仰安拉外，还要教徒无条件地信仰安拉的使者——“穆罕默德”。同时还规定教徒要念“清真言”，做礼拜、斋戒、纳天课和朝觐，在中国称为“五功”。斋戒即教徒每年在“伊斯兰教历”太阳年第9月斋戒1个月，即每日从黎明前到日落禁止饮食和房事等。纳天课是以神的名义征收的一种课税。朝觐，是教规规定，凡身体健康、有经济能力的男女穆斯林，一生之内要去“圣地”麦加朝觐“克尔白”一次。其活动在每年伊斯兰教历12月上旬举行，最后1天即为宰牲节。礼拜是一种宗教仪式，每日5次拜，每周1次聚礼，每年2次会礼。在斋月的每个夜晚都要举行礼拜，念“清真言”，就是要教徒认识真主，经常念经祈祷。

3. 伊斯兰教的经典

伊斯兰教的主要经典是《古兰经》，又译为《可兰经》。

“古兰”是阿拉伯文Kur’an或Qur’an血的音译，意为“诵读”。它有55种名称，其中以“读本”、“光”、“真理”、“智慧”、“训诫”、“启示”等为穆斯林所常用。在中国旧称《天经》、《天方国经》、《宝命真经》等。

穆罕默德在传教过程中，以安拉“启示”名义发表有关宗教和社会主张的言论，后来经过他的弟子们编撰汇集而成《古兰经》。它在一定程度上反映了当时阿拉伯社会、政治、经济、文化等各方面的状况。《古兰经》共计30卷、114章、6200多节。《古兰经》的内容十分丰富，大致可包括四个方面：穆罕默德及其传教活动；伊斯兰教的教义说教；伊斯兰教的宗教制度和社会主张；历史故事、寓言和神话。

《古兰经》在穆斯林的宗教与世俗生活中具有极其重要的地位，伊斯兰世界的种种教派、学说、社会思潮和社会运动，往往以其为经典（或理论）根据。

伊斯兰教的另一经典是《圣训》(阿拉伯语称"哈底斯"或"逊奈")。它是记录穆罕默德不以安拉的名义所发表的言论、行动以及他许可或默认的弟子们的言行。

4. 伊斯兰教的派别

伊斯兰教在长期的历史进程中形成了许许多多的派别。其中最主要的有逊尼派和什叶派。逊尼派承认艾卜·伯克尔、欧麦尔、奥斯曼和阿里四代哈里发都是穆罕默德的合法继任者，有"正统派"之称，是伊斯兰最大的教派。世界上（包括中国）穆斯林多属这派。什叶派只承认阿里及其后裔为穆罕默德的合法继任者，是该派的领袖，并称之为伊玛目。

5. 伊斯兰教的信条

伊斯兰教的基本信条，在《古兰经》中有明确的昭示："信道的人们啊！你们当确信真主和使者，以及他所降示给使者的经典，和他以前所降示的经典。谁不信真主、天神、经典、使者、末日，谁确已深入迷误了。"穆罕默德谓"正信"即是"信仰真主、天使、天经、圣人、后世，并信仰祸福都是前定"。《天方典礼·谛言篇》里将六信称为"信真主、信一切天神、信一切经书、信一切圣人、信后世、信善恶有定、信死后复生"。伊斯兰教信仰的总纲是"万物非主，唯有真主；穆罕默德是主的使者"。其核心为"认主独一"，坚决反对崇拜多神和偶像。在此前提下的六大基本信条是：

（1）信安拉。阿拉伯文的音译，伊斯兰教信奉的唯一的神的名称。"信安拉是唯一的神"，为伊斯兰教的一个基本信条。"除安拉外再无神灵，穆罕默德是安拉的使者"，是宗教证词和清真言的重要内容。《古兰经》明确称颂安拉是独一的、无始的、最崇高的、实在的主，是创造、主宰并超绝万物的主，是全知全能的主。

（2）信穆罕默德是主的使者。《古兰经》明确指出：穆罕默德本人也是一个凡人，并非崇拜对象，他只是在人间为安拉"报喜信"、"传警告"，是安拉派遣的使者，是所有先知中最后一位"封印"先知，因而也是最伟大的先知。

（3）信经典。即信仰安拉所降示的一切经典，主要指《古兰经》。《古兰经》中有70余处明确提到该经是安拉降示的经典，并强调它本身即是安拉的语言，是人类绝无能力创造的妙文。《古兰经》的本文，从语言、书法到复制，均同“记录在一块受保护的天牌上”的原形相一致。

（4）信天使。伊斯兰教认为天使是安拉用光创造的一种妙体，纯洁无邪，无性别，长有翅膀，神通广大、变幻莫测。天使数目繁多、各司其职，有的负责记录每个人的行为，有的负责索取人的性命等。最著名的有四大天使，其中吉卜利勒天使地位最高，他奉安拉之命向穆罕默德传达“启示”，是玄灵和忠实的精神，是人类的朋友。

（5）信末日。伊斯兰教提倡两世兼顾，号召穆斯林既要在现世努力创造美满生活，亦应以多做善功为未来的后世归宿创造条件。《古兰经》以大量节文具体地表述了末日的景象及天园与火狱的情景，以激励人们认主独一、坚定信仰、行善戒恶，要人们确信安拉在末日将复活人类，全面总结清算每个人在现世的表现，根据善恶给以奖惩，善者进天园，恶者进火狱，并告诫人类：“其实，后世是更好的，是更长久的。”

（6）信前定。伊斯兰教认为，凡万事万物皆由安拉“前定”（又称主的“定然”），是人的意志不能违抗的。《古兰经》指出，安拉“预定万物”，“已注定各人的寿限”。故多数经注学家认为，前定应包含在基本信仰之中。伊斯兰教认为，前定与自由意志的相互关系是：既反对极端的宿命论，也反对绝对的人定论；人类对自己的行为，应顺其前定，自负其责。中国伊斯兰教学者王岱舆的《正教真诠》云：“真主造化了人神，并人所用之事物，因为试人之善恶也。成立善恶乃前定，作用善恶乃自由。若无前定，亦无自由。非自由不显前定，然自由不碍前定，前定亦不碍自由，似并立而非并立也。”

6. 伊斯兰教的礼仪

（1）礼拜。音译“萨拉特”，伊斯兰教的“五功”之一，是穆斯林朝向麦加圣城的“克尔白”进行诵经、祈祷、跪拜等宗教仪式的总称。主要有：①每日5次礼拜，分别在晨、晌、晡、昏、宵5个时间举行，称作晨礼、晌礼、晡礼、昏礼、宵礼；②每星期五午后的主麻拜，俗称“聚礼”；③每年开斋节和宰牲节的礼拜，俗称“会礼”。此外还有各种内容和形式的副功拜。礼拜时的条件为：礼拜者的身体、衣服、礼拜场所必须清洁，礼拜者须按照教法规定以衣遮体，朝向麦加克尔白。礼拜时须依次完成7项不同的动作。①举两手于头的两旁，口诵“真主至大”。②端立，置右手于左手上，口诵《古兰经》首章。③鞠躬，以手捉膝，行鞠躬。④直立并抬起双手，口诵“赞颂主者，主必闻之”。⑤跪下，两手掌伏地，叩首至鼻尖触地。⑥跪坐。⑦第二次叩首。从口诵《古兰经》首章开始的这一系列动作，构成为一拜，礼拜一般由伊玛目率领集体举行，也可单独举行。

（2）祈祷。阿拉伯文 Rakat 的意译，与礼拜相连又非礼拜的一种仪式。指穆斯林为在今世、来世得到某种慰藉而向真主提出的一种祈求，由念祷词并伴随一些类似礼拜的动作来表示。可在礼拜前或礼拜后举行，如殡礼中要求宽恕死者和在场者的祷告，也可单独举行，如祈雨，祈求自己所盼望的一切等。

7. 伊斯兰教的节日

（1）古尔邦节。意为献牲，即“宰牲节”的意译，音译“尔德·艾祖哈”，与开斋节同为伊斯兰教的重大节日，希吉拉历 12 月 10 日举行。同时也是朝觐者在麦加活动的最后一天。相传易普拉辛受安拉“启示”，命他宰杀儿子伊斯玛仪献祭，以考验他对安拉的忠诚，当易卜拉欣遵命执行时，安拉又以羊代替。古阿拉伯人依此传说每年宰牲献祭，伊斯兰教继承这一习俗，规定该日为宰牲节。穆斯林每逢此日要沐浴盛装，举行会礼，互相拜会，宰杀牛、羊、骆驼，互相馈赠以示纪念。

（2）肉孜节。波斯文 Rozah 的音译，意为“斋戒”，中国新疆地区称伊斯兰教“开斋节”为肉孜节。

（3）开斋节。音译“尔德·菲图尔”，与宰牲节同为伊斯兰教两大节日。该教规定穆斯林在希吉拉历 9 月内斋戒，斋月最后一天寻看“新月”（月牙），见月的次日即行开斋，为天斋节，并举行会礼和庆祝活动。如未见月，则继续斋戒，开斋节顺延（一般不超过 3 天）。在节日前，每个家庭成员都要向穷人发放“开斋捐”。

（4）圣纪。伊斯兰教节日之一，该教以希吉拉历 3 月 12 日为穆罕默德诞生纪念日。相传穆罕默德于希吉拉历 11 月 12 日逝世，故又称该日为“圣忌”，合并纪念，俗称举办“圣会”。节日活动有诵经、赞圣、讲述穆罕默德生平事迹等。

8. 伊斯兰教习惯

（1）中国的穆斯林男性均戴白色圆帽，不吃猪肉，亦忌谈猪。

（2）在“斋月”里日出之后、日落之前不能吃喝。

第四节 一般外交知识

一、外交关系

（一）外交关系概说

1. 国家外交关系体系

国家外交关系体系，指国家为了实现其对外政策而进行外交活动。它通过各种途径，包括互相在对方首都设立使馆，派遣或者接受特别使团，在国际组织派驻常设使团和派出参加国际会议的代表团。

国家借以与其他国家保持外交关系的各种机关统称国家外交关系机关。国家外交关系机关可分为中央机关和派出机关，即外交代表机关。前者的所在地在国内，后者则是在国外。

中央的外交关系机关有：国家元首、政府、外交部门。这些机关按其本国宪法、法律各有自己的职权范围，而在国际法上都是代表本国与外国保持外交关系、进行外交活动的。

派出的外交关系机关，即外交代表机关，分为常驻的和临时性的。常驻的有使馆（外交使团）和驻国际组织的使团。临时性的有特别使团和参加国际会议的代表团等。

2. 外交关系法

外交关系法，是关于外交关系的国际法原则和规则的总和。这个部门的国际法所规定的主要内容是：派遣外交代表机关（使馆、特别使团等）及其人员的程序、外交代表机关的职务、外交代表机关及其人员的特权和豁免、外交代表机关及其人员与接受国或国际组织和东道国之间的其他关系。

（二）国家、中央外交关系机构

1. 国家元首

国家元首在国家对外关系上是国家的最高机关。国家元首可以是个人的，例如美国和法国的总统、英国的国王（或女王）；也可以是集体的，例如瑞士的联邦委员会。

国家元首在对外关系上的职权由本国宪法予以规定，一般有以下几方面：派遣和接受外交使节、批准和废除条约、媾和、宣布战争状态。国家元首也可以出席国际会议，同外国进行谈判和签订条约。

一国元首在另一国时，按照国际惯例，除礼仪上的特殊尊荣外，还享有全部外交特权和豁免。

2. 政府

政府是国家最高的行政机关。各国的对外关系一般是由其政府领导的。政府有权同外国政府进行谈判，签订条约和协定。

政府首脑可以与外国的政府进行谈判，出席国际会议以及签订条约，无需全权证书。

政府首脑在外国时，享有全部外交特权和豁免。

3. 外交部门

外交部门是专门执行国家对外政策、处理日常外交事务的机关。现在外交部门在大多数国家都称为外交部，但也有一些国家用别的名称，例如美国称国务院，英国称外交与联邦部，瑞士称政治部。各国专管外事工作者的头衔也不一样，多数国家称为外交部长，美国称为国务卿，而英国称为外交和联邦事务大臣。

外交部的职权包括领导和监督驻外使领馆、特别使团和驻国际组织使团、出席国际会议代表团等的工作和活动，并与外国使馆、特别使团等保持联系和进行。本国政府及其各部门同外国政府和外国使馆的联系一般都通过外交部。

外交部长的职权除领导外交部、贯彻国家对外政策和处理日常外交工作外，还包括进行或参加同外国政府代表团的谈判、签订条约等。外交部长进行谈判，参加国际会议和签订条约，无需出示或提交全权证书。外交部长在外国时，享有全部外交特权和豁免。

外交部的组织机构各国不同。根据其执行职务的需要和便利，一般情况下可以分为政治事务（地区司）、条约、法律、礼宾、新闻、领事、行政、人事等多个部门。

（三）外交部门与本国驻外使馆的关系

使馆长需执行外交部的指令，根据国内的要求提出报告，而且不管是否有国内的指示，他都应当就本国政府应采取的政策主动提出建议，并向本国政府提供他认为有意义的情报。

外交部（或其相应的部）是一个国家与另一国家或国际组织打交道的主要机构。如果提出的是一个技术性的、日常的问题，外交部可以指令相应的司和有关使馆或国际组织直接进行交涉，但最初的接触和实质性问题的处理，则必须与外交部联系。

外交部长向另一国家递交信件有两种可能的途径：一是通过本国政府驻

在有关国家的外交代表；二是通过有关国家驻本国的外交代表。一般来说，政府通过其驻外代表与外国政府进行正式接触，但正式的抗议常常是向外国驻本国代表提出，因为这样做更为直接和迅速。有时两种办法同时采用。

（四）外交部门与外交使团的关系

作为一个整体的外交使团及其成员，与驻在国之间的事务，由年高德劭的使团长与有关的部长或礼宾司长处理。使团的“团长”（或首席使节）一词可以合理地调换为“外交团团长”，但英语国家的惯例称之为外交使团长。

决定使团长的任命时，首先考虑的是使团长的等级，其次是连续在任的时间的长短。在某些国家（主要是罗马天主教国家）任命教廷大使为使团长；在某些拉丁美洲国家则另有特殊的规定，由国防部的礼宾官任命武官为使团的现象并不罕见。

特别使团指一国经另一国同意，派往该国谈判特定问题，或者完成一项对该国的特定任务，代表派遣国的临时性使团。

特别使团的成员，派遣国原则上可以自由任命，但接受国可以不加解释地拒绝任何人成为特别使团成员（包括团长、代表和其他人员）。接受国也可以随时不加解释地通知派遣国，宣告任何代表或外交人员为不受欢迎的人或任何其他人员不能接受。遇到这种情形，派遣国应斟酌情况并将有关人员召回或终止其在使团的职务。如果派遣国拒绝或未在适当时间内履行这种义务，接受国可以拒绝承认有关人员为特别使团成员。

二、领事关系

（一）领事制度概说

领事是一国为了实行其对外政策，经另一国同意派驻在另一国一定地点，以便在该国一定区域内执行领事职责的人员。

（二）领事条约和公约

领事关系法渊源的一个特点是存在着关于领事的大量双边条约。据统计，到 1876 年有条文涉及领事问题的条约有 140 个。现在，据估计，双边领事条约有几百个。中国在 50 年代末 60 年代初订立了 3 个领事条约，即 1959 年的中苏、中德条约和 1969 年的中捷条约。1980 年，中国同美国签订了领事条约。

地区性的多边条约有 1928 年的《海上中立公约》。

1963年4月24日的《维也纳领事关系公约》是关于领事制度的一个比较全面的公约。这个公约于1967年3月19日生效。截至2000年底，公约有95个缔约国。中国于1979年加入该公约。

（三）领事职务

1963年《维也纳领事关系公约》对领事职务做了一般规定，共13条。更为详尽的条款是由许多双边公约规定的，关于领事职务的全面规定可参考欧洲委员会《关于领事职务的欧洲公约》。

（四）领事官员的任命

按照传统的惯例，领馆馆长每次奉派任职，应由派遣国发给委任文书，载明馆长的全名、等级、领馆辖区及领馆设置地点。派遣国应通过外交途径将此项文书送驻在国政府。驻在国如无反对意见，应发给准许执行职务的领事证书。一国如拒绝发给领事证书，无需向派遣国说明其拒绝的理由。领馆官员的任命，通常也经过同样手续，但事先将重要细节作出通知也是可行的。发给领事证书虽属惯例，但并不是一项义务。

（五）领事关系之中断

领事关系断绝时，领馆馆舍、财产和档案应受到接受国的尊重和保护，领馆的业务及其财产和档案可委托给接受国可以接受的第三国代管。

（六）领事馆的人员

按照1963年《维也纳领事关系公约》，领馆人员分为领事官员、领事和服务人员。领事官是执行领事职务的人员，包括馆长、雇员（包括行政和技术人员）。服务人员包括汽车司机、传达员。此外，领事关系公约还提到私人服务员，但私人服务员不属领事人员。

三、外交特权和豁免

（一）外交特权和豁免的根据

使馆及其人员，首先是外交人员，享有外交特权和豁免。关于外交特权和豁免的依据，有三种在过去或现在有重大影响的学说。

1. 治外法权说

它以使馆和外交代表处于接受国领土之外的这种抑制来说明外交特权和豁免。这种学说既不是以事实为根据，也不符合各国在外交特权和豁免方面的做法。例如，在使馆馆舍内发生的犯罪，在法律上被认为是在接受国境内发生的，除非犯罪者享有豁免权，应属接受国管辖。治外法权说现已被摒弃，但有时仍可看到“外法权”一词被用来作为外交特权和豁免的同义语。

2. 代表性说

它把外交特权和豁免建立在使节的代表性上，认为使节是君主或国家的代表，根据平等者之间无管辖权的原则，其使节享有外交特权和豁免。这种学说有一定的事实根据和道理，但不能充分和确切地说明问题。

3. 职务需要说

它以使馆和外交人员执行职务的需要来说明特权和豁免。这种学说认为，使馆和外交官可以在不受当地的干扰和压力的条件下，自由地代表本国进行谈判，自由地同本国政府联系。简言之，可以顺利地执行其职务，因而是国家之间保持关系所必不可少的。这种学说比较能说明给予特权和豁免的理由，是比较普遍被接受的一种学说。

（二）使馆的特权和豁免

在国际法著作中论述外交关系机关时，一般以外交使节为中心，使馆被视为使节的办事机构。现在，国际法的趋势是把使馆看成一个国家机关，使馆人员是国家机关人员，馆长是这个国家机关的首长。与此相适应，外交特权和豁免也分使馆和使馆人员的。使馆的外交特权和豁免有以下一些内容。

1. 使馆馆舍不可侵犯

《维也纳外交关系公约》中所称的使馆馆舍是指供使馆使用和供使馆馆长寓邸之用的建筑物各部分，以及其所附属的土地。使馆馆舍不可侵犯有两个方面的意义：一是接受国官员不得进入馆舍执行公务，接受国也不能对馆舍进行任何司法程序；二是对使馆馆舍要加以特别保护。

2. 档案和文件不可侵犯

使馆档案和文件，无论何时，也不论位于何处，都是不得侵犯的。

3. 通信自由

使馆的通信自由包括：使馆当它与派遣国政府及无论何处的该国其他使馆及领事馆通信时，可以采取一切适当办法，包括外交信使及明密码电信在内。但使馆非经接受国同意，不得装置和使用无线电发报机；使馆的来往公文不得侵犯；外交邮袋不得予以开拆或扣留。

4. 行动及旅行自由

使馆人员的行动和旅行自由被认为是使馆执行其保护和了解等职务所需要的一种便利。

5. 免纳捐税、关税

使馆免纳捐税的项目有：使馆馆舍免纳全国性或地方性各种捐税，但不包括对提供的特定服务所应交的费用；使馆办理公务所收的规费和手续费免征一切捐税；在关税方面，使馆公务用品（例如办公室家具、打字机、车辆）准许入境并免除一切关税和除了贮存、运送及类似的服务费用以外的一切其他课征。

6. 使用国旗和国徽

使馆及其馆长有权在使馆馆舍、使馆馆长寓邸和交通工具上使用派遣国的国旗和国徽。

（三）外交人员的特权和豁免

使馆馆长和其他外交人员都享有全部外交特权和豁免。这是传统的一般做法，是一项没有争议的国际法规则。外交人员的特权豁免包括人身不可侵犯，寓所和财产不可侵犯，刑事、民事行政管辖的豁免，以及免纳捐税和免征关税。

1. 人身不可侵犯

外交人员的人身不可侵犯有两个方面的含义。一是“外交代表不受任何方式之逮捕或拘禁”。对于接受国来说，它的有关机关对外交人员不得加以逮捕或拘留，不得对他们施加直接的强迫措施。但是外交人员人身不可侵犯，并不排除对这种人员的行凶进行防卫，或者在他破坏法律规章或进行犯罪的场合，于情况需要时，采取必要的措施加以制止。二是“接受国对外交代表应特示尊重，并应采取一切适当步骤以防止其人身、自由或尊严受有任何侵犯”。这就是说，接受国有义务对外交人员给予特别的保护。

2. 寓所和财产不可侵犯

使馆馆长以外的外交人员的寓所，即与馆舍相分离的部分，在各国的实践中也被公认是不可侵犯的。外交人员的文书和信件是不可侵犯的。外交人员的财产，除按公约规定的不免除强制执行的情况外，也是不可侵犯的。

3. 管辖的豁免

接受国对于经查明犯了罪的外交官不能行使管辖权，但是可以根据具体情况采取一定的措施，包括在案情较严重的场合要求派遣国放弃豁免权，以便加以审判，或宣布该外交官为不受欢迎的人。

4. 免除关税和查验

按照1961年《维也纳外交关系公约》的规定：外交人员的私人财物和用品可免税入境，但须接受接受国的法律和规章；接受国法律禁止进出口的物品，前者如毒物、枪支弹药，后者如珍贵文物、贵金属、通货，外交代表也不能携运进口或出口；外交代表的私人行李免受查检，但是有重大理由推定其中装有不在上述免税之列的物品，或接受国法律禁止进出口的物品，或有检疫条例管制的物品，不在此限。遇到这种情况，查验需有外交代表或其授权代理人在场才能进行。

5. 其他特权和豁免

外交代表免予适用接受国施行的社会保险办法；免除一切个人劳务和各种公差勤务，如服兵役、担任陪审员等；免除关于征用、军事募捐等军事任务。

（四）其他人员的特权和豁免

按照1961年《维也纳外交关系公约》的规定，除外交代表本人外，外交代表的同户家属，如果不是接受国国民，也应享有各项外交特权和豁免。在中国，与外交人员构成同一户口的家属是指其配偶和未满18周岁的未婚子女。外国使馆人员中享有外交特权和豁免的限于使馆使长（大使、公使、代办）和其他外交人员（参赞，一、二、三等秘书，随员，陆、海、空军武官与副武官，商务、文化、财务、新闻参赞或专员）。此外，则依照中国所参加的国际公约或与各国所签订的条约、协定，对应享有外交特权和豁免的其他人员，也给予外交人员的待遇。

四、驻外使馆

（一）使馆概述

1. 使馆的产生

使馆是指一国为同他国进行外交联系而常设在他国的外交代表机构，是一国派往他国办理外交事务的正式代表的办公场所。外交代表有常驻和临时两种。常驻外交代表分为大使、公使、代办等级。大使馆即以大使为首的外交代表机关。

2. 外交关系和使馆的建立

一个主权国家承认另一个主权国家，并承认一个主权国家的新政权为这一国家的合法政府，这是两国建立外交关系的前提。建立外交关系，就是建交国互相同意有权派出各自的外交代表，到对方的首都常驻和建立使馆，并按国际法和惯例享有外交特权和豁免。建立使馆是把建交付诸实施的具体行动，但也有因经济或其他原因，建交而不设馆，存在由派遣国派驻邻国的大使兼任的情况。

在建立了外交关系和使馆之后，一国在认为有必要时，可以单方面决定暂时或长期撤回驻另一国的使节，中止或断绝同另一国的外交关系。

3. 使馆的职责

按照《维也纳外交关系公约》的规定，使馆有5项主要职务，一是代表，即在接受国中作为派遣国政府的代表。使馆，特别是使馆馆长，是派遣国同接受国政府之间进行联系或者商讨有关两国关系的代言人。二是保护，即在国际法许可的范围内在接受国中保护派遣国及其国民的利益。三是谈判，即代表本国政府与接受国政府进行谈判。四是了解和报告，即以一切合法手段了解接受国的政治、文化、社会和经济等方面的状况和发展情况并向本国政府报告。五是促进，即促进和发展两国间经济、文化、科技和军事等领域的关系。

4. 使馆人员的类别

根据使馆的现行情况，其人员大致可分为以下几类：

（1）外交人员，是指具有外交职衔的人员。外交人员又分为职业和专业外交人员。职业外交人员包括馆长和其他外交人员，如参赞，一、二、三等秘书。随员，职员和专管领事的外交人员。他们一般由派遣国外交部委派。专业外交人员包括海、陆、空军武官，商务、文化、科技、新闻参赞，秘书或专员。他们一般由专业部门派出，以同接受国对口部门保持联系和进行交涉。

（2）行政技术人员，如文书、档案员、会计、打字员、医生。

（3）一些不在使馆人员编制之内的人员，如使馆人员家属和不属于派遣国的私人雇员。

5. 使馆馆长的等级和位次

派往一个国家的外交使节有不同的等级。1961年《维也纳外交关系公约》将使馆馆长分为三级：大使或教廷大使，及其他同等级位的使馆馆长；公使和教廷公使；代办。

中国在加入公约时声明，对关于教廷使节的规定加以保留。

关于馆长在外交使团中的位次，1961年《维也纳外交关系公约》规定，应按其开始执行职务的日期及时间先后来确定。

6. 外交使节的任命和接受

任命外交使节，首先应获得国内议会的通过，由国家元首任命，然后征求驻在国的意见。一国元首派驻大使或公使到外国的文书称为国书。每一个使节都携有一份加封的国书和一份未封口的副本。副本交给驻在国外交部，表示他已到达。正本则由他亲自交给驻在国元首。馆长以外的使馆人员，除陆、海、空军武官外，一般来说，根据对等原则，由派遣国自由委派。接受国对陆、海、空军武官可以要求先行提名。

一个国家对于被派往该国充任外交使节的人不予反对，那么，该使节一抵达目的地后就被实际上接受。如果是大使，接受国元首应按通常礼节予以接见。为此目的，使节将其国书副本送交外交部，由外交部安排和元首觐见事宜，觐见时再将固封的国书当面递交。如果是代办，则只由外交部长接见，向外交部递交本国外长签发的介绍信。接受国书后，使节被正式承认，才能正式开始执行其职权。

7. 使馆人员职务的终止

使馆人员职务的终止，可以有各种不同的原因。一是使节的国书具有一定的期限，期限届满，该使节的职务即告终止。二是派遣国召回。三是使节被提升至更高一级。四是派遣国或驻在国产生新政府。五是如果派遣国或驻在国因自动与另一国合并或因被征服而为另一国所兼并，那么，如果驻在国承认这种变动，其外交使节的使命就当然终止。六是外交使节的职务因其本人的死亡而终止。

8. 外交团

外交团，狭义上是指所有各国派驻某一国的外交使节组成的团体；广义上则包括所有使馆的其他外交人员，甚至外交人员的家属，使团长由到任最早的大使担任。在一些天主教国家，一般由教廷大使担任。外交团不是一个依法组成的团体，所以不行使任何法律必需的职能。其作用随东道主在此方面的惯例而不同。它主要是在礼仪方面起作用。如应东道主请求向外交团成员通知一些日常事务方面的请求。但是，外交团采取政治性的行动，特别是向东道国施加压力，则是国际法所不能允许的。

（二）使馆的主要机构及其职责

1. 领事部

领事部是使馆中由特殊人员（外交官兼领事官）组成的、执行特殊任务（领事职务）的专职部门。随着国际交往的日益频繁和广泛，在驻外使馆中设置领事部的做法为越来越多的国家所采用。

领事部是执行领事职务的专职部门，其主要职责是：

（1）保护本国国家和国民（包括个人和法人）的利益。当这些利益受到威胁或损害时，有关领事可在国际法许可的范围内采取一切必要的措施加以保护。

（2）促进本国与驻在国各种关系的发展。

（3）以合法手段调查驻在国商业、经济文化及科学活动的情况，报告本国政府。

（4）颁发护照、旅行证件和签证。

（5）帮助及协助本国国民（包括个人和法人）。

（6）担任公证员和民事登记员，办理某些不为当地法律所禁止的行政事务。

（7）在死亡继承事件中保护本国国民的利益。

（8）为未成年或无充分行为能力的本国公民采取监护措施或指定托管人，以保护他们的利益。

（9）在驻在国法院或其他机关担任本国国民的代表或为本国国民安排代表，为该国民的合法权利与利益进行辩护。

（10）转送司法文书，执行遗嘱调查，代本国法院在驻在国录取证词。

（11）按照本国法律规章，对前往驻在国的本国水、陆、空交通工具及工作人员行使监督及检查权。

（12）认证上述交通工具的行驶文书，协助和帮助这些工作人员，解决他们之间的争端。在必要时，还可请驻在国当局予以协助。

（13）执行本国政府交办而又不为驻在国反对的其他职务。

2. 商务处

商务处（商务参赞处、商务代表处）是使馆的重要组成部分，也是本国负责对外经济贸易的部门在驻在国的代理机关。商务处通常受本国对外经贸部门和使馆的双重领导。

各国政府对商务处的职责规定不尽相同。一般来说商务处的职责有：

（1）贯彻执行本国对外贸易方针政策，发展同驻在国之间的贸易经济关系。

（2）参加本国政府同驻在国政府的贸易谈判，协助本国有关部门贯彻执行两国政府间所签订的贸易协定、协议、议定书和换文，并对上述文件在执行中发生的问题提出解决意见。

（3）保护本国商务在驻在国应当享受的合法权益。

（4）调查驻在国的贸易、经济状况、对外贸易、经济关系和有关经济方面的政策、法令及本国在驻在国进出口商品市场的情况和动态，研究旨在扩展出口商品的各种途径、方式和做法。

（5）根据本国对外贸易部门的指示和对外贸易公司的委托，办理贸易业务，在驻在国法律允许的范围内代表本国对外贸易公司同驻在国政府部门、公私企业签订贸易合同。

（6）指导本国常驻驻在国的企业代表处的活动。

3. 文化处

文化处是驻外使馆的组成部分，在馆长的领导下，代表本国文化部门办理与驻在国的文化交流事宜。

文化处的主要职责是：

（1）协助本国主管对外文化交流的部门和直接参加同驻在国政府商签文化合作协定、文化协定年度执行计划、文化交流项目计划等工作。

（2）协助本国有关部门执行文化合作交流计划，同驻在国有关主管部门进行联络，并和本国主管部门沟通情况，促进文化合作交流计划的顺利执行。

（3）协助安排文化艺术团组、著名艺术家、学者和专业人员的互访，并对互访的团组和人员进行指导和帮助。

（4）向驻在国文化机构、群众团体、传播媒介单位、学校等提供影片、声像节目、书刊、图片、小型艺术展品等。

（5）通过合法手段，了解驻在国的文化状况和发展情况，向本国的文化主管部门报告。

4. 武官处

一般情况下，在互设大使馆的同时允许互设武官处，但派出武官须经双方政府达成协议之后才能实施。武官处直属大使馆领导，是使馆办事机构的一个组成部分。其主要任务是处理本国与驻在国在军事方面的事务，代表本国国防部同驻在国国防部联系，就两国关心的问题进行商谈和交换意见，通过合法手段了解驻在国的政治、经济、文化、科技，尤其是军事方面的情况，以促进本国与驻在国在军事上的合作。

武官处的成员一般由本国国防部派遣和领导，在国外受大使馆领导。武官处的公章对驻在国外交部、海关、警察局及交通等官方机关无效。

武官处的职能可以随时因两国断交、本国内部局势或驻在国内部局势的变化而终止的，但这种终止并不影响两国之间的军事外交关系。

武官处主要由武官、副武官组成。武官是武官处的全权代表。武官的军衔一般为少校或中校，有少数为准将和少将。副武官的军衔一般为中校和少校，少数为上校。由于各国的情况不同，其所设武官处的成员也不同。多数武官处只设一名海陆空武官，或国防武官一名或数名副武官；少数武官处分别设陆军武官、海军武官和空军武官；也有设陆空武官、海空武官或陆海武官的。

武官是统称，具体可分为国防武官、海军武官、陆军武官、空军武官、技术武官和3个军种的副武官等。国防武官是大使馆武官处的首席武官。派出国的武官，一般由国防部或总参谋部领导，由其所属军事情报局武官处承办具体管理事物，军种武官在业务上还受派出军种的司令部领导。大多数国家的军事情报局武官既管理本国派出的武官，又管理外国派驻本国的武官。个别国家则分开管理。

武官是国家武装力量的代表，在使馆内是馆长开展外交的军事助手。武官享有外交特权，首席武官的等级大致与参赞相同。

5. 新闻处

各国驻外使馆中，只有少数使馆设有新闻处。在110多个驻华使馆中，设新闻处的只有美国一家。中国的驻外使馆中，只有少数使馆设有新闻处。但一般来说，未设新闻处的使馆都有一名外交官负责新闻事务。他们以使馆新闻官的名义对外活动。

新闻官负责使馆与驻在国官方新闻机构、新闻界进行联系，具体负责使馆与它们的业务关系，促进本国新闻界与驻在国新闻界之间的相互交流。

6. 办公室

办公室负责使馆的礼宾和行政事务。办公室通常由一名官员（办公室主任）负责协调使馆的外交活动和照料使馆的行政工作。

五、驻外领馆

1. 领事关系的建立

国家间的领事关系与外交关系是密切相关、互相渗透，又互相区别的。两个国家同意建立外交关系，也就表示这两国同意建立领事关系。而且，使馆还可以行使领事职务。但这并不是说，两国间一定要先建立外交关系，然后才能建立领事关系。也可以先建立领事关系，而后建立外交关系。这取决于两国关系的深浅程度。在两国关系尚未达到建交（即建立外交关系）的程度时，领事关系可作为外交关系的前导。在两国已经建立外交关系的时候，领事关系又是外交关系的“温度计”。一般地说，领事关系的发展标志着两国外交关系的进一步发展；而领事关系的中止象征着两国外交关系的“降温”。

2. 建立领馆的协议

设立领馆的协议大多是具体而细微的。领馆的类别、领馆的地点、领馆的辖区等，都是设领协议所必须包括的内容。

3. 设立领馆的条件

设立领馆的主导趋势是对等。若甲国在乙国设立了领馆，则乙国也会在甲国设立相等数目的领馆；若乙国暂时不能在甲国设立同样多的领馆，也会保留将来设立领馆的权力。设立领馆的地点，一般都选在经济发达、交通方便的都市和港口城市，或者选在侨民集中或具有某种特殊意义的城市。但是，一个国家的首都却不会设有领馆。首都是供各国设立使馆的地方。

4. 领馆的类别

领事官员分为两类，即职业领事官员和名誉领事官员。

领事官员分为 5 个等级，即总领事、副总领事、领事、副领事代理人或领事随员。

（1）领馆馆长的委派和承认。领馆馆长的委派和承认，分别由派遣国和接受国各自按本国法律规章与惯例办理；派遣国应通过外交途径，向接受国政府通报馆长的姓名、级别、领馆辖区及领馆所在地；接受国发给领事证书后，领馆馆长方可正式开始执行职务。

（2）领馆馆长的到任、离任。领馆馆长在获得领事证书之前，可经接受国同意临时执行职务，此时该馆长便可算已经到任。领馆馆长的离任包括临时离任和任期届满离任两种情形。无论临时离任或任期届满离任，馆长均应指定一位临时代理馆长，并事先通过本国使馆通知接受国外交部。未设使馆的，应由该馆长本人通知。馆长不能通知的，则由派遣国主管机关通知之。

5. 领馆的日常工作

领馆的日常工作同使馆基本相似。它们之间的区别在于使馆的工作范围是整个驻在国，而领馆的工作范围则只限于它的辖区。

六、外国驻华使馆概述

（一）使馆馆舍的分布

北京市政府从 1955 年开始，在建国门外齐家园着手筹建使馆区。第一批使馆建成于 1957 年，为印度、哥伦比亚、斯里兰卡、越南、芬兰、埃及、阿尔巴尼亚使馆以及后来的美国大使馆，建筑面积 25000 平方米，占地 8.3 公顷。1958 年，又在建国门外建了一些使馆馆舍，即古巴、蒙古、爱尔兰、保加利亚、英国使馆和前民主德国商务处，总建筑面积为 19000 平方米，逐渐形成建国门外使馆区。这批馆舍除越南使馆为 7000 平方米外，其他的规模都在 2000~3000 平方米。

1962年，又开辟了三里屯使馆区，建成了委内瑞拉、荷兰、马里、叙利亚、法国、摩洛哥和毛里塔尼亚使馆。这些使馆的规模都不大，每个馆建筑面积1600~1700平方米，用地0.45公顷。

20世纪70年代，在三里屯使馆区又建成了31所小型使馆，总建筑面积为65000平方米；建国门外使馆区又建了25所使馆，总建筑面积为35000平方米。

到1984年为止，建国门外使馆区共建成36所使馆，建筑面积共81319平方米；三里屯使馆区共建成36所使馆，建筑面积共121575平方米。此外，还有11个国家在京自费建馆，即前苏联、朝鲜、瑞士、丹麦等使馆，占地共33公顷，总面积137500平方米。

新建的110所使馆，90%是统建使馆。一般为中小型，由中国统一筹建，由使用国租用。使馆内有办公楼、宴会厅、对外接待用房、大使官邸、一般官员宿舍、汽车、花房、传达室等。按其规模，可以分为三类：

（1）建筑面积3000~4000平方米，属于比较大的使馆。譬如三里屯29号墨西哥大使馆，建于1972年，建筑面积约3800平方米，用地0.9公顷。它有官邸、办工楼、官员宿舍、花房和传达室等建筑。主体建筑由办公楼、宴会厅和对外接待等用房组合在一起，使主楼体形增大。主要的外交活动集中在宴会厅、休息厅和贵宾室，门口有衣帽间、接待厅等。又如联邦德国驻华使馆，于1973年建成，约3000平方米，是将办公楼、宴会厅邸、官员宿舍等组合进一幢建筑内的集中式型使馆的典型。一般为二至三层，中部为宴会厅、接待厅。办公楼、宴会厅、官邸、官员宿舍以及厨房，各有出入口，互不干扰。大型宴会经办公楼正面入口，小型家宴经官邸出入，共用一个厨房，十分方便。

（2）建筑面积1500~3000平方米，包括办公楼、宴会厅、对外接待用房、大使官邸及附属用房，没有官员宿舍，办公楼规模也比较小。用地面积一般为0.5公顷。大多数国家采用此种形式。

（3）建筑面积在1000平方米左右，一层是办公室、接待厅和宴会厅，二层是官邸，一般都在一幢房子里，用地0.4公顷左右。

自费建馆的11所是根据北京城市规划要求和对方的使用需要，经双方共同设计，由我方施工的。第一批自费建馆的国家是前苏联、波兰、捷克斯洛伐克以及朝鲜。这些使馆都建于20世纪60年代。

俄罗斯大使馆位于东直门里旧城区的东北角，原俄罗斯教会旧址，建筑面积42000平方米，占地16公顷，是各国驻华使馆中用地最多、建筑规模最大的。使馆内有办公楼、宴会厅、官员宿舍、俱乐部、官邸、学校及教员住宅等。主体为办公楼带宴会厅，外观及内部装修均取用俄罗斯民族形式，外墙是花岗石面。院内有人工环形小溪，布置了园林和建筑小品，环境舒适而优美。

朝鲜大使馆位于日坛北侧，建于1965年，建筑面积1500平方米左右，占地约3.6公顷。主体建筑由办公楼及宴会厅组成，左右对称，大门厅内沿中轴线的前方是大宴会厅。整个建筑轴线感强，体量大，立面庄严。

20世纪70年代，自费在北京建馆的国家有瑞典、挪威、丹麦、瑞士、伊朗等。使馆建筑是一种高级民用建筑，建筑标准要求高，设备要求现代化，内外装饰要求美观而又具有自己的民族特色。自费建馆的国家使馆建筑的设计水平、技术水平、材料使用以及平面布局，都反映了该国的艺术水平和民族风格，各具特色。

挪威使馆坐落在三里屯，1973年建成，建筑面积3736平方米，占地0.81公顷。对外活动用房采取灵活的空间组合手法，餐厅、起居室、书房等房间均用推拉门分隔，环绕楼梯间布置，这样与楼梯厅组成一个可大可小、可以分隔也可以连通的空间。在举行人数众多的招待会时，各房间便可连通为一个大厅。同时，大起居室及餐厅设置大推拉门，必要时打开，便于与室外的庭园沟通，内外结合，连成一片。

丹麦使馆于1975年建成。坐落在三里屯，用地1公顷，建筑面积3000多平方米。采用北京四合院的布局，体形简单，呈矩形，色词清雅。建有网球场及游泳池，四周围以高墙。官邸也是四合院式的，西面为厕房及服务用房，东面为生活用房，北面是客人和公共活动部分，南面则是柱廊及围墙，组成一个庭院式的四合院。它的外观有其独特之处，是用中国的灰砖，砌筑成一条一丁，并用30%过火灰机砖搭配镶砌成不规则的疏密均匀的自然图案，这座建筑虽不高大和富丽，却别具一格。

罗马尼亚使馆采取互惠方式建成。该馆坐落在建国门外，建筑面积13000平方米左右，占地约2公顷。该馆建筑除主楼外，还有官员宿舍、俱乐部、游泳池等。主楼由办公楼、宴会厅、电影厅等组成，是集中式布局的一种典型。

近年自费建馆的有加拿大和澳大利亚驻华大使馆两个新馆舍。两馆毗邻，坐落在三里屯使馆区的西南隅。加拿大使馆占地1.2公顷，建筑面积约14000平方米，由办公接、官邸楼、官员住宅和综合楼组成，其别致的造型和米黄色耐火砖外墙非常醒目；澳大利亚使馆占地1.46公顷，建筑面积

25000 平方米，由办公楼、官邸楼、官员住宅、娱乐中心等建筑组成，大面积的石料装修和彩色抹灰外墙，在使馆区别具一格。

此外，有一些国家驻华使馆人数很少，还有一些为非常驻国家，如冰岛、斐济和瓦努阿图等国。这些国家驻华机构不需要一整套的使馆建筑。因此，在三里屯兴建了一幢使馆大楼供这些国家使用。1985 年在塔园村建成另一幢 16 层的外交人员办公楼以满足需要。

目前北京的使馆和公寓建筑仍不能满足需要。按照北京总体规划，在东三环亮马桥以北开辟一个新的使馆区，用地为 24 公顷，拟建 30 所使馆和 500 户外交公寓。另外在外日坛地区计划增加 6 公顷使馆用她。

（二）外交公寓

外交公寓是除大使以外的其他外交官员和工作人员的住所。多数大使馆内只建大使馆邸，不建官员宿舍。为了适应各国驻京人员的需要，30 多年来，陆续建了 4 个外交公寓群。有 40 多幢楼房总建筑面积共 80 多万平方米，可容纳 1370 户。

北京第一幢外交公寓，1959 年建于建国门外，是按当时的多室户住宅模式修建的，中间是一条走廊，两边各有几间房间，房间面积较小，使用起来颇感不便。

到 1965 年在三里屯建筑公寓时，将起居室面积加大，形成一个活动空间，门厅也比较大，有整容和挂衣帽的地方，餐厅和厨房的布局比较合理，装修标准也比原来提高了，基本上形成了公寓式的格局。起居室不是单独一门，而是和过道打通，加大了面积，为家宴甚至举行舞会等社交活动创造了条件。多室户型的公寓，在交通上为服务人员开辟了单独的出入口，不与主人和客人的活动交叉。

在三里屯使馆区开始兴建的外交公寓都是四五层建筑。由于片面强调节约，标准偏低。1971—1972 年，建筑公寓 3 万多平方米。1972 年以后，标准有所提高。1973 年建的 16 层公寓，由二室半户至五室户组成，平均每户建筑面积 160～170 平方米，外装饰采用马赛克，内装修标准也提高了。当前北京最大的公寓建筑群，位于建国门立交桥东北侧，沿斜向红线布局，呈阶梯形，高低错落，具有一定的深度和广度。公寓共占 6.4 公顷，总建筑面积为 174150 平方米，于 1984 年建成，共可容纳 726 户。每户有起居室、餐厅、厨房、卫生房、洗衣房，还设有电梯、封闭楼梯、消防梯，并且有暖廊。公寓楼最高的达 58 米，外墙饰以杏黄色马赛克，间以浅绿色涂料，与灰白水刷石配合，色彩协调，形状新颖，外貌颇为壮观。

近几年又在三里屯使馆区建成一组高层公寓群，即塔园外交公寓，由9幢16层公寓组成，共有540套外交官住宅。各建筑在周边布置，形成较开阔的庭院公园。立体绿化和儿童游乐设施，将形成非常优美的环境。该公寓群还建有可容600部车辆的地下两层停车库，并有地下通道和各楼连通，使用非常方便。为该区住户配套建设的餐厅，可承办中、西宴会和零点业务，地下舞厅经常举办各种娱乐活动。

（三）驻华使馆的职责

按照《维也纳外交关系公约》的规定，使馆有五项主要职责：

（1）在中国作为派遣国政府的代表。

（2）在国际法许可的限度内，在中国保护派遣国及其本国的利益。

（3）代表派遣国政府与中国政府进行谈判。

（4）通过合法手段调查驻在国的政治、文化、社会和经济等方面的情况并报告本国政府。

（5）促进派遣国与中国的友好关系，发展两国经济、文化和科学关系。

上述五项是使馆的主要职责。此外，在中国法律或惯例许可的情况下执行领事职务以及担负国际法所许可的其他职责。

（四）驻华使馆人员的任命和使馆人员的类别

使馆人员由派遣国任命，馆长以外的使馆人员，除陆、海、空军武官外原则上都由派遣国自由委派。

他们的任期2~4年不等，也有继续连任达十几年之久。使馆人员基本上可区分为外交人员、行政和技术人员以及服务人员。

外交人员是指具有外交职衔的人员，包括馆长和其他外交人员，如公使、参赞，以及一、二、三等秘书及随员，各种专员，以及海、陆、空武官。目前驻华外交人员（不包括家属）有2500人左右，其中大使124位。

（五）外交使团

外交使团，狭义上是指驻华的所有使馆馆长，广义上则包括驻华使馆的其他外交人员及其家属。

第三章
国际礼仪概述

第一节 现代国际礼仪的形成和发展

一、什么是现代国际礼仪

“礼”是怎么产生的？有一种说法，认为人类在狩猎时代就已知道要有礼貌，因为在打猎时，狩猎者相互必须保持适当的距离。而且即使没有猎获什么，也要讲一番有关野味的趣闻，使同伴们不致扫兴而归。这样说来，“礼”在狩猎时代就有了它的初步形态。

随着人类历史的前进以及社会经济、政治和文化的发展，人际交往日趋频繁，社会生活更加复杂和多样化，“礼”也不断丰富和发展。“礼”是上层建筑的一部分，它的发展是以物质生产的发展为基础的。许多日常生活中的“礼”，都是随着物质生产的发展而出现的。例如，人们要想讲究服饰穿戴，那只有在纺织、丝绸、印染业发展的基础上才有可能。

有一些礼节是在社会文化生活和相互交往中逐渐演变而来的。例如，席间奏乐必须是在音乐有了相当的发展后形成的。各种礼仪场合的布置装饰，也是艺术发展的一种成果。握手，据说是起源于西方中世纪骑士相互格斗时，如果他们势均力敌，为表示和解，就把平时持剑的右手伸向对方，双方握手言和，而渐渐演变成今天的一种通行礼节。

到了阶级社会，建立了“国家”之后，“礼”的发展也达到一个新的阶段。这时候，“礼”已不仅是个人之间交往的“私人礼节”，而且成了国家统治的一种手段。统治阶级为巩固自己的统治地位，建立并稳定自己的统治秩序，规定了许多礼节条文、道德规范，要求本阶级的成员严格遵循。统治阶级内部的关系一稳定，他们对全社会统治也就比较巩固了。所以，过去在外国“礼”（Etiquette）一词，也往往意指上流社会中的行为规范或富延礼仪，以及官方生活中的公认准则。至于平民百姓，则只要求他们遵循统治阶级的法律，供权贵奴役驱使就可以了，这与中国古代封建社会“刑不上大夫，礼不下庶人”真是不谋而合。

在中国历史上，周朝是国家礼仪齐备的朝代。周公为周朝制定了各种各样的典章制度，即所谓“周礼”，要求诸侯遵行。谁要是不遵行，天子就可以处以讨伐。历代封建王朝，崇尚儒家主张的“礼治”，沿袭周礼，并根据自己统治的需要，不断加以修改、补充和完善。所谓“导之以德，齐之以礼”，就是要求人们以“礼”为准绳，各守本分，不得逾越。这种“以礼治国”的做法，对于稳定当时的社会秩序起到了重要作用。“礼”成了中国文化传统的内容，使中国成了有名“礼仪之邦”。当然，封建礼仪的繁文缛节，也束缚了人们的思想和手脚，起着阻碍社会进步的作用，有的甚至成为“反动的、吃人的礼教”。所以，随着社会的进步，对于这种礼仪传统，应持分析的态度，吸取其中有用的精华，抛弃封建落后的糟粕。

在人类历史上，自从有了国家，也就出现了相应的礼仪。不论是古希腊、古罗马，还是古印度、古埃及、都形成了具有各民族特点的礼仪。在古希腊、古罗马的诗歌中，在古埃及的墓葬壁画中，都有古代礼仪的描述。它生动地反映了不同国家、不同时期的文明习俗，是人类文化传统的宝贵财富。

由于国家的产生，也有了国与国之间的交往。国家交往也需要一定的规范与准则，于是就产生了国际礼仪。

在人类历史上，国与国之间充满了矛盾、争斗和战争。而同时，又不断有谈判、议和、结盟、互派使节、互通贸易、缔结条约、协定等国际行为发生。国际礼仪是国际交往中的一种行为规范。它较之一个国家内的礼仪规范又发展了一步，而逐步为大多数国家所公认和接受。在秦王朝统一中国之前，当时中国的大地上，小国林立，诸侯争霸，即春秋战国时代。公元前542年，郑国国王郑简公出访晋国，按照礼仪规范，晋国国王应及时会见郑简公。而晋国有意怠慢郑简公，借口为鲁哀公服丧，迟迟不安排会见。郑国宰相子产乃令随从人员捣毁宾馆的院墙，将自己的车马牵入院内。晋国的礼宾官为此向他们提出抗议。子产申辩说，你们借口为鲁哀公服丧，不安排会见，我们车上装的是送给晋王的礼物，需要经过一定的仪式赠送给晋王。只要你们安排会见，接受了礼品，我们就会把围墙立即修好。晋国知道自己输了礼，只好向子产致歉，并立即安排会见，举行了隆重的欢迎仪式。

由此可见，远在2000多年前，在进行国事访问时，在欢迎、会见、赠礼等的安排上，便已有一定的规范，如不遵行，就会引起外交纠纷。

汉代派苏武出使匈奴，匈奴扣押了他，把他放逐在北海（今贝加尔湖）上放牧公羊，并声称，要等公羊生了小羊，才放他回汉。苏武被扣长达19年。后来匈奴与汉和亲，汉使到匈奴，要求放苏武等人回汉，而匈奴诡称苏武已死。再后来，汉使对匈奴单于说，汉帝射雁于御苑上林之中，得一大雁，足系帛书，言苏武等在某大泽中。单于这才不得不让苏武回汉。可见，当时这种扣押使节的做法，也是违背国际礼仪的。中国古时“两国交兵，不斩来使”的说法，也说明当时虽然还没有关于外交特权与豁免的完整规定，但是对外国使节的生命安全仍负有保护的责任。

在欧洲，国际礼仪已有很久的历史。古希腊就有“优遇外侨”的制度和职司礼宾的“外侨官”。在古罗马，则有“礼待客卿法”。到了17世纪以后，由于商品经济的发展，国际交往迅速增加。欧洲各国纷纷制订相应的礼仪与礼节，对于现代国际礼仪的形成，产生了较多的影响。如上所述，无论在东方，还是在西方，国际间的交往已很长的历史。在长期国际交往的过程中，已经形成了许多国家间通行的交际礼仪。现代的国际礼仪正是历史上国际礼仪的继续和发展。

随着近代工业的迅速兴起，商品经济的大规模发展，交通邮电事业的日益发达，人际交往日趋频繁，人们更需要用“礼节”来调节和增进彼此间的关系。交际礼仪成了人们社会生活中不可或缺的东西。讲究礼节、注意礼貌、遵守一定的礼仪规范，已成为现代文明社会生活的一项重要标志。旧时那种“礼不下庶人”的狭隘观念，已被历史的发展和现实生活所冲破。封建社会的繁文缛节，多数也已不再适应现代人的生活。礼仪习惯本身发生了很大的变化。在资本主义社会中，人们之间相互来往更加注重礼节。即使是豪门巨富、达官贵人，在对待随从侍者、仆役时，有时也不能不说一声“请”、“谢谢”、“对不起”等客套话，以显示自己的教养不俗，维持表面上的平等。

现代的国际关系，较之过去已有了惊人的发展。首先是国际交往的规模扩大。在20世纪初叶，世界上只有50多个独立国家，到第二次世界大战前，增加到75个左右，而现在联合国的会员国已有190多个。其次是现代生活频率加快，各国之间的交往已越来越频繁。据美国作家马丁·梅耶在其所著《外交官》一书中说，美国国务院每年要为出席800多次国际会议的代表团配备人员。再次是，国际交往的种类不断增加，国际交往的内容丰富多样，参加国际活动的人员增多，而反恐、环保、抗艾滋、禁毒等涉及全球的问题，已引起世界各国的共同关注。国家与国家之间既相互矛盾又相互依存。而国际关系的这种发展又是以国际贸易和世界市场的急剧扩大、科学技术的迅速发展为基础的。它同各国人民之间的文化、艺术、体育、旅游等来往交织在一起，构成了一幅空前广阔、繁复、多样化和活跃的图景。

礼仪习惯的演变，加上国际关系迅速、广泛、深入的发展，必然使国际间过去通用的礼仪程式也发生相应的变化，从而形成一套现代的国际礼仪。

现代的国际礼仪，就其内容而言，包含国际交往中的日常交际礼节、典礼仪式、外交礼遇、外交特权与豁免等多方面的内容。它们中有的已形成国际公约，例如《维也纳外交关系公约》所涉及的有关内容，已具有法律效力，在国际上有约束力。而其余大部分则是在相互交往中“约定俗成”，逐步成为国际惯例的，为各国所普遍承认和接受，起着一定的规范作用。

二、国际礼仪和交际礼节

国际礼仪与交际礼节是各国在长期的国际交往中逐渐形成的，受到各国的普遍重视与广泛使用。无论在官方的或民间的友好往来中，都具有相当重要的作用。当然，在国际上，礼宾与交际活动都有一定的惯例，不少国家则保持着各自传统的礼仪形式和礼节，有自己独特的做法，具有民族特色，或根据特殊的需要灵活变通。

国际礼仪和交际礼节总的发展趋势是逐渐简化，更加灵活，更加注重实效。

三、现代国际礼仪常识及外交语言特点

（一）现代国际礼仪常识

1. 国事访问

国家元首或政府首脑应他国元首或政府首脑的邀请对他国所进行的正式访问。

2. 国宾

指受某一国家元首或政府首脑的正式邀请，到该国进行访问的外国元首或政府首脑。

3. 仪仗队

由海、陆、空三军人员组成的或单独由不同军种人员组成的、执行礼节性任务的武装部队。人数按各国规定不等。仪仗队通常用来迎送外国元首、政府首脑和高级将领等。

4. 鸣礼炮

鸣放礼炮起源于英国，是一种向对方致敬的表示。鸣放炮数的多少，代表友好诚意和对对方尊敬的程度。礼炮响数的多少依据受礼人的身份高低而定。

现在的国际惯例是：21 响，迎送国家元首或其他相应级别的人；19 响，迎送政府首脑或其他相应级别的人；17 响，迎送副总理级官员。

以此类推，均取单数（过去外国海军认为双数不吉利，一直沿用至今）。鸣炮的时间一般是在贵宾到达或离开时进行。

5. 东道主

“东道主”一词源于《左传》一书。书中《烛之武退秦师》一文中有这样的话：“诺舍郑以为东道主，行李之往来，共其乏困，君亦无所害。”为此，“东道主”一词在中国就成为“主人”的代称，而且广泛地使用起来了。如世界上某一国家举行国际性的体育活动、比赛等，该国就被称为“东道主”。

6. 正式访问

正式访问指一国领导应某一国家领导的正式邀请，对邀请国进行的访问，有时称为友好访问或正式友好访问。国家元首的正式访问还可称为国事访问。

7. 非正式访问

这类访问的礼仪活动一般从简。其中国家领导人以私人身份进行的访问称为私人访问，出访时途经某国所进行的访问可称为顺道访问，由于某种原因不便公开报道的访问则称为秘密访问。此外，两国领导人为磋商重大问题举行的会晤，往往采用工作访问的形式。

8. 外交文书（对外文书）

对外文书是对外交往的书信形式，使用范围较广，形式多样，是进行对外交涉和礼仪往来的一种重要手段。各种对外文书均体现国家的对外方针政策和有关法规，所以起草和发送对外文书是政策性很强的工作。即使是一件纯属礼节性的函件，如果格式与行文不合常规，也可能引起收件人的误解和不愉快，或造成其他更为严重的后果。

（二）外交语言的特点

1. 着力寻找共同语言

在友好的外交活动中，谈话首先要寻找共同语言。俗话说“话不投机半句多”，在外交场合也是如此。在许多重要的外交接触中，要根据两国的具体情况和彼此关系的深浅，找一些共同感兴趣的话题，求同存异，不强加于人，这样才能谈得融洽，取得良好效果。

共同语言，既用于外交言谈，也用于外交文书。其实外交谈判的最终目的，就是在坚持基本原则下，缩小或消除分歧，尽可能地找到共同点，并用彼此都能接受的语言文字表述出来。

2. 委婉含蓄与笼统模糊

外交语言一般比较委婉、含蓄。所谓委婉，就是把不愿、不便或不能直说的话，用委婉而含蓄的语言表达出来，但又不失本意，能为对方领悟。例如：会谈在“坦率”的气氛中进行或者双方进行了“坦率”的对话，这意味着双方分歧较多；对某事表示“遗憾”有两种意思，一是对别人表示不满，一是为自己含蓄地表示歉意，或委婉地承认自己不对；说某个外交官进行了“不符合身份的活动”，这就是指他干了间谍活动或其他危及驻在国安全的活动；宣布某人为“不受欢迎的人”，就是把他驱逐出境或拒绝入境的一种外交辞令；“无可奉告”，就是拒绝回答。又例如，双方会谈未能取得实际成果，分歧依然如故，而又不愿否定会谈的意义，影响各方解决问题的愿望或现存的关系，只好在会谈公报中避实就虚地说一些冠冕堂皇的话，如这次会谈“增进了双方的了解”，“双方的态度是积极的，气氛是友好的”，“深入地交换了意见”，等等。

3. 澄清与纠错

在外交场合，说错了话，或者把话说过了头，有时采用由别人或本人出面“解释”或“澄清”的方式加以补救。

4. 注意留有余地

外交斗争是很复杂的，对某些问题，既要考虑它的复杂性，又要考虑它的各种可能性。总之，要避免把话说绝、说死、说满，应留有余地。

5. 指事而不点名

有时对某国的某些行为进行批评或谴责，从策略上考虑可采取只点问题而不点名的方式。

四、学习现代国际礼仪知识的必要性

一个国家的领导人、公职人员、涉外工作人员在涉外场合的行为举止，不仅仅是一种私人行为，更会产生一定的对外影响。一个公司、企业、社会团体的代表在对外场合的言谈行为，不仅关系到本公司、本社团的形象，影响到买卖交易的成败，有时甚至影响到国家的荣誉。每个公民应遵循一条基本准则：当你在自己国家时，你不过是成千上万公民中的普通一员，而在国外，你就是“中国人”，是中国人的代表，你的言谈举止，决定他国对我们国家的评价。

为了维护我们个人、单位、国家的对外形象，我们都应当学习礼仪知识，了解、重视并遵守国际上通用的礼节与礼仪规范。

周恩来总理是这方面的典范。他很重视对外礼宾工作，重要的代表团来访接待计划和出访方案他都会亲自审阅、过问。他渊博的国际礼仪知识、潇洒的言谈举止、政治家和外交家的风度更为世人称道。

有人认为，我们中国是有悠久文明历史的“礼仪之邦”，接待国际客人，只要遵从我们自己的礼仪习俗就行了，不必去学那些“洋规矩”。的确，各国都有自己的礼仪做法、传统和特点。按本国的礼仪习俗办事，外宾容易理解，但有时也难以接受。例如，中国有劝酒的礼仪习俗，但是在涉外交际场合，如果一再劝酒，致使有些外宾勉强应付，往往会酒醉误事。所以，应当注意我们的传统做法与国际通用礼仪之间的异同情况，避免外宾所不容易接受和习惯的做法，以免使他们感到尴尬和难堪。

第二节　现代国际礼仪的基本准则和特点

一、现代国际礼仪的基本准则

《联合国宪章》在“序言”中阐述了“大小各国平等权利”的信念。宪章第二条规定了联合国及其会员国应当遵循的七项原则。其中第一项就规定：“本组织系基于各会员国主权平等之原则。”由此可见，现代的国际关系应以公认“主权平等”为基础。国家不论大小，都应当具有独立处理自己内外事务、管理自己国家的主权。

国家与国家相互之间是平等的，所有国家都是国际社会的平等成员。“主权平等”含有两方面的意义：一方面，每个国家都享有平等主权，不受他人侵犯；另一方面，每个国家都有尊重别国主权的义务，不得借口行使自己的主权而侵犯他国的主权。

“主权平等”既然是现代国际关系的基本准则，作为国际交往中的一种行为规范的现代国际礼仪，当然也必须遵循这一准则。如果在相互交往中，损及他国主权，当然也就谈不上什么遵守国际礼仪。“主权平等”的原则在国际礼仪的实践中，常常体现在以下方面：

(一) 国家尊严受到尊重，国家元首、国旗、国徽不受侮辱

这里说的“国家尊严”一词虽然比较抽象，但在礼仪活动中却十分重要。礼仪活动有不少是为了表现有关各方的友好关系。如果有一方的尊严受到损害，丢了面子，甚至感到难堪，就必然会损害相互关系。对于国家元首、国旗、国徽等国家主权的代表或象征，不但不应使其受到侮辱（这是最起码的要求），而且应当表现出应有的尊敬。所以，在一切正式场合如果遇到升国旗、奏国歌时，都应当肃穆致敬。

(二) 国家的外交代表享有外交特权和豁免

按照国际公约的规定，这种外交特权和豁免，不但是工作上的需要，而且也体现了相互的尊重。所以，有关各方既不应当滥用外交特权，也不应当侵犯外交特权，而应当遵照有关国际公约的规定，使用外交特权和豁免。

(三) 不以任何方式强制他国接受自己的意志；不以任何借口，干涉别国的内部事务

不论是“客随主便”，还是“主随客便”，实际上都是要尊重对方的风俗习惯，既不要强加于人，也要避免“强人所难”。社会政治制度的选择，是各国人民自己的事；宗教信仰也有各自的自由，都不应当加以干涉。对于宗教习俗更应尊重。

(四) 相互交往实行“对等”和“平衡”

所谓“对等”实际上就是“礼尚往来”。例如，相互交往的双方人员，其身份要大体相当；派代表团互访时，双方的接待规格应相差不多。“投之以桃，报之以李”，就是“对等”原则的正面引用；而国际交往中，有时也从负面运用这一原则。例如，你赶走了我的武官，我就驱逐你的参赞；你有意怠慢了我，我也请你坐一坐“冷板凳”，如此等等。所谓“平衡”，也可以理解为“一视同仁”或“不歧视”的原则。例如，驻在国外交部邀请所有国家的使节参加某项社交活动，就不应单独不请某一个国家的使节。所有来访的各国外交部长都由总理接见一次，如果唯独不见某个国家的外长，那也会被理解为有意给予冷遇。曾经有两个非洲国家的部长级代表团同时来我国访问，由于接待单位不同，一个部长住在国宾馆，另一个住在旅馆里，周恩来总理发现后，严肃批评这是“搞上下铺”的做法，肯定会影响接待效果。

但是，所谓“对等”、“平衡”都是相对的，不是绝对的。在国际交往中，在礼仪上给予“破格接待”的，也有诸多先例。各国为了体现自己的外交政策，往往打破对“对等”、“平衡”的机械理解，做出一些特殊的安

排。例如，1984 年，英国首相撒切尔夫人来华访问，中英双方达成了关于香港问题的联合公报，在她访华的短短 36 个小时中，中方为她安排了 14 场活动。邓小平、胡耀邦、李先念等在同一天会见了她，被认为是一次“破格”的接待。可见，礼仪规则不应当是机械的条款，其巧妙应用还在于善于结合实际情况安排。从这个意义上说，国际礼仪程序的运用也是一种外交艺术。

（五）坚持“主权平等”，遵循“国际惯例”原则

在国际组织中和在国际会议上，表现为每一个参加国享有同等的“代表权”和“投票权”，每一个国家所投的票在法律上具有同等效力。

联合国安理会的常任理事国享有“否决权”，这是根据宪章规定被国际公认的一种特别安排。某些国际金融机构采取“加重票”的做法，也是一种例外。

在国际会议上，各国代表的位次，不是按国家大小强弱的原则来排列，而一般是按会议所用文字的国名字母顺序为排列，而签署条约协定时，应遵守“轮换制”，即每个缔约国在其保存的一份文本上名列首位，它的代表在这份文本上首先签字。在国际活动中，各国代表的序列，应以代表的职务高低或就职时间的先后作为排列的依据。

例如，驻在某国首都的各国大使，应以到任递交国书的时间先后为序，并由最先到任的大使担任外交团长。只有在少数信奉天主教的国家，由于宗教原因，外交团长总是由梵蒂冈派驻当地的“圣使”担任，而副团长由最先到任的大使担任。

在文字的使用上，每个国家都有使用本国文字的权利。在签订国际条约协定时，本国文字与别国文字具有同等效力，而经过有关国家的协议，也可以只使用一种国际通用的文字。

以上这些方面，只是根据国际交往中常用的做法进行大体上的概括。国际交往日益频繁，国际生活日趋复杂多样，我们应该按照“主权平等”、“相互尊重”的基本准则，结合当时当地的实际情况，恰当地加以运用。

在礼宾实践中，除了已有国际公约做出规定的礼仪做法、公约签字国均有遵行的义务外，国际惯例也是十分重要的依据。所谓国际惯例，是在国际交往中逐渐形成，最初由某些国家长期反复使用，后来为各国接受并承认其法律效力的习惯做法和先例。一般包括国际外交惯例和国际商业惯例。国际惯例有 5 个特点：

一是能用性，即在大多数国家和地区通用；

二是稳定性，受政策调整和经济波动的影响小；

三是重复性，一般都是反复运用；

四是准强制性，受到各国法律的保护，具有一定的法律约束力；

五是效益性，被国际交往活动验证是成功的。

我国民法通则规定："中华人民共和国缔结或者参加的国际条约没有规定的，可以适用国际惯例。"因此，我们应当充分注意国际纠纷惯例的研究和运用。

二、现代国际礼仪的特点

现代国际礼仪，较之过去的做法，有什么特点呢？归纳起来，大体上有以下几点：

(1) 必须以相互尊重、主权平等为基础。现代的国际关系，应当是完整的主权国家之间的关系。这与过去封建割据、闭关自守的封建国家之间的关系不同，也与宗主国同殖民地附属国之间的关系不一样。我们认为现代国家，不论大小强弱，主权应当一律平等。因此，现代的国际礼仪要能体现这种主权国家间的相互关系。

(2) 多边来往大量增加，由于前面讲到的国际环境、条件的变化，国家之间，除了双边关系的发展外、多边来往急剧增加的趋势十分明显。从而在礼仪做法上也提出了许多新问题，必然出现一些新做法。

(3) 国际礼仪的内涵更加丰富，包括政治外交、经济贸易、文化教育、军事国防以及民间往来等各方面、多层次的国际来往，也都通过一定的礼仪形式来进行活动。社会团体、民间来往更含有大量的社交活动。特别是国际经济贸易的发展，许多公司、企业都设有专职礼仪人员或公关部门。

(4) 礼仪活动更加讲究实效，活动的形式更加多样化，具体安排更加灵活。例如，领导人之间的实质性会谈更加受到重视；日程安排更加紧凑合理；举行宴会讲究礼仪但不事铺张；参加宴会的人数有所压缩；在宴会上发表正式讲话的次数有所减少；动员众多群众参与大规模活动的场面很少；注意控制相互访问的代表团人数。生活接待要更加注意安全、舒适、方便，而较少铺张等。

(5) "礼仪简化"成为趋势。由于国际交往和活动急剧增多，繁文缛节势必成为人们不堪负荷的重担，会凭空耗掉人们的许多时间与精力。因此，外交礼仪简化在国际上成了一种必然的趋势。据美国《华盛顿邮报》1993年6月15日报道，时任美国总统克林顿决定摒弃奢华，简化外交礼仪。在随后的时间里，克林顿果然再也没有为来访的世界各国领导人举行过盛大的社交活动，再也没有为四处漫游的欧洲王族举行美轮美奂的晚会。也没有在白宫东厅安排音乐大师们进行精妙绝伦的表演……总统的政策顾问们还提出了“工作访问”的办法，认为这是使来访者兴致勃勃而来、心满意足而归的一种符合外交要求的办法。在法国，总统的就职仪式也在逐步简化。本来，在前任总统期满的那一天，要在爱丽舍富门前举行仪式。当新总统拾级走上台阶时，卸任者走上前来表示欢迎。宪法委员会主席面对两位总统庄严宣布大选结果。接着，荣誉勋位管理会授予新总统大十字勋章和荣誉大绶带。官墙内鸣21响礼炮，然后新老总统先后致词。可是到了1969年和1974年，新老总统却通过单独交谈的方式完成了权力的移交工作，接着在院子里或花园内检阅仪仗队，最后驱车去凯旋门无名战士墓点燃火炬。1993年，韩国政府也宣布要大幅度简化有关总统礼宾的活动，提出了许多措施。这种礼仪简化的趋势，值得我们注意。

总之，礼宾程序和礼仪做法，随着时代的前进，也在不断变化更新，我们应当不断加以注意和研究。

第三节 我国的礼宾改革及特点

礼仪与礼节在一定意义上反映了一个国家的文明程度、文化状况和社会风气。然而，随着国际交往的日益发展，各国礼仪形式与交际礼节都在不同程度发生变化和改革。面对迅速发展的对外开放形势，我国在确保做好外宾接待工作的前提下，既考虑国际惯例的需要，又从我国实际出发，在接待来访外宾的礼节礼仪等方面做了一系列的规定和改革。

一、我国礼宾改革的主要历程

1978年10月起，凡国宾来访，我国外交部不再通知各国使节到机场迎送，不再邀请各国使节及夫人和驻京记者出席欢迎宴会。

1978年12月起，我国不再派专机到国外迎送来访国宾。

1979年1月起，我国不再组织四五千人的欢迎队伍迎送国宾。

1980年5月，出访的代表团，一般不在国外举行答谢宴会。

1980年5月，安排国宾（视其意愿）向人民英雄纪念碑献花圈。

招待来访代表团的（人数）规定：国家元首级，30人以内；副元首级，12人以内；部长级，10人以内。

1980年9月，国宾抵达首都，欢迎仪式由机场移至人民大会堂东门外广场举行。贵宾离京不举行欢送仪式，由我国领导人前往宾馆话别，由级别较低的官员送行。除天安门广场两侧的电灯柱上挂两国国旗和主要街道挂彩旗以外，不再挂横幅。

1980年9月，国庆招待会改用酒会形式。

1981年起，国宾来访时，《人民日报》不再发表社论欢迎，只发表国宾照片和简历。

1981年起，对国宾车队恢复摩托车护卫。

1983年起，实行陪同团长制，去外地访问时，由陪同团团长陪同活动。

1983年起，国宾来访时，除在人民大会堂东门外广场举行欢迎仪式、检阅三军仪仗队外，增加检阅分列式。

国务院规定：根据国家不分大小一律平等的国际惯例，接待外宾时，应由相应职务的人员出面迎送。当部长不能亲自迎送时，可在外宾住处欢迎和话别。

1984年，外交部对宴请提出改革意见：

（1）提倡宴请形式多样化（酒会、招待会、冷餐会和自助式宴）；

（2）中餐西吃（分食制）；

（3）宴会以中餐为主，提倡四菜一汤（冷盘不宜太多，热菜也不要太大、太多）；

（4）地方宴请应提倡用地方名酒或特色酒。

1987年，外交部提出缩短国宾车队的要求：正部级一人一辆，副部级两人合用一辆，司局级乘面包车（备机动车）。

1987年，部级代表团在国外期间，一般不搞答谢宴会，如确因工作需要，可举行小型宴请活动，不发消息。不建议来访代表团举行答谢宴会，如果举行，不发布消息。

1990年，淡化对宴请的报道，宴会上讲的话放在会见时讲。

二、我国外交礼遇的三条原则和四条标准

（一）三条原则

我国的外交礼遇规格是在长期的外交实践中逐渐形成的。它是中西结合，以中为主，具有中国特色。我国是社会主义国家，外事接待要体现出我国的外交风格和风度来。我国的做法是，一是国家不论大小一律平等，反对大国沙文主义，尊重各国的风俗习惯，不强加于人，不卑不亢、落落大方，

反对低三下四的庸俗作风；二是礼宾安排要与我国的对外政策相一致，要有针对性，重礼仪、重实效，生活上要尽量热情周到；三是提倡勤俭办外事，反对讲排场、摆阔气。概括来说有“对等、破格、从简”三原则：

(1) 对等的原则：我方出场与来访者在级别、职务以及待遇、费用等方面，大体上要对等。除非有特殊的安排，外交礼遇不宜随便提高或降低。

(2) 破格的原则：有的来访者身份虽然不高，但有较深的背景，或一方对另一方有特殊要求，或为达到某种目的而给来访者以破格的较高接待礼遇。

(3) 从简的原则：重精神、重友谊、重实效、不重形式，不讲排场，不事铺张。从简不等于冷落，要注意照顾生活，尽量做到热情周到。

(二) 四条基本标准

举办任何一项对外交际活动，都需要大量的具体工作。因此每一个礼宾工作人员既要有高度政治责任感，又要熟悉各方面的业务，并且还要有既严谨又灵活的工作作风。一般来讲，衡量接待工作完成得好与不好，有四条基本标准：礼遇、宣传、安全、服务。

第四节 国际礼仪的功能

一、内强素质

在国际交往中，为什么要遵守国际礼仪呢？答案就是，遵守国际礼仪可以提高自己在国际社会的声誉和地位，使我们更好地融入国际社会。

可以说，懂得国际礼仪，是我们走向世界与国际社会交往必备的一种素质。没有这种素质，你就很难为他人所接受，国际交往就不可能正常进行。

改革开放以来，特别是中国重新恢复联合国常任理事国主权地位和加入WTO以来，中国人真正地融入了国际社会。从历史的角度来看，我们中国人民真正地走向世界，真正地堂堂正正地面对世界，是新中国成立之后。这里有两个非常重要的分水岭：

第一是20世纪70年代我国重新进入联合国，这可以称为新中国在政治上进入了国际社会。在此之前，与我们建立外交关系的国家只有几十个，此后很快就翻了番。当时世界上有一百五六十个国家，有一百来个国家与我国建立了外交关系。这就说明我们是真正的国际政治社会的一员了。外交关系、外交承认实际上是一种资格授予。承认你，说明你是国际社会的一员；

不承认你，那你就不是国际社会的一员。所以，重进联合国是新中国在政治上进入国际社会的标志。

第二是成功入世，这是在经济上融入国际社会。我们既在政治上融入国际社会，又在经济上融入国际社会。所以，每个中国人都开始意识到自己是国际人，是世界人了。融入国际社会就必须面对国际社会，就要在国际社会中不断与人交往、交流，而在这些交往交流中不讲礼仪是显然不行的。只有在国际社会中遵守国际礼仪，才能和其他国家平等交往和受到别人的尊重，也才能使我们在国际上站稳脚跟。因此说，我们要走向国际社会，就必须先学会国际礼仪，懂得遵守国际礼仪。这也就是内强素质。

二、外塑形象

在进行国际交往和合作的时候，我们首先要了解，有哪些国际礼仪需要遵守，有哪些国际惯例必须遵守。你只有遵守了这些礼仪与惯例，对方才感到你这个来自文明古国的使者，确实是非常讲礼貌礼节的人，对方才能尊重你，并积极地与你交流、沟通。所以说，遵循国际礼仪与惯例不仅有助于沟通和互动，而且可以使我们树立起良好的国际形象。

改革开放以来，我们接触外国人、参与国际交往的机会越来越多，党中央多次指出，维护世界和平、促进共同发展是我国外交政策的基本宗旨。中国要和国际社会共同繁荣、共同发展、共同进步。这说明我们既然是国际社会的一员，就要遵守国际惯例，就要讲共同点，必须求同存异，遵守国际惯例；我们是国际社会的一员，所以要共同发展、共同繁荣、共同进步。不然就是把自己置身于国际社会之外了。当然，我们在操作国际惯例的时候，也特别强调要掌握国际惯例。国际惯例跟我们讲的礼仪是一样的，有所为，有所不为；什么事情能干，什么事情不能干，要画个线。最后要认真地在特定的场合、特定的背景下，遵守那些既定的、约定俗成的国际惯例，这个非常重要。比如着装，在正式场合要庄重保守；行为举止要讲究文明优雅、有所检点。国际交往要注意尊重各国人民选择自己发展道路的权利；国际惯例上还要遵守国际法，尊重联合国宪章，遵守约定俗成的行为规范。

三、增进交往

国际礼仪，适用于国际交往，或者说国际间的交往。这是国际礼仪和其他礼仪最大的一个区别——适用范围不一样。现在改革开放正在进一步加速，中国人到外国去，外国人到中国来，中国人越来越成为一个国际人。因此，我们要有国际人的胸怀，要有国际人的视野，同时也要讲究国际人的规则；要了解规则，要懂得规则，国际礼仪就是国际交往的规则。2008 年我国成功举行了北京奥运会，2010 年成功举办了上海世博会，中国军队也以更加开放的姿态与多国军队开展全方位的军事合作，积极参与国际维和、参加国际非战争军事行动，中国海军走出国门、走向大洋，护航护渔、环球航行训练成为常态。在这样一个大的背景下，中国将更好地发挥自己在国际社会上的重要作用。我们要体现自己在国际社会的重要地位和作用，就更要了解国际礼仪。其实，中国加入 WTO 之后，即使我们不举办 2008 年奥运会和 2010 年世博会，也会有越来越多的人从事一些外事工作，特别是对外经济交往、军事交往等方面的工作。因为中国这样一个经济增长速度和市场潜力都非常巨大的大国，国际社会没有她的参与是不合适的。而我们自己不去积极参与国际事务，在国际社会中发挥自己应有的作用，则更是不合适的。因此，我们学习国际礼仪、学好国际礼仪，就会对我们在国际社会上展示自己的形象，发挥自己的作用等诸多方面起到巨大的促进和推动作用。

第五节 涉外交往的原则

对外交往不同于国内交往，遵守一定的规定和原则，是非常必要的。这不仅有利于塑造个人良好形象，更重要的是有利于维护国家的形象和中华民族的良好形象。所以，每一名外事人员都必须认真遵守外事工作的基本原则。

一、忠于祖国

对于外事人员而言，忠于自己伟大的祖国；这在任何时候、任何地点、任何情况下，都是第一位、最基本的要求。在对外活动中，一个不忠于自己祖国的人，绝对不是称职的外事工作者。不仅如此，这样的人往往还会被外方人士所蔑视；而始终如一地忠于自己祖国的人，才会真正赢得其交往对象的尊重。

忠于祖国，作为一项外事礼仪的基本规则，要求外事人员在外事活动中，必须无怨无悔地对自己的祖国忠诚以待，不讲任何条件、毫无保留地为其尽心尽力。

在外事活动的具体实践中，遵守此项基本规则，通常体现在热爱祖国、热爱人民、拥护政府等基本方面。

（一）热爱祖国

爱国主义就是千百年来固定下来的对自己祖国的一种最深厚的感情。外事人员坚持爱国主义的具体表现，就是一要始终坚持爱国主义，二要坚决捍卫祖国尊严，三要努力维护国家利益。

外事人员在外事活动中，要做到“威武不能屈、富贵不能淫、贫贱不能移”；要时时刻刻胸怀自己的祖国，时时刻刻为自己的祖国而感到骄傲与自豪；要能够奋不顾身地维护祖国的利益，为祖国的独立、统一、完整、繁荣、富强、民主而努力奋斗，为了自己的祖国不惜奉献出自己的一切。“祖国的利益永远高于一切”这句话，是外事人员在任何情况下都必须铭记在心的。维护国家利益，是外事人员的天职。维护国家利益，必须防止个人主义。当个人利益与国家利益发生冲突时，切莫为保全个人利益而牺牲国家利益。正如周恩来同志所言：外交工作是代表国家的，一切必须从集体出发，倘若从个人出发，就一定很危险。外交工作不允许有个人打算。

维护国家利益，还必须防止国家利益被自己或别人伤害，即外事人不仅不能因为自己的行为而损害国家利益，还必须勇于同一切来自方方面面的损害国家利益的行为进行坚决斗争。

（二）热爱人民

外事人员在维护祖国的同时，必须以自己的实际行动热爱人民。从某种意义上言之，维护祖国也好，忠于祖国也好，归根结底都要以热爱人民为其落脚点。

在外事活动中，外事人员要牢记此项要求，并使之体现在自己的实际行动中。

外事工作，就其性质而论，属于一种服务工作。我国的外事工作，从来都是为祖国服务、为人民服务、为社会主义现代化事业服务的。服务工作并无贵贱之分，而只有做好与做不好之别。

（三）拥护政府

作为一名外事人员，无论具体职务高低，无论是任职于政府部门还是任职于企业、事业单位，都必须无条件地拥护本国政府，忠于本国政府，服从本国政府。

外事人员必须拥护本国的合法政府。从原则上来讲，是因为在各种正式的跨国交往中，唯有本国的合法政府才具有代表自己国家的资格。假若外事人员在外事活动中公然与本国的合法政府唱对台戏，不仅不会为本国合法政府所接受，而且其身份也难以为外方所认可。

拥护政府要做到三个“必须”：必须时刻依靠政府；必须坚决执行国家的政策；必须保守国家机密。

二、不卑不亢

（一）不卑不亢

不卑不亢，是国际礼仪的一项基本原则。它要求每一个人在参与国际交往时都必须意识到，自己在外国人的眼里，是代表着自己的国家，代表着自己的民族，代表着自己所在单位的。因此，其言行应当从容得体、堂堂正正。在外国人面前，既不应该表现得畏惧自卑、低三下四，也不应该表现得自大狂傲、放肆嚣张。

在对外交往中要求每一名外事人员要努力表现得不卑不亢，主要是因为，这是事关国格、人格的大是大非的问题。在涉外交往中，“外事无小事，事事是大事”。每一个中国人在外国人面前的一言一行、一举一动，实际上都与中国和中华民族的形象联系在一起。

在对外交往中要真正做到“不卑不亢”，不仅在思想上要提高，要正本清源、端正态度，而且在工作中要付诸实践，一定要对“不卑”与“不亢”二者同时予以坚持，防止过犹不及，以一种倾向掩盖另外一种倾向。

一方面，要在虚心向外国学习一切长处、尊重外国的风俗习惯的同时，坚决反对所谓“外国的月亮都比中国的圆”的自卑自贱的思想，在对外交往中，要以自尊、自重、自爱和自信为基础，表现得堂堂正正、坦诚乐观、豁达开朗、从容不迫、落落大方。

另一方面，要在坚持自立、自强，以自己的实际行动在外国人面前体现出“中华民族站起来了”的精神风貌的同时，坚决反对所谓“义和团式”的盲目排外思想。要在对外交往中谦虚谨慎、戒骄戒躁。在一切对外交往中，既不可妄自菲薄，也不应当高傲自大、盛气凌人、目空一切、自以为是，对交往对象颐指气使、冷酷无情。

与外国人打交道时，务必要在自己坚持开拓进取的同时，虚心学习其他一切先进的科学技术、管理经验和有益的文化。积极汲取、借鉴世界文明的一切成果，博采天下之长，弥补自己之短。

同时，还要注意对任何交往对象都要一视同仁、一律平等，给予同等的尊重与友好。不可强国弱国、富国穷国亲疏有别，或是对大人物和普通人物厚此薄彼。

（二）注意和维护自身形象

根据惯例，在国际交往中，人们普遍对交往对象的个人形象备加关注，并且都十分重视遵照规范、得体的方式维护自己的个人形象。个人形象在国际交往中之所以深受人们的重视，主要基于下列五个方面的原因：

（1）每一个人的个人形象，都真实地体现着他的个人教养和品位。

（2）每一个人的个人形象，都客观地反映了他个人的精神风貌与生活态度。

（3）每一个人的个人形象，都如实地展现了他对交往对象的重视程度。

（4）每一个人的个人形象，都是其所在单位整体形象的有机组成部分。

（5）每一个人的个人形象，在国际交往中还往往代表其所属国家、民族的形象。

可以说，在对外交往中，每一名中国人都代表着中国。一般的外国人对中国的了解和看法，主要来自他所接触到的某些中国人。因此，一个中国人在对外交往中，要是不注意维护自身形象，从某种程度上讲，就有可能损害中国的国际形象和整个中华民族的形象。

要维护好个人形象，重点要注意以下六个环节，亦称个人形象六要素，即仪容、表情、举止、服饰、谈吐和待人接物的方式。

三、求同存异

在对外交往中，每一名外事人员都经常会面临一个非常实际的问题：同样一件事情，在不同国家、不同地区、不同民族，往往存在着各不相同的处理方式。面对同一难题，来自不同国家、不同地区、不同民族的人们，也通常会给出截然不同的答案。这是由于人们的思维方式与风俗习惯不同使然。

例如，在朝鲜、韩国以及中国的大部分地区，狗肉是进补与烹饪上品，可是在西方各国，狗却被视为“人类之友”，绝对不得食用。

在中国的传统文化里，菊花一向被视为高洁脱俗之物，历来被文人墨客所赞颂。然而与欧美许多爱花的国家的人士打交道时，却万万不得以之相赠。因为菊花在那里被公认为“妖花”，只能用于丧葬活动。

“666”这一数目，在我国大陆及港、澳、台地区，经常被人们用来“讨口彩”，百用不厌。但在基督教国家里，它却被看做是魔鬼撒旦的象征，在日常生活之中难以见到其踪影。

对阿拉伯人而言，绿色因为与其所信奉的伊斯兰教相关，所以成为人见人爱的吉祥色，甚至连伊斯兰各国的国旗都普遍以绿色作为基本色。但如果到了日本，绿色却不会受到欢迎，因为日本文化视其为凶兆或不吉。

凡此种种，不胜枚举。

那么在外事活动中，外事人员面对这些不同国家、不同地区、不同民族的千差万别的风俗习惯，应当怎样保持清醒的头脑，科学、合理、妥善地予以处理呢?

正确的答案其实只有一个，就是必须坚持求同存异，遵守惯例。

进行国际交往时，外事人员必须正视我方与外方之间在风俗习惯方面的差异。“十里不同风，百里不同俗”绝非戏说之言，而是一种真真切切的客观现实。

在对外交往中，我方人员要对对方所独有的风俗习惯予以尊重。要做到这一点，首先要了解我方与对方在风俗习惯上所存在的主要差异。假如忽略了二者之间的差异，尊重外方的风俗习惯，就会成为一句空话。

我方人员在外事活动中应重视我方与外方的习俗差异，包括以下三个要点：一是心中要想到这种差异；二是眼中要看到这种差异；三是工作中要注意到这种差异。这样外事人员在实际工作中才能更好地做到“有所为”、“有所不为”。

例如，在选择送给外方人士的礼品时，一定要根据对方的风俗习惯，确定哪种礼品可送，哪种礼品不宜送。

在宴请外方人士时，要优先考虑对方在习俗上有何饮食禁忌，真正做到“目中有人”。

四、重信守约

讲究诚信、遵时守约，作为涉外礼仪的基本原则之一，是指在国际交往中，必须认真而严格地遵守自己所有承诺；许诺要兑现，说话要算数，约会要如约。对一切有关时间方面的约定，尤其需要恪守无误。

现代社会中，人们公认诚信关系到个人、组织、民族，乃至一个国家的形象，信誉重于生命。讲究诚信、遵守承诺、言行一致、说到做到，实际上就是对交往对象，同时也是对自己最大的尊重。相反，在人际交往中出尔反尔、言而无信，有约不守或是守约不严的人，不仅仅是不尊重交往对象，而且也是不尊重自己。在跨国家、跨地区、跨文化的人际交往之中，取信于人，早已被公认是建立良好人际关系的基本前提，同时也是一个现代文明人所应具备的优良品德。要求在国际交往中，遵循“遵时守约，讲究诚信”

的原则，就是为了真正做到取信于人。

在外事活动中，贯彻落实“遵时守约”原则的基本要求主要有以下两条，即信守承诺、遵守时间。

（一）信守承诺

“遵时守约”原则的核心在于信守承诺。所谓承诺，一般是指向别人许下的某种诺言，或者对别人的某一要求答应予以照办。信守承诺，简而言之，就是要求人们在人际交往中说话一定要算数，诺言一定要兑现。

在对外交往中，一名外事人员倘若言而无信，不仅有可能失去所有的朋友，而且还有可能因此而使自己在工作上一事无成。

外事人员在实际工作中处理有关承诺的具体问题时，应当重视以下两个方面：必须重视承诺；必须慎于承诺。

每一名外事人员都必须充分认识到：在对外交往中能否做到言而有信、遵守约定，直接与自己是否重视个人承诺密切相关。而重视个人承诺与否，又直接涉及自己对于个人信誉的重视与否。

在万不得已造成失约时，绝对不允许外事人员一味推诿、避而不谈、得过且过，或者对失约之事加以否认，拒绝为此而向交往对象表达歉意。

（二）遵守时间

遵守时间是信守承诺的具体体现，一个不懂得遵守时间的人，在人际交往中是难以遵守其个人承诺的。

遵守时间作为外事礼仪的基本原则之一，主要是要求全体外事人员应具有严格的时间观念。在人际交往中，尤其是在国际交往中，对于一切与时间相关的约定，一定要一丝不苟，严格按照约定执行。

目前，遵守时间在国际社会里已成为衡量、评价一个人文明程度的重要标准之一。因此，外事人员对此绝对不可疏忽大意、不以为然。

具体而言，外事人员在对外交往中应当重点注意以下三个问题：一要有约在先；二要如约而行；三要适可而止。

在现代社会里，“时间就是生命，时间就是机遇，时间就是金钱”，早已成为世人所认可的时间观。因此，外事人员在与外方人士进行人际交往时，一定要珍惜彼此的时间，尤其是切不可对对方的宝贵时间造成任何形式的浪费。

对于双方有约在先的交往时间，轻易不要改动。万一因特殊原因需要变更时间或取消约定，应尽快向对方进行通报，切忌让对方空候良久。

五、尊卑有序

如果我们在看每天晚上七点的《新闻联播》时，稍加留意就会发现，每当国家领导人正式会晤国际友人时，宾主落座的具体位置是有一定的规律性的。

在常规的情况下，当我国的党和国家领导人，诸如国家主席、政府总理、人大常委会委员长、政协全国委员会主席等，作为东道主，在我国国内会见外宾的时候，大多会同外宾并排而坐，并且通常会居左而坐。也就是说，他们一般都会请外宾在自己的右侧就座。

为什么会如此，这是因为：在国际交往中，位置的左右有尊卑高下之分，以右为上，以右为尊。

依照国际惯例，将多人进行并排排列时，最基本的规则是右高左低，即以右为上，以左为下；以右为尊，以左为卑。换言之，在进行并排排列的时候，右侧的位置高，于左侧，左侧的位置低于右侧。这一国际礼仪的普遍性原则，就是所谓的“以右为尊”。

如上所述，我国国家主席、政府总理、人大常委会委员长、政协全国委员会主席等党和国家领导人，在国内以东道主的身份会晤国际友人时，通常会坐在对方的左侧，而请对方居右而坐，这就是在遵守“以右为尊”的原则。他们之所以这样做，是为了恰如其分地对国际友人表达自己的友好与尊重之意。

目前，在各种类型的国际交往中，大到政治磋商、商务往来、文化交流，小到私人接触、社交应酬，但凡有必要确定并排排列具体位置、主次尊卑之时，“以右为尊”都是普遍适用的。在操作、处理这类问题时，只要参照“以右为尊”原则，就肯定不会有失敬于人的事件发生。

以下再作进一步的具体介绍：

按照惯例，在并排站立、行走或者就座的时候，为了表示礼貌，主人理应主动居左，而请客人居右；男士应当主动居左，而请女士居右；晚辈应当主动居左，而请长辈居右；未婚者应当主动居左，而请已婚者居右；职位、身份较低者应当主动居左，而请职位、身份较高者居右。

不过应当说明的是，按照国际惯例，在接待外宾的过程中，当主人前往外宾下榻之处进行拜会或送行时，主人的身份应当是“客人”，而外宾在此时此地则“反客为主”了。在有必要为二者进行并排排列时，应当使主人居右，而使外宾居左。其实际的含义是：外宾在主人为其提供的临时居所之中，理应被视为“主人”，而不是“客人”。从这一意义上讲，以上做法与“以右为尊”原则一点也不矛盾。

有时，进行国际交往的宾主双方往往都不止一人，当有必要为之进行并排排列，如需要会见、合影时，仍需要恪守“以右为尊”的原则。只不过宾主双方届时需要在属于自己的一侧，再具体排定一下各自人员的位次罢了。

举行正式谈判时，假定谈判双方需要分别坐在谈判桌的两侧，而谈判桌竖放于室内时，则谈判桌两侧的位置仍有上下之分，在进行确定时，“以右为尊”原则依旧有效。其具体方法是：假定有一个人正在推门而入，并且面向室内，则应以其右侧为上座，使客方谈判人员在其右侧就座；以其左侧为下座，使主方谈判人员在其左侧就座。

如果谈判桌横放于室内时，则以面对正门的一侧为上座，以背对正门的一侧为下座。但是届时各方人员进行具体排列时的做法，与谈判桌竖放于室内的情况相类似，即位于主谈者右侧的位置，在地位上高于其左侧的位置。

举行国际会议时，会议主席台台上位次的排列，也要讲究“以右为尊”。不仅如此，发言者所使用的讲台亦须位于主席台的右前方，这是给予发言者的一种礼遇。

在排列涉外宴会的桌位、席次时，同样必须应用“以右为尊”原则。在宴会内摆放圆桌时，通常应以“面对正门”的方法进行具体定位。如果只设两桌，一般须以右桌为主桌。此处所说的右桌，指的是在宴会厅内面对正门时居于右侧的那一桌。若是需要设置多桌时，则在宴会厅内面对正门时位于主桌右侧的桌次，应被视为高于位于主桌左侧的桌次。

在同一张宴会桌上确定席次时，一般以面对宴会厅正门的位置为主位，右边主人就座。主宾则大多应当就座于主位的右侧。其他人的位次，一般为距离主位越近，位次则越高。而在与主位距离相同时，则位于主位右侧的位次高；位于主位左侧的位次低。

乘坐由专职司机驾驶的双排座轿车时，车内具体位次的确定，亦应遵守“以右为上”原则。具体而言，通常以后排右座为第一顺序座，应请尊长或贵宾在此位就座。接下来的第二顺序座、第三顺序座则分别为后排左座、后排中座。至于位于轿车前排的副驾驶座，在由专职司机驾车时，一般被称做“随员座”，在绝大多数情况下，它是属于陪同、秘书、翻译或警卫人员的专座。鉴于这一位置从理论上讲安全系数最低，故一般不应请尊长、贵宾在此就座。参加社交性质的活动时，让妇女或儿童坐在那里，显然也是不合适的。

在三排座乃至其他类型的多排座轿车上，无论由何人驾驶车辆，在确定车上具体位次的尊卑时，大多亦应遵循“以右为尊”的原则。

在进行官方往来、召开国际会议、举办国际博览会，或是从事国际体育比赛时，按照国际惯例，经常需要悬挂有关国家的国旗，国旗是一个国家的象征，也是其主要标志之一。在国际交往中依照惯例悬挂本国和其他相关国家的国旗，既表达了对本国的热爱，也表达了对他国的尊重。必须予以强调的是，在国际交往中悬挂国旗是一桩极其严肃的事情。悬挂他国国旗，并借此机会向他国表示尊重与敬意时，就更是如此。不仅不能将他国国旗弄错、挂错，而且还需在悬挂他国国旗时给予其适当的礼遇。

目前，在各类国际交往中所悬挂的国旗，大多采用并排悬挂的方法。在进行操作时，必须以“以右为尊”原则为指导。

具体而言，并排悬挂两国国旗时，按惯例应以国旗自身面向为准，以右为上，悬挂来访国国旗；以左为下，悬挂东道国国旗。

在重要国宾搭乘的轿车上同时悬挂两国国旗时，一般应以轿车行进的方向为准，以驾驶员右侧为上，悬挂来宾所在国国旗；以驾驶员左侧为下，悬挂东道国国旗。

需要同时悬挂多国国旗时，通行的做法是，应以国旗自身面向为准，令旗套位于其右侧。越往右侧悬挂的国旗，被给予的礼遇就越高；越往左侧悬挂的国旗，被给予的礼遇就越低。在确定各国国旗的具体位次时，一般的做法是按照各国国名的拉丁字母的先后顺序而定。在悬挂东道国国旗时，可以遵循这一惯例，也可以将其悬挂在最左侧，以示东道国的谦恭之意。

上述种种实例表明，在国际交往中有必要排定并排位次的尊卑时，遵循“以右为尊”原则，就可以化繁为简、化难为易，以不变应万变，轻而易举地处理好种种难题。

有趣的是，在确定并排排列的位次时，我国的传统做法是“以左为尊”，也就是以左为上、以右为下。注意一下国内举行会议时的主席台排位，就会发现这一点。不过，在国际交往中，还是要注意“内外有别”，坚持“以右为尊”为好。

六、入乡随俗

走出国门后，我们会面临这样一个问题：同样一件事情，在不同国家、不同地区、不同民族，往往存在不同的处理方式。这是由于人们的思维方式与风俗习惯不同造成的，因此要入乡随俗，因人施礼。

世界之大，风俗礼仪之多，令人目不暇接，因此，要遵循“入国而问禁，入乡而问俗，入门而问讳”的原则。首先应当了解习俗差异是客观存在的，并在此基础上尊重这种习俗差异。有些礼仪与习俗已经约定成国际惯例，我们更应遵守。求同存异，入乡随俗，才能达到双方的理解、沟通与和谐。

入乡随俗的基本含义是：出于对外方人士的尊重，在与对方直接打交道时，应尊重其独具的风俗习惯。当我方人士正式前往其他国家、地区进行工作、学习、访问、参观、旅行或进行其他公干时，更要注意了解和尊重当地所特有的风俗习惯。在外事活动中，如果做不到入乡随俗，或者对其缺乏应有的重视，实际上就体现了对外方人士的尊重不够。

要求外事人员入乡随俗，主要是提醒其关注以下三点：

（一）促进双方的理解与沟通

在对外交往中，坚持入乡随俗的最大益处，是易于借此促进中外双方的理解与沟通，恰如其分地向外方人士表达我方人员与人为善之意。

要坚持入乡随俗，最重要的前提是充分地掌握交往对象的相关习俗。如果不能“知己知彼”，那么在实际操作中就很难保证做到入乡随俗。

在对外交往中，鉴于交往双方相互了解程度的不同、沟通渠道的障碍、信息的准确性难以保证，以及在时间上存在一定的仓促性，我方人员一时之间，往往不可能对交往对象所特有的风俗习惯全盘掌握。这就要求，外事人员必须善于抓住主要矛盾，即做到“入国问禁”，首先争取做到不冒犯外方人士在风俗习惯方面的特殊禁忌，不至于在异国他乡做客时“伤风败俗”。

（二）你尊重别人，别人才会尊重你

在对外交往特别是在出访别国之际，能否做到“入乡随俗”，关系到是否尊重外方人士的问题，所以是极端重要的。

要做到“入乡随俗”，就必须在对外交往中处处留意。毕竟中外习俗大相径庭，稍不留神，就可能有违外方人士的独特习俗。

要做到“入乡随俗”，就必须有一个认认真真的态度。在外方人士面前对遵守其习俗一事不够认真，马马虎虎、敷衍了事，是很失礼的。

要做到“入乡随俗”，还必须规规矩矩地操作，讲究采用正规的操作方式，以求“名正言顺”。

（三）要客观地掌握适用范围

讲究“入乡随俗”，并非一概而论，也存在一个适用范围的问题，超出

其特定的适用范围去讲“入乡随俗”，就有可能出现错误的做法。因此，外事人员在坚持“入乡随俗”的原则时，必须明确其具体适用范围。

一方面，“入乡随俗”主要适用于我方人员“独在异乡为异客”之时。根据国际惯例，当我方人员身在异国他乡时，应讲究“客随主便”，做到“入乡随俗”。而当我方人员身在自己国家充当东道主之时，则应讲究“主随客便”。

另一方面，我方人员在有必要“入乡随俗”时，应以无损于我方的国格、人格为前提。在国际交往中，尊重从来都是相互的，在我方人员尊重外方人士的同时，必须不失自尊，外方人士亦须对我方人员表示应有的尊重。倘若外方的某些特有习俗不合时宜，如有辱我方的国格、人格，有悖社会公德，或有碍我方人员的生命安全，则我方人员就不能无原则、无条件地盲从。

七、热情有度

在国际社会中，中国人一向以待人热情而著称。中国人认为，待人热情不仅意味着自己对待交往对象具有诚意，而且还意味着自己对对方充满了友好、关怀与热诚。

参与外事活动时，外事人员亦须对外方人士热情相待，这与国内的人际交往并无多少差别。但是，外事人员对外方人士的热情接待，必须有一个“度”的限制，要切记“热情有度”四个字。

作为外事礼仪的一项基本守则，“热情有度”就是要求外事人员在与外方人士进行接触时，既要注意为人热情，以示友善之意，更要充分把握好为人热情的具体分寸，否则就有可能事与愿违。这一“具体分寸”，指的就是所谓“热情有度”之中的“度”。

如果要对“热情有度”做更准确的描述，那就是下面所说的关心有度、批评有度、距离有度、交往有度和举止有度五个方面。

（一）关心有度

在外事活动中，对待外方人士理应表示出必要的关心。但考虑到“热情有度”的因素，我方人员对外方人士所表示的关心没有必要“无微不至”，而是应当有意识地加以限制。此即所谓的“关心有度”，它主要体现在以下三个方面：

1. 不影响对方的个人自由

在一些国家，人们对个性独立十分推崇。在很多外国人眼里，没有任何东西可以与其个人自由相提并论。没有个性独立，没有个人自由，对他们而言，实际上就等于没有任何个人尊严。因此，我方人员对外方人士所表示的关心，在任何时候都应以不影响其个人自由为前提。

2. 不令对方感觉不便

对外方人士表示关心时，无论如何都不应使对方产生“多此一举”的感觉。因此，在对对方表示关心之前，我方人员务必要弄清楚“应当关心什么”、“不应当关心什么”。就客观效果而论，我方人员对外方人士所表示的关心，理应在某些方面有利于对方，而不应令对方感觉不便，甚至在一定程度上为之平添一些毫无必要的麻烦。

3. 不使对方勉为其难

对别人所表示的关心，在任何情况下都应恰到好处，令对方愉快接受，甚至感到幸福。只有恰当地给予对方当时最为迫切需要的关心，才会有如此功效。对方所不需要的关心，往往再多也没有任何益处。外事人员一定要对此加以注意。万一发现自己给予对方的关心不受欢迎，最好适可而止，千万不要硬是强加于对方。

对外国人而言，不该关心的私事，是不允许外人关心的。

（二）批评有度

在一般情况下，对待外国友人的所作所为，只要其不触犯我国法律，不有悖于伦理道德，没有辱没我方的国格、人格，不危及人身安全，那么通常就没有必要去评判其是非对错，尤其是不宜当面对对方进行批评指正，或是加以干预。这一做法，有时亦称“不得纠正”。

中国人相交，彼此之间讲究待人以诚。遇上亲朋好友做了不太对的事时，犯颜直谏、勇做诤友，及时对其不留情面地批评指正，会被视为“够朋友”，是对对方真正的关心。但是在涉外交往中，这一做法却是行不通的。

这是因为，一方面，外国人讲究的是独善其身，反对别人多管闲事。他们认定，除去法律明文禁止做的事情之外，其他任何事情自己都有权利去做。别人对此是无权干涉的。另一方面，由于中外文化、习俗本身多有差异，双方在日常生活之中的许多方面，是非曲直的标准未必一致，有时甚至还会大相径庭。国内许多司空见惯之事，到了国外却未必尽然。因此，以自己的见解去强加于人，显然是不适当的。

比如，在与外国人接触过程中，告知一位男士他的体味太重，对一位女士说她所穿的衣服不合身，不仅会使对方难堪至极，而且也会使自己显得为人尖刻。所以，这种无关宏旨甚至毫无必要的批评，还是不说为妙。

（三）距离有度

与外国人进行交往应酬时，应当视双方关系的不同，而与对方保持与双方关系相适应的适度的空间距离。

中国人多，因此一般人在人际交往中对于交往双方的空间距离不太讲究。有时，为了表示亲近，有的中国人还喜欢有意靠近交往对象一些。但是，在国际交往中，人们却是对“交际圈”，也就是交际距离倍加关注的。与外国人打交道时，与对方相距过近，会使对方产生被“侵犯”之感；而与对方相距过远，则又会使对方感觉受到冷遇。

根据惯例，在涉外交往中，人与人之间的正常距离大致可以划分为以下四种，它们各自适用于不同的情况：

1. 私人距离

其距离在0.5米之内。它仅适用于家人、恋人与至交。因此，有人称其为“亲密距离”。

2. 社交距离

其距离为大于0.5米，小于1.5米。它适合于一般性的交际应酬，故亦称“常规距离”。

3. 礼仪距离

其距离为大于1.5米，小于3米。它适用于会议、演讲、庆典、仪式以及接见，意在向交往对象表示敬意，所以又称“敬人距离”。

4. 公共距离

其距离在3米开外，适用于在公共场所同陌生人相处时。它也被叫做“有距离的距离”。

（四）交往有度

与外方人士相处之时，外事人员还必须坚持交往有度的原则。所谓交往有度，具体指的是我方人员与任何外方人士进行接触时，无论双方之间的关系如何，均应与对方保持一定的距离。唯有这种距离保持得适当，我方人员与外方人士的关系才能够保持正常。

具体而言，交往有度的主要要求是：不妨碍对方的工作，不妨碍对方的生活，不妨碍对方的休息。

1. 不妨碍对方的工作

与外方人士进行交往，一定要以不妨碍对方的工作为前提。此处所说的

“不妨碍对方的工作”，主要具有如下三重含义：

（1）不能影响外方人士正常地执行公务。否则，与对方的交往就会名副其实地变成对方的负担。

（2）不能给外方人士的工作增加麻烦。即使与外方人士的交往无助于其具体工作，也不能给对方“帮倒忙”。

（3）不能妨碍外方人士工作的开展。在任何情况下，与外方人士的交往，都不应成为其工作的“绊脚石”。

2. 不妨碍对方的生活

在国外，人们往往将工作与生活分得一清二楚。在工作时，讲究的是规章制度；而在生活里，强调的则是个性与自由。

与外方人士相处时，要尽量将工作与生活、公事与私事区分开来。在一般情况下，切忌在工作中处理私人生活问题。同样的道理，若非万不得已，也不宜用工作打扰外方人士的私人生活。

3. 不妨碍对方的休息

在实际生活中，每个人都需要休息，需要在仅仅属于自己的私人空间里松弛身心、调整状态。因此，即便是至交密友，也要尊重他人的休息权，尽量不要影响对方的休息，打扰对方的安宁。

与外方人士交往时，没有必要与对方形影不离，当对方需要休息，特别是表现出疲倦困乏时，一定要主动为其创造休息的条件。

（五）举止有度

与外国人相处之际，务必要对自己的举止动作多多检点，切勿因为自己的动作过分随意，从而引起误会，或是失敬于人。

要在涉外交往中真正做到“举止有度”，最重要的是注意以下两个方面：

1. 不要随便采用某些意在显示热情的动作

在国内，朋友相见时，彼此拍拍肩膀；长辈遇见孩子时，抚摸一下对方的头顶或脸蛋；两名同性在街上携手而行等，都是常见的亲热之举。可是，外国人却绝对接受不了这一套。

2. 不要采用不文明、不礼貌的动作

有些动作，比如当众挖鼻孔、抓痒、脱鞋子、抠脚丫，或是在与人交谈时用手指对对方指指点点，高跷着“二郎腿”乱晃乱抖不止，被世人公认为是既不文明，也不礼貌的。在外国友人面前，自然更应当被禁止。

八、女士优先

在国际交往中，人们在与妇女打交道时，强调最多的是“女士优先”。不仅如此，“女士优先”在人们的交往应酬中还逐渐演化为一系列具体的、具有可操作性的做法。在社会舆论的监督之下，男士们唯有奉行“女士优先”，才会被人们看做是有教养的绅士。反之，则会在人们眼里成为莽夫粗汉。

作为外事礼仪的基本守则之一，“女士优先”的主旨，是指每一名成年男子，都有义务主动而自觉地以自己的实际行动去尊重妇女、照顾妇女、体谅妇女、保护妇女，并且想方设法、尽心尽力地为妇女排忧解难。

倘若因为男士的不慎而使妇女陷于尴尬、困难的处境，则意味着男士的失职。

在外事活动中，外事人员有必要了解并遵守“女士优先”的原则。讲究“女士优先”，并非说明妇女属于弱者，值得怜悯、同情，也不是为了讨好妇女、别有用心。从根本上来说，之所以提出“女士优先”的要求，是因为女性乃是“人类的母亲”。在人际交往中给予妇女适当的、必要的优待，实际上就是要表达对“人类的母亲”所特有的感恩之意。

在外事活动的具体实践中，运用“女士优先”的原则，主要应当从适用范围与操作方式这两个方面加以注意。

（一）适用范围

在国际交往中，虽然“女士优先”原则早已是家喻户晓、人人皆知，但是它仍然存在其特定的适用范围。

外事人员在确定“女士优先”原则的适用范围时，关键是要掌握其地区差别、场合差别与个人差异。

1. 地区差别

在全球范围之内，“女士优先”原则的运用，存在着明显的区域性差别。在世界上，虽说对于“女士优先”原则人人皆知，但并非各国都有此讲究。

就目前而言，“女士优先”主要通行于西方发达国家、中东欧地区、拉丁美洲地区以及非洲的部分地区。在这些国家、地区范围之内，一名对“女士优先”原则一无所知的成年男士，在其交际应酬之中必将四处碰壁。

可是，一旦到了阿拉伯国家、南亚地区、东南亚地区、东亚地区，尤其是在以崇尚传统文化而著称的一些东方国家里，讲究的却是“男尊女卑”。

在绝大多数情况下，那里的人士对“女士优先”并不买账。

2. 场合差别

即使在讲究“女士优先”的国家，人们也并非不区分具体的场合而时时处处都讲究“女士优先”。

在公务场合中，人们普遍强调的是“男女平等”。此时此地，性别差异并不为人们所看重，因此没有必要煞有介事地讲究“女士优先”。

至于在休闲场合中，“女士优先”则讲究亦可，不讲究亦可，悉听尊便。

3. 个人差异

“女士优先”原则提醒每一名成年男士，在需要讲究“女士优先”之时，应当对当时在场的所有妇女一视同仁：不仅对同一种族的妇女应当如此，对其他种族的妇女也应当如此；不仅对熟悉的妇女应当如此，对待陌路相逢的妇女也应当如此；不仅对年轻貌美的妇女应当如此，对待上年纪的妇女也应当如此；不仅对有权有势的妇女应当如此，对待无权无势的妇女也应当如此；不仅对富有的妇女应当如此，对待一无所有的妇女也应当如此。

（二）操作方式

“女士优先”是非常讲究操作方式的。离开了种种具体的操作方式，“女士优先”就会成为一句空话。在社交场合贯彻“女士优先”的原则时，需要注意以下四个方面：尊重妇女；照顾妇女；体谅妇女；保护妇女。

1. 尊重妇女

在正式的社交场合里，男士必须对每一名成年妇女无一例外地给予应有的尊重。尊重妇女，乃是“女士优先”原则的第一要旨。

一般而言，尊重妇女，应通过男士下述具体行动得以体现：

发表讲话、演说时，若需要对当时在场的来宾加以称呼，应以“女士们，先生们”，或以“玛丽小姐，威廉先生”为顺序，将女士的称呼放在前面。

在聚会上同时与男女主人相遇，应当首先问候女主人，然后再问候男主人。

由室外进入室内后，应当主动问候先行抵达的女士。若此刻对方业已落座，则不必起身回礼。而当女士由室外进入室内后，在场的男士均应先行问候对方，已经就座的男士，此时必须起身相迎。

需要为初次谋面的男女双方进行相互介绍时，标准的方式是：首先介绍男方，然后介绍女方，即让女士“优先了解情况”，以便决定如何对待男方。

男女双方有必要握手为礼时，正规的做法是：女士首先伸出手来与男方相握，而男士率先伸出手来则是失礼之举。此种做法，实际上是将是否握手的决定权交给女士来掌握。

在室外活动时，戴着帽子的男士在向妇女打招呼之前，一般应当首先向女方脱帽致意。

在正式宴会上，出于对妇女的尊重，通常不宜雇用女性充当侍者。而在家宴中，亦不得只由女主人忙前忙后。

在就餐时，女主人往往是“法定”的第一顺序。换而言之，其他任何人用餐时的一切举止，均应唯女主人的马首是瞻，而不允许贸然行事，或者抢先品尝。按照惯例，在正式宴会上，女主人打开餐巾，等于宣布宴会开始；女主人拿起餐具，意味着可以开始用餐；女主人把餐巾放回餐桌之上，则表示宴会到此结束。

2. 照顾妇女

在必要时，男士应给予妇女必要的照顾。照顾妇女，一要注意具体时机是否适当，二要讲究两厢情愿。在任何时候，男士所给予妇女的照顾都不应是强加于人的。

在正常情况下，男士对妇女的照顾主要应当在下列方面表现出来：

在公共场合内稍事休息时，男士有义务为妇女寻找座位。当座位不够用时，男士应当请女士首先就座。业已就座的男士若是发觉尚有妇女无处可坐，则不论双方相识与否，男士均应起身让座给对方。

外出之际，男士应当责无旁贷地负责搬运行李。有必要时，男士还应替同行的妇女携带大件或沉重的行李。发现在场的其他妇女携带较大、较重的物品时，在征得对方同意后，男士应挺身相助。

在行进之中，男士通常应当请与自己同行的妇女先行一步，以便“由对方选择前进的方向”。上下车辆或者上下飞机时，男士亦应如此，请同行的妇女先上、先下。

需要通过大门时，男士一般应当主动替与自己同行的妇女开门或关门。上下轿车时，男士应为同车的妇女开门和关门。

3. 体谅妇女

体谅妇女，在此特指男士应当善解人意，应当善于设身处地地替妇女着想，并且善于谅解妇女。

在正式的社交场合中，任何一名具有良好个人教养的男士，都应当给予妇女必要的体谅。

在运用外事礼仪的具体过程中，要求男士体谅妇女，主要是要求男士善于觉察妇女的难处，善于主动地为其排忧解难。其具体表现主要有：

（1）当妇女在大庭广众之下面临某种困境时，诸如不了解某种商品的用法，不知道如何点菜，不通晓某种外语或方言时，男士应当“知难而上”，主动为其解围，而不是落井下石，或是幸灾乐祸。

（2）考虑到绝大多数妇女辨别方位的能力不及男士，所以在外出之际理应由男士充当向导。为妇女指点方向时，宜告之对方易于判断的“前后左右”，而不是对方所难以确定的“东西南北”。

（3）男女并排就座时，若彼此之间不属于夫妻、情侣或亲属关系，一般不应当安排一名妇女在两位男士之间就座。

（4）单行行进时，通常要求男士随行于妇女身后，主要原因之一，在于男士一般步幅比妇女大。令其充当“开路先锋”，往往会使同行的妇女难以跟进。

（5）在一些过于狭窄的路段与其他妇女“狭路相逢”时，不管是否熟悉对方，男士都应当礼让，请对方先行通过。

（6）上楼梯时，男士一般应当请身穿裙子的妇女随行于其后。而在走下较为陡峭的台阶或楼梯时，男士亦应行进在前。前一种做法，是为了预防同行的妇女“走光”；后一种做法，则是担心同行的妇女患有“恐高症”。

（7）出席宴会、舞会、音乐会或观看演出、体育比赛时，如果没有领位员提供服务，男士一般应主动为同行的妇女带路或寻找座位。需要在衣帽厅存取衣帽时，男士有义务为同行的妇女代为存、取衣帽，并在必要时协助妇女脱下或穿上外套。

（8）在正式的社交舞会上，通常应当由男士邀请妇女。不过由于“女士优先”，所以妇女拥有选择舞伴、谢绝男士邀请的权利。妇女在社交舞会上也可主动邀请男士，同样是因为“女士优先”，所以男士不得拒绝对方的邀请。

4. 保护妇女

在社交活动中，保护妇女主要应当在如下几个具体方面得到体现：

（1）与妇女交谈时，男士的谈吐应当高雅脱俗，并且应在具体内容上掌握好分寸。切不可当着妇女的面，大讲特讲脏话、粗话、黑话，讲黄色笑话，猜色情哑谜，开低级下流、令人难以启齿或难听的玩笑。

（2）惯于吸烟的男士，在妇女面前必须有所克制，无条件地实行“禁烟”。即使烟瘾发作，也不允许冒昧地询问在场的妇女：“我可以吸一支香烟吗?”

(3) 在室外同妇女一道并排行走时，男士应自觉地遵守“把墙让给妇女”的规则，即请妇女在人行道的内侧行走，而自己则主动走在人行道的外侧。采取这一做法，既是出自维护交通安全方面的考虑，也是为了防止妇女被疾驶而过的车辆所惊扰，或者是防止因车辆飞驰而过时可能溅起的污泥浊水弄脏妇女的衣裙。

(4) 当男女一起经过拥挤之处，或是通过存在着危险、障碍的路段时，男生应主动走在前面，以便为身后随行的妇女开道、探险。

(5) 邀请妇女与自己一起外出参加活动时，男士不仅需要提前前往妇女的居所迎接，而且还需要在活动结束后将其送回居所。

(6) 在社交舞会上，当妇女无人邀请或遭个别男士骚扰时，在场的每名男士都有义务前去为妇女解决难题。

(7) 当妇女因为种种原因需要救助，或是需要获得支持、帮助、保护时，男士应当鼎力相助、热情支持，为对方提供必要的保护。

在必要时，男士应当挺身而出，主动保护妇女。保护妇女的本意，是男士应采取主动行动，不使自己身边的妇女受到伤害。

九、尊重隐私

个人隐私是指一个人出于个人尊严或者其他方面的特殊考虑，不愿意对外公开、不希望外人了解的私人事宜或个人秘密。

在国际交往中，人们普遍讲究尊重个人隐私，并且将是否尊重个人隐私，看做是一个人有没有教养，能不能尊重和体谅交往对象的重要标志之一。在涉外交往中贯彻“尊重隐私”原则，重要的是在与外国人进行交谈时，应当有所不谈，对于那些属于个人隐私方面的话题，应该回避。

在国际交往中，下面八个方面的问题均属于免谈的，即收入支出、年龄大小、恋爱婚姻、身体健康、家庭住址、个人经历、信仰政见、所忙何事等，这些皆属于个人隐私问题。

(一) 收入支出

在国际社会中，人们普遍认为一个人的实际收入，均与其个人能力和实际地位存在着逻辑关系。所以，个人收入的多寡，一向被外国人看做自己的隐私，十分忌讳他人进行直接或间接的打听。

（二）年龄大小

在许多国家，人们普遍将自己的实际年龄当作“重要机密”，不会主动告之于人。这主要是因为，外国人一般都希望自己永远年轻，而对“老”讳莫如深。特别是外国妇女，最不希望外人了解自己的实际年龄。

（三）恋爱婚姻

在和外国人交往中，不要谈“有没有恋人”、“两人是怎么结识的”、“跟恋人相处多久了”、“结了婚没有”、“夫妻关系怎么样”、“婆媳关系如何”、“有没有孩子”、“为什么还不找对象”、“为什么还不结婚”、“为什么还不生孩子”等话题，这些话题不仅不会令人愉快，反而肯定会让人难堪。在一些国家里，跟异性谈论此类问题，极有可能被对方视为无聊之至，甚至还会因此被对方控告为“性骚扰”，从而吃官司。

（四）健康状况

在国外，人们在闲聊时一般都是“讳疾忌医”的，非常反感其他人对自己的健康状况过多关注。因为在市场经济条件下，每个人的身体健康都被看做是他的重要资本。因此与外国人交往时，除不要谈到双方的身体状况外，身高、体重也是不宜打听的。

（五）家庭住址

外国人大多视自己的私人居所为私人生活的领地，非常忌讳别人无端地干扰其宁静。在一般情况下，除非至交知己，否则他们不大可能邀请外人去其居所做客。为此，他们大多把个人家庭住址、住宅电话号码等纯私人资料当作绝密，不会轻易示人，最好不要打听。

（六）个人经历

外国人大多主张“英雄莫问出处”，如果打听一个交往对象“是哪里的人”、“哪一所学校毕业的”、“以前干过什么”，会令人感到是不是警察在查户口，所以，对方的籍贯、最高学历、技术职称和职业经历等个人生活经历，最好不要随便打听。

（七）信仰政见

在国际交往中，由于人们所处国度的政治体系、社会制度和意识形态存在差异，如果要真正实现交往的和谐、合作的成功，就不应以社会制度画线，而要抛弃政治见解的不同，超越意识形态的差异，处处以友谊为重，以信任为重。一般明智的做法，就是在涉外交往中对宗教信仰、政治见解避而不谈。如果对交往对象的信仰和政见品头论足，甚至横加责难、非议，或是将自己的观点、见解强加于人，都是对交往对象不友好、不尊重的表现。

（八）所忙何事

在许多外国人的意识中，有关个人饮食起居、运动娱乐、工作交友等生活方面的事应该是“秘不示人”的。所以，一般不要询问对方“在哪里发财”、“最近忙什么”、“从哪儿回来”、“上哪里去”、“怎么好久没见到你”这类问题，外国人对于这一类的问题很可能是不回答的，因为他们觉得这些属个人私事，绝对没有告诉你的必要。向别人探听与此相关的问题的人，会让人觉得不是好奇心太重、不懂得尊重别人，就是别有用心。

第四章
涉外交往基本礼仪

第一节　一般涉外接洽礼仪

在国际交往活动中，第一个场合就是见面。见面时，需要外事人员相互介或自我介绍，需要称呼对方、问候对方，以及言谈、馈赠等。怎样做才能表现外事人员的最优形象呢？这就需要我们懂得见面时需注意的礼仪与习惯。只有预先熟悉这些规范的问候、称呼、言谈、馈赠等礼仪的习惯与要求，才能使对方对我们产生好感，才能使双方在进一步的交往中合作融洽。

一、问候礼仪

在各国、各地区、各民族，问候礼都普遍运用。所谓问候礼，通常简称为问候、问好、问安或者打招呼。具体而言，它是指在与他人相见时，以专用的语言或动作向他人询安问好。它是向对方表示善意的一种常规的致意形式。

外事人员在对外交往中需要问候外方人士时，应当注意以下三个问题：规范内容；重视态度；讲究顺序。

（一）规范内容

在不同的国家，人们问候他人的具体内容往往各有不同，但却均充满了对问候对象的善意。

例如，在中国，人们最常见的问候是：“吃过饭没有？”“忙什么呢？”在美国，人们的问候往往是最为简洁的：“嗨！”而在西亚一些以畜牧业为主的国家里，人们却习惯以“牲口好吗”作为问候之语。

在对外交往中，问候外方人士的常规内容之一是直接向对方问好，如“你好”；之二是采用时效性问候，即在向对方问好的同时加上具体的时间限制，如“早上好！”“下午好！”“晚上好！”除此之外，不宜再以其他内容向外方人士进行问候。

（二）重视态度

向外方人士进行问候时，必须注意“表里如一”，即讲究其具体态度。从总体上讲，问候外方人士时的态度应当热情、友好、大方。具体来说，需对以下几点加以注意：

一是应当“眼到”。问候他人时，一定要正视对方的双眼，以示自己全神贯注，一心不二。不允许目视他方，或是不敢正视对方。

二是应当“口到”。即问候他人时，声音一定要清晰、响亮、爽朗，切莫声音含糊不清，好似被迫而为。

三是应当“意到”。在问候他人时，不允许面无表情，更不可以充满敌意。

只有面露真诚的微笑，才会使自己的问候显得真心实意。

（三）讲究顺序

在比较正式的场合，人们彼此之间的问候应当是有来有往。双方在彼此问候时，其具体顺序的先后颇有讲究。

根据惯例，交往双方在彼此问候时，礼仪上的讲究是“位低者先行”，即通常应当由双方中地位较低的一方首先问候地位较高的一方。具体而言，主人应当首先问候客人，职务低者应当首先问候职务高者，晚辈应当首先问候长辈，男士应当首先问候女士。

在对外交往中，若需要同时问候多名外方人士时，按照惯例可以“由尊而卑”或“由近而远”依次进行。

若外方人士首先向我方人员进行问候，则我方人员应当立即予以回应。

二、姓名礼仪

在世界各国，人们一般都有本人专用的姓名，用以在称呼上区别于人。所谓姓名，通常是一个人的姓氏与名字的合称。姓氏者，家庭之称谓也；名字者，则是对本人的称呼。在人际交往中，人们在称呼他人时，有时是称其姓，有时是呼其名，有时则是连姓带名一起称呼。

在外事活动中，外事人员在需要称呼或使用外方人士的姓名时，要注意四个问题，即记住对方姓名、称呼不出差错、不宜滥用名字以及注意使用差异。

（一）记住对方姓名

人类世界是由一个个独特的个体所组成的，在人际交往中，每一个人都希望被自己的交往对象所重视。

在外事活动中，尤其是在初次交往中，外事人员对外方人士表示重视的最为行之有效的做法，就是要“记住对方”，以示自己对对方的重视。

显而易见，所谓“记住对方”，首先就是要牢记对方的姓名。一旦获知外方人士的姓名，尤其是在亲自询问过对方姓名、听过对方自我介绍或者刚刚与对方互换名片之后，一定要记住对方的姓名。否则，会给对方以“不重视”的感觉。

（二）称呼不出差错

在对外交往中，在涉及外方人士的姓名时，无论是口头称呼还是笔头书写，都不应当出现任何差错，否则将严重挫伤对方的自尊心。下述三点，尤需外事人员谨记：

1. 不要读错外方人士的姓名

不管是何原因，将外方人士的姓名读错，都是一种不可饶恕的严重错误。有些时候，它甚至有可能引起对方的误解。

2. 不要写错外方人士的姓名

需要书写外方人士的姓名时，一定要慎之又慎。不仅在书写过程中应当一丝不苟，而且在书写完毕之后还需再三核对。

3. 要记住外方人士的姓名

即使自己工作再忙，交往对象再多，也应采取各种办法记住外方人士的姓名，而不应当将外方人士的姓名张冠李戴。

（三）不宜滥用名字

重视外方人士的姓名，在对外交往中就意味着对对方的尊重。因此，在日常工作与生活中，外事人员切忌滥用外方人士的姓名。具体来说，以下三点尤其应当重视：

1. 不要戏言外方人士的姓名

在有必要使用外方人士的姓名时，一定要正经、认真、严肃，不要对其乱念、乱写、乱画，尤其不要随意对其加以取笑或曲解。

2. 不要借用外方人士的姓名

在日常工作与生活中，外事人员不得随便借用自己所熟悉的外方人士的姓名。

3. 不要将外方人士的姓名用于商业用途

按照国际惯例，未经本人许可，在任何情况下，都不得将他人姓名用于商业用途。在对外交往中，在涉及外方人士姓名时，特别要注意这一点。

（四）注意使用差异

与各国习俗各异一样，在不同的国家里，人们姓名的排列方式和称呼方式往往也不一样。所以外事人员在有必要使用外方人士的姓名时，一定要对其差异有所了解。具体而言，有以下两方面需引起注意：

1. 外方人士姓名的排列方式与我国有所不同

在我国，一个人的姓名通常都是姓氏居前，名字居后。而在国际上，只有日本、韩国、朝鲜、越南、匈牙利等少数几个国家的姓名排列方式，与中国的姓名排列方式相同。

在英美等国，人们的姓名一般都是名字居前，姓氏居后。有时在二者之间，还存在一个教名。法国人、德国人、意大利人姓名的排列方式，与英美国家的人略同。在亚洲，泰国人的姓名排列方式，也是名前姓后。

在俄罗斯，人们的姓名均由三个部分组成。其正常排列顺序为：名字居前、父名居中、姓氏位于最后。

在西班牙与拉丁美洲国家里，人们的姓名也分为三个部分。但是其正常顺序则为名字在前，父姓居中，母姓在后。

在葡萄牙和巴西，人们的姓名亦由本名、父姓与母姓三部分组成。其正常排列顺序是：名字居前，母姓居中，父姓居后。

在阿拉伯各国，人们的姓名由四个部分组成。其排列顺序由前而后依次为：本人名字、父亲名字、祖父名字、家族姓氏。而在缅甸，人们却只有名字，并无姓氏。

2. 外方人士姓名的称呼方式也存在不同

在称呼外方人士时，外事人员有必要区分清楚：何时应当称其姓氏，何时应当呼其名字，何时应当采用其全称。采用不同的称呼方式，不仅意味着双方具体关系有别，而且也表现出对对方尊重的程度有所不同。

对于英、美、加、澳、新、法、德、意等国人士而言，在十分正式的场合，应称其全称，在一般情况下，可仅称其姓氏。只有关系极其亲密的人士之间，才会直呼名字。

称呼俄罗斯人，除了在正式场合宜称呼其全称外，在一般情况下可称其姓，亦可呼其名。将其本名与父名连用时，表示比较客气；而在向长者表示尊敬时，则只称其父名。

在称呼使用西班牙语、葡萄牙语国的人士姓名时，正式场合宜用其全称，而在一般情况下，则可只使用简称，即其父姓，或是其本名加上父姓。

称呼阿拉伯人时，称呼其全称，往往意味着郑重其事。在一般情况下，称呼阿拉伯人时可省去其祖父名，或将其祖父名与父名一起略去。需要简称阿拉伯人时，通常可以只称呼对方的名字。但是，若对方拥有一定的社会地位，则只宜以其姓氏作为简称。

称呼日本人、韩国人、朝鲜人时，一般应当称呼其全称。在一般情况下，对日本人亦可直称其姓氏。而在韩国与朝鲜，直呼一个人的名字则被视为是失礼之举。

在越南与泰国，在一般场合中称呼一个人时，通常可只称其名，而不道其姓。而在称呼越南人的名字时，一般情况下均可只称其中最末的一个字。如可称“阮文才”为“才”。

鉴于缅甸人有名无姓，故在称呼对方时，可在其名字之前冠以某种尊称。如意为“先生”的“吴”，意为“主人”的“德钦”，意为“兄长”的“哥”，意为“弟弟”的“貌”，意为“女士”的“杜”，意为“姐妹”的“玛”，意为“军官”的“波”，意为“老师”的“塞耶”等。

三、称呼礼仪

在外事活动中，我方人员对外方人士所使用的称呼，往往备受对方重视。因为选择一种称呼，不仅反映着自身的教养和对对方尊重的程度，而且还体现着双方关系发展到了何种程度。

在称呼对方人士时，外事人员应当注意如下四个具体事项：照顾习惯，使用尊称；不同对象，不同称呼；分清主次，依次称呼；称呼禁忌，勿要冒犯。

（一）照顾习惯，使用尊称

在称呼外方人士之前，应当对对方有关的习惯做法了解清楚，并且予以遵守。一般来讲，在称呼外方人士时，必须使用尊称。而对外方人士而言最为“悦耳动听”的尊称，主要包括如下四种：

1. 称其行政职务

在正式场合里，尤其是在具体工作之中，以交往对象的行政职务相称，以示敬意有加、身份有别，这是对外交往中最常见、最正规的一种称呼方式。

2. 称其技术职称

目前的社会，正处于知识经济时代，有文化、有知识、有技术的人士受到普遍的尊敬。在对外交往中，对对方人员中具有专业技术职称者，尤其是具有中级、高级专业技术职称者，不妨直接以其技术职称相称。

3. 称其学术学位

与前一种情景相类似，在对外交往中，特别是在实际工作中或学术活动中，以交往对象的学术学位相称，既可增强现场的学术气氛，又可增加被称呼者的权威。

4. 称其行业称呼

在对外交往中，当外事人员仅仅了解外方人士所从事的具体行业，而不清楚对方的行政职务、技术职称或学术学位时，以对方的具体行业名相称，也是一种不失礼的方式。比如，可以称教员为“老师”，称医生为“大夫”，称警察为“警官”等。

需要指出的是，在以上述尊称称呼外方人士时，可以加上对方的全称或者姓氏来称呼外方人士。在有些情况下，除行业称呼外，其他三种尊称之中的任意两种都可以组合在一起使用。

（二）不同对象，不同称呼

当面对不同行业、不同职务、不同身份乃至不同性别的外方人士时，还需根据具体交往对象的不同，而在称呼上有所区分。具体而言，主要有以下几点需要特别重视：

对于成年人，可将男士称为“先生”，将妇女称为“小姐”、“夫人”或“女士”，这是在国际社会里适用面最为广泛的一种“泛尊称”。在具体称呼妇女时需要注意：对已婚者应称“夫人（Madam）”，对未婚者或不了解其婚否者可称“小姐（Miss）”。对不了解其婚否者，亦可称之为“女士（Lady）”。

在商务活动中，世界各国都最欢迎使用“泛尊称”，而对称呼行政职务不大欢迎。在学术性活动中，情况也大抵如此。

在服务场所中，对于各种服务人员与服务对象，通常可以使用“泛尊称”。在军事交往中，对于外方的军界人士，最佳的称呼是称其军衔。对其行政职务，一般不必称呼。

在宗教活动中，对外方的神职人员，一般均应以其神职名相称。有两点应特别予以注意：切勿在称其神职时出现差错；越是正式的场合，越应当在称其神职时采用全称。

在一般场合中，对于教授、研究员、工程师、律师、法官、医生、博士等职称、职务或学位拥有者，均可直接以之相称，对方会感觉十分“顺耳”。

在与君主制国家的王公贵族交往中，称呼对方时一定要采用对方的惯例。通常对国王、王后，应当称“陛下”，对王子、公主、亲王及其配偶，应当称“殿下”。对于拥有封号、爵位者，则应以其具体封号、爵位相称。如“爵士”、“勋爵”、“公爵”、“侯爵”、“伯爵”、“子爵”、“男爵”等。称呼对方封号时，一定要力求完整无缺。

（三）分清主次，依次称呼

在实际工作中，外事人员往往需要在同一时间之内对多名外方人士同时加以称呼。在此种情况下，既要注意在称呼对方时面面俱到，更要注意在称呼对方时有主有次。

所谓有主有次，通常指的是在需要同时称呼多名外方人士时，一定要首先分清主次，然后再由主至次，依次而行。在实际操作中，其标准做法有以下四种：

1. 由尊而卑

它的具体含义是，称呼多名人士时，应当自其地位较高者开始，自高而低，依顺序进行。

2. 由疏而亲

它的具体含义是，若被称呼的多名人士与自己存在亲疏之别，为避嫌疑，一般应当首先称呼其中与自己关系生疏者，然后再称呼其中与自己关系亲近者。

3. 由近而远

有时不便细分多名被称呼者的尊卑、亲疏，那么则不妨以对方离自己的远近来进行，即先称呼离自己最近者，然后依次称呼距离自己较远者。

4. 统一称呼

在一些特殊情况下，对多名被称呼者不必一一称呼，或者不便一一称呼时，则可采用统一称呼对方的方式作为变通。例如，以“诸位”、“大家”、“各位来宾”、“女士们、先生们”等方式直接称呼对方。

（四）称呼禁忌，勿要冒犯

在与外方人士交往时，千万注意不要因称呼而冒犯对方的禁忌。一般而言，以下称呼都是不能采用的：

1. 错误称呼

在称呼外方人士时，假如出现差错，显然是失礼至极的。

2. 无称呼

需要称呼外方人士时，如果根本不用任何称呼，或者代之以“喂”、“嘿”、“下一个”、“那边的”以及具体代码，都是极不礼貌的。

3. 距离不当的称呼

在对外交往中，若是与仅有一面之缘者称兄道弟，或者称其为“朋友”、“老板”等，都是与对方距离不当的表现。

4. 绰号性称呼

在外事活动中，对关系一般者，切勿擅自为对方起绰号，也不应以道听途说而来的绰号去称呼对方。至于一些对对方具有讽刺侮辱性质的绰号，更是严禁使用。

5. 庸俗低级的称呼

某些市井流行的称呼，因其庸俗低级、格调不高，甚至带有明显的黑社会风格，在对外交往中更应禁用。

6. 易于误会的称呼

一些国内常用的称呼，一旦到了境外便会变味，如：“同志”一词能被理解为“同性恋者”；“爱人”可能被理解为“婚外恋者”；“小鬼”则可能被理解为“鬼怪”等。对此类称呼，在对外交往中一般也不宜采用。

四、语言交流礼仪

语言是表达思想及情感的重要工具，是人类交往的主要手段，在国际交往中，语言起着十分重要的作用。好的语言习惯和风格可以建立起良好的国际关系，沟通国与国之间的感情和友谊。艺术性的国际语言还能为我国赢得在国际上的尊严和提高我国在国际上的地位。在外事活动中，不熟悉语言，或者不善于运用语言，都不是一名称职的外事工作者。

在外事活动中，运用任何一种具体语言，无论是中文还是外语，其目的都在于交往双方的沟通，即以言表意，阐述己见，彼此交流，增进了解，加强信任。没有语言交流，交往双方往往难以沟通。

在绝大多数情况下，外事人员与外方人员的语言沟通以口头交谈为主要形式。中外双方的口头交谈不论正式与否，外事人员均不可不负责地信口开河。对一些基本的礼仪规范，外事人员丝毫不能马虎。

（一）外交语言的特点

1. 着力寻找共同语言

在友好的外交活动中，谈话首先要寻找共同语言。俗话说“话不投机半句多”，在外交场合也是如此。在许多重要的外交接触中，要根据两国的具体情况和彼此关系的深浅，找一些共同感兴趣的话题，求同存异，不强加于人，这样才能谈得融洽，取得良好效果。

共同语言，既用于外交言谈，也用于外交文书。其实外交谈判的最终目的，就是在坚持基本原则下，缩小或消除分歧，尽可能地找到共同点，并用彼此都能接受的语言文字表述出来。

2. 委婉含蓄与笼统模糊

外交语言一般比较委婉、含蓄。所谓委婉，就是把不愿、不便或不能直说的话，用委婉而含蓄的语言表达出来，但又不失本意，能为对方领悟。

例如，会谈在“坦率”的气氛中进行或者双方进行了“坦率”的对话，这意味着双方分歧较多；对某事表示“遗憾”有两种意思，一是对别人表示不满，二是为自己含蓄地表示歉意，或委婉地承认自己不对；说某个外交官进行了“不符合身份的活动”，这就是指他干了间谍活动或其他危及驻在国安全的活动；宣布某人为“不受欢迎的人”就是把他驱逐出境或拒绝入境的一种外交辞令；“无可奉告”，就是拒绝回答。

又例如，双方会谈未能取得实际成果，分歧依然如故，而又不愿否定会谈的意义，影响各方解决问题的愿望或现存的关系，只好在会谈公报中避实就虚地说一些冠冕堂皇的话，如这次会谈“增进了双方的了解”，“双方的态度是积极的，气氛是友好的”，“深入地交换了意见”，云云。

3. 澄清与纠错

在涉外场合，说错了话，或者把话说过了头，有时可采用由别人或本人出面“解释”或“澄清”的方式加以补救。

4. 注意留有余地

涉外交往活动是很复杂的，对某些问题，既要考虑它的复杂性，又要考虑它的各种可能性。总之，要避免把话说绝、说死、说满，应留有余地。

5. 指事而不点名

有时对某国的某些行为进行批评或谴责，从策略上可考虑采取只点出问题而不点名的方式。

（二）外交语言的选择

作为一名外事工作者，在外事活动中具体应当选用哪一种语言作为自己的交流工具，向来大有讲究。对于在什么情况下需要讲中文，在什么情况下需要讲外语，外事人员绝对不能自行其是。

一般来讲，在选择自己的语言工具时，我方外事人员有以下四条规则可循：

1. 在官方活动中，应当使用中文

出于维护国家尊严的考虑，除翻译之外，外事人员均应使用本国法定的官方语言。我国外事人员作为国家、政府、单位的代表，自然应当在外事活动中使用中文，然后在必要之时，借助于译员进行翻译。

2. 在一般活动中，可以使用外语

在一般性非官方活动中，如观光、游览、购物等，精通外语的外事人员均可直接使用外语，以便与外方人士进行沟通。有时，外事人员并非一定要精通交往对象国的语言。但若能临时学上几句，并使用于非正式场合，也能达到密切双方关系的效果。

3. 在国际场合中，使用规定语言

在参加国际组织、国际会议等多边外交活动时，外事人员通常应当使用该场合所法定或约定俗成的规定语言。这一类规定语言，有时是一种，有时则是几种。在国际场合中使用规定语言，是不容争议的国际惯例。

4. 在工作岗位上，需掌握一门或几门外语

掌握外语，是外事人员的基本功之一。作为基本要求，外事人员一定要精通一门外语，并且，在此基础上，力求多掌握几门外语。

(三) 交流不宜涉及的内容

在国际交往中，外事人员在确定交谈的具体内容时，应确定交谈时可以涉及哪些内容，不能涉及哪些内容。确定了这两个要点，外事人员在与外方人士进行交谈时便有章可循了。

与外方人士进行交谈时，外事人员应有意识地主动回避不宜涉及的某些具体内容。外事人员与外方人士进行交谈时，不宜主动涉及的具体内容主要有以下七个方面：

1. 不泄露国家机密与行业秘密

在外事活动中，每一名外事人员都有维护国家安全与国家利益的义务。在任何情况下，外事人员对于自己所掌握的国家机密与行业秘密都必须守口如瓶，不得随意进行泄露。否则不仅属于严重的失职行为，而且也是一种犯罪。对于这一大是大非的问题，外事人员时刻都要保持清醒的认识。

2. 不对自己的国家、民族或政府横加非议

外事人员都在某种程度上代表着自己所属的国家、民族或政府。客观地讲，外事人员与自己所属的国家、民族或政府存在着一种“一荣俱荣，一损俱损”的关系。倘若在外人面前贬低自己的国家、民族或政府，实际上无异于贬低自己。因此，外事人员与外方人士进行交谈时，不仅不能对自己的国家、民族或政府加以非议，而且对维护自己国家、民族或政府的声誉负有义不容辞的责任。

3. 不对交谈对象的内部事务随意干涉

在国际交往中，我国政府一贯坚持相互尊重、互不干涉内部事务的原则。外事人员与外方人士进行交谈时，一定要认真贯彻这个原则。一般而言，与外方人士进行交谈时，没有必要随意对其内部事务予以评论。即使有此必要，亦应谨慎、客观、全面，切勿随心所欲地对对方的内部事务说三道四、指手画脚。对交谈对象的内部事务随意加以干涉，实际上就意味着对对方的不尊重。

4. 不对他人说三道四

与外方人士交谈时，随随便便地对自己的领导、同事、同行或同胞加以非议，是十分不明智的。古人云："来说是非者，必是是非人。"这样做的直接结果是，会给交谈对象留下心术不正、搬弄是非的印象。在国外，人们对此尤其深恶痛绝。外国人普遍认为，只有品德不良、不务正业、内心阴暗之人，才惯于在背后议论他人。

5. 不宜涉及格调不高的话题

在国际社会里，凶杀、惨案、灾祸、死亡、色情、男女关系以及小道消息等话题，均被视为庸俗、低级、格调不高的话题。主动涉及此类话题者，不是被视为心理不健康，就是被看做缺乏教养。所以在交谈中，不仅自己要主动对这些话题加以回避，而且也绝对不要在他人涉及这些话题时随声附和。

6. 不宜讨论交谈对象本人的弱点、短处

"打人不打脸，揭人不揭短"是中国人为人处世的基本原则之一。在外事活动中，忌谈交谈对象自身的弱点、短处或其他不足之处，是对对方的一种特殊形式的尊重。若是对此表现出一定程度的偏好，甚至肆无忌惮，除了败坏交谈对象的兴致，使其产生反感之外，并无任何益处。

7. 不宜触及有关交谈对象的个人隐私

外国人对个人隐私权是非常重视的，如果对这一点不了解，还像在国内与朋友一起时那样，随便交谈他人的个人隐私，显然不仅会碰钉子，给他人带来不快，而且对自己的工作和交往都将带来不利影响。

与外方人士进行交谈时，上述七个不宜涉及的话题，可被统称为"外事活动七不谈"。

（四）宜涉及的交谈内容

在外事活动中，可主动涉及的交谈内容，排除以上的"七不谈"以外，还有一些常规内容可涉及。一般而言，外事人员在交谈中可主动涉及的内容主要有以下六项：

1. 交谈双方所正式拟议的内容

在外事活动中，交谈显然具有一定的目的性。在正式场合，外事人员有责任使交谈“言归正传”，使谈话的具体内容围绕着交谈双方拟议的问题进行。在非正式场合，外事人员的交谈尽管可以略为“务虚”，但也应直接或间接地“有的放矢”，而绝对不应不着边际。

2. 有助于对方进一步了解我方情况

由于国与国之间存在着一定的差异，所以在外事活动中，中外双方往往需要进一步地相互了解。有接触才有交流，有交流才有了解，有了解才有信任。为了便于交往对象进一步了解我方的实际情况，外事人员在交谈中应主动介绍有关我方的实际情况。在介绍时，一是要注意客观性，二是要考虑时效性，三是要体现公正性。

3. 对对方的国家、民族及本人表达敬意的内容

人与人打交道时，在任何情况下都应将互相尊重置于首位。在外事活动中，对交谈对象所属国家、民族、单位乃至其本人的光荣历史、优良传统、突出成就、杰出贡献表达直接的敬意，或者由衷地称道，既体现了我方海纳百川的广阔胸襟，又是尊重交往对象的一种表现。这一做法，绝非阿谀奉承、讨好对方。

4. 对方本人确有所长的内容

“闻道有先后，术业有专攻”，每个人都有自己的一技之长。在外事活动中，直接向交谈对象讨教对方所擅长的内容，不仅可以找到与其交谈的兴奋点，而且还可以令我方人员表达出自己的虚心好学的精神，并通过交谈有所收获。不过，“尺有所短，寸有所长”，向外方人士讨教时，一定要以对方所长之处为准。以对方的薄弱之处作为讨教的话题，肯定是不适合的。

5. 举世公认的格调高雅的内容

由于交谈的具体内容反映着交谈者的思想品德与精神境界，因此，外事人员在交谈中应尽量以哲学、历史、地理、文学、音乐、绘画、书法、建筑或时事等为内容。选择这些话题，才与外事人员的身份相称。只是在具体选择这些话题时，必须量力而行，知之为知之，不知为不知，切莫班门弄斧、弄巧成拙。

6. 人人欢迎的轻松愉快的内容

在交谈中，尤其是在非正式交谈中，外事人员应力戒深奥枯燥、故弄玄虚的话题。有些时候，主动谈论一些令人感到轻松、愉快的内容，诸如体育

比赛、电影电视、娱乐休闲、风景名胜、烹饪小吃、名人轶事或者时尚之事，不仅可以令交谈者感到轻松，往往还可以令众人开心一笑，活跃现场的气氛。

（五）涉外交谈的艺术

成功的交谈艺术是善于倾听对方的言谈，寻找对方的兴趣点和关注的问题。选择谈话内容时要照顾对方感兴趣的话题，让对方觉得与你谈话很愉快，避免在自己不懂的领域说得太多，也避免在别人不懂或不感兴趣的领域说得太多。

在谈话方式上要顾及对方的特点，世界上不同国家的人由于文化背景不同，所受教育不同，有的人说话含蓄，有的人说话开朗直率，在谈话时要尽量与对方风格协调。

谈话中的提问和回答最能体现一个人的品位和水平，选择内容时靠的是平时的积累，知识越广博，越能有好的表现和发挥。

我们在出访和接待外宾之前应事先准备好几个问题，对可能谈到的话题也应有所准备。当一方就某一方面作过介绍后，若留有提问时间或其主动问是否有问题，而另一方提不出任何问题，局面往往会很尴尬。

在交谈中主动提出一些对方感兴趣的问题是必要的，内容应体现自己的知识层次，同时不使对方难于回答。若对方对你的问题一时答不上来或不愿回答，不宜表现出穷追不舍的态度，而应尽快转移话题，避免让对方难堪。

除非在针锋相对的外交斗争场合，一般对于外方的提问，若是不愿回答，最好不要直接说“无可奉告”，可避实就虚或答非所问。一般来讲，对方也不会追根究底地继续问。

西方人在礼貌上很得体，一般不会说令你不快的话，也不会随便打断别人的话题。要注意观察对方的表情和肢体语言，如果感觉对方心不在焉就应考虑是否这个话题太长或没有说到要点上，是否应该换个话题等。表示不耐烦的姿势有：长时间将目光转向别处，身体后仰或转为一个较为懒散的姿势等。

用恳切、有分寸的语言适当地称赞别人是有礼貌、有教养的表现，可以获得对方的好感，缩短彼此之间的距离。有时赞美得恰到好处可以收到意想不到的效果。

适度幽默是交谈的重要技巧。交谈中语言机智幽默的人可以给人留下良好的印象，对别人的幽默语言作出正确的反应也很重要。外国人称之为“good sense of humor”。在谈话中讲几句富有哲理的话，或幽默一下，会使气氛变得活跃欢快。

例如，一次，某德国州议员代表团来访某单位，主会见的领导来晚了，对方一位议员半开玩笑地说："How can he let important people like me waiting here!"（他怎么能让我这么重要的人在这里等！）我方负责接待的一位身份较低的工作人员马上接过话说："And me!"（对啊，还有我！）这使在场所有人都大笑起来，有效地缓和了对方以貌似幽默的话表达出很微妙的不满情绪。

讲一些有趣的故事或笑话，可以拿自己寻开心，但不要拿在场的别人寻开心，也不能以名人的隐私故事取乐。

善于倾听，也是成功交谈的诀窍之一。通过提问和交谈中的响应，使对方在感兴趣的话题上畅所欲言。在倾听时表现出耐心而会意的态度，往往能给对方留下谈话很愉快的印象。

如果双方是长期交往，注意了解并记录对方的特长和引为自豪的经历，在适当的时候向对方或当着对方的面向别人提起，对方会注意到你对其个人的关心和尊崇，并会记住你。

五、馈赠礼仪

馈赠是人们交往中经常发生的事情，在国际交往中也不例外。可以说，馈赠作为交往中的一种方法，对增进交往者之间的感情有着非常重要的意义。但是，国际交往中的馈赠，则要讲究一定的原则和礼仪。原则是针对公务人员对外馈赠和接受馈赠的政策性规定，礼仪是无论公私人员，在对外馈赠与接受馈赠中都应遵守的礼节的要求。对此，我们必须予以了解和掌握。

在国际交往活动中，礼品问题一向较为敏感。与民间交往中对待礼品的赠送与收受随意性较大所不同的是，外事活动中的礼品赠送与收受均具有特殊性。

国际交往中礼品的特殊性，主要表现在下述五个方面：

其一，我方通常不主动向外方人士赠送礼品。

其二，当外方人士主动向我方人员赠送礼品后，我方可酌情予以回赠。

其三，我方出席外方重大的节庆活动或正式出访时，可考虑向外方赠送具有纪念意义的礼品。

其四，我方人员在任何情况之下，均不得主动向外方索要礼品。

其五，我方人员在正式的外事活动中所获赠的外方礼品，无论是送给集体还是送给个人的，通常一律上交给自己所在的工作单位或部门。

虽然“礼尚往来”在外事活动中是司空见惯的，但外事人员如果对上述特殊规定一无所知或不甚了解，就极有可能招致一些不必要的麻烦：或者失敬于外方人士，使对方曲解我方的本意；或者令自己好心办了坏事，甚至因此而犯了错误。

在国际交往活动中，礼品的问题实际上包括礼品的赠送与礼品的接受两个不同的方面。当我方人员向外方人士赠送礼品时，我方通常处于较为主动的位置；而当我方人员接受外方人士的礼品时，我方则一般处于较为被动的位置。不管从哪一个方面来讲，外事人员都有一定的礼仪规范应予遵守。二者虽然角度不同，但都不允许外事人员对其有所忽略。

（一）礼品的定位

礼品定位，是指确定适用于国际交往活动的礼品的特殊之处。唯有定位准确，礼品在国际交往活动中才会起到应有的作用。不然的话，就有可能前功尽弃，劳而无功。

为礼品进行定位时，应当认真遵守下列五项规则：

1. 突出礼品的纪念性

向外方赠送的礼品，无论获赠对象是集体还是个人，均应注重其纪念性。换句话来说，就是不应过分突出其身价，不宜以价格昂贵见长，而是应当强调其纪念意义。需知在不少国家，在官方活动中向个人或组织赠送身价高昂的礼品都不受欢迎。弄得不好，还有贿赂之嫌，甚至有可能为此而触犯法律。

与外方的旧友新朋打交道时，没有必要次次送礼，回回大礼。即便有必要向对方赠送礼品，也需要讲究“礼轻情义重”。

有时，送给外方人士一本画册、一套明信片、一张照片、一枚纪念章，亦受对方欢迎。

2. 明确礼品的对象性

同样一种礼品，送给不同的对象，效果往往相差甚远。礼品的对象性是指在外事活动中进行礼品选择时，应当根据具体对象的不同而有所区别。

礼品的对象性，主要要求外事人员在选择礼品时，必须注意因人而异、因事而异。所谓因人而异，是指选择礼品应当不同对象不同对待，切忌千篇一律。例如，日本人对中国的抽纱手帕十分欣赏，可用它送给意大利人却会被认为十分晦气。所谓因事而异，则是指对礼品的选择应根据具体场合的不同而有所变化。比方说，用于国务活动的礼品与用于私人拜访的礼品便绝对不宜相同。

3. 体现礼品的民族性

在任何时候，独具特色的礼品往往最受欢迎。将此规则运用于外事活动所使用的礼品上，便应努力使之体现民族性。因为在外方人士眼里，最具有中华民族传统特色的东西，往往才是最好的、最受欢迎的东西。

一些中国老百姓眼中的寻常之物，诸如唐装、围脖、布鞋、手炉、剪纸、窗花、图章、玉佩、筷子、二胡、笛子、空竹、风筝以及中国结、油纸伞、生肖挂件等，一旦送到外方人士手里，往往便会备受青睐、身价倍增。外事人员以之送给外方人士，投其所好，何乐而不为！

4. 牢记礼品的时效性

向外方人士赠送的礼品，一般不宜太过前卫或另类，但是对其时效性却不能不注意。礼品的时效性，在此处指的是有些礼品只有在一定的时间段之内才会“大放异彩”，产生其应有的效果。若是忽略时效性，其效果往往会锐减。

例如，在2008年北京奥运会举办前夕和举办期间，我方人员若向外方人士赠送印有其标志或吉祥物的礼品，必定大受欢迎。倘若在此之后仍然以之送人，则除专业收藏者之外，均会对此兴趣锐减，甚至还有可能视其为“处理品”。

5. 重视礼品的便携性

在一般情况下，为外方人士尤其是远道来访的外方人士选择礼品时，除需考虑以上几点之外，还需兼顾其便携性问题。即送给外方人士的礼品不仅要满足上述诸点，而且还必须易于为对方所携带。至少不应赠送易于损坏或是为对方平添不必要的麻烦的礼品。

有些原本不错的礼品，例如以民间工艺精制的陶瓷、玻璃制品或巨型图画、雕塑、屏风、摆件，因其易破、易碎、不耐碰撞挤压，或者体积庞大、笨重，通常不宜向外方人士贸然相赠。

（二）国际通行的馈赠规则

向外方人士赠送礼品时，我方人员必须遵循国际社会所通行的礼品赠送规则——“六W规则”。

这“六W规则”，指的是外事人员向外方人士赠送礼品时，有六大要点必须在总体上予以统筹考虑。在英文里，这六大要点均以字母“W”作为词首或词尾，因此外事礼仪名曰“六W规则”。

1. Who——明确受赠对象是“谁”

它要求外事人员决定向外方人士赠送礼品时，首先必须明确受赠对象是

"谁"，即要求了解清楚受赠者的具体情况。对于来自不同国家、不同地区、不同民族、不同阶层、不同年龄、不同性别、不同职业、不同受教育程度以及不同文化背景的外方人士，为其所选择的礼品自然应当有所区别。

2. What——馈赠的礼品具体是"什么"

它要求外事人员必须重视送给外方人士的礼品具体应当是"什么"。这一问题与上一问题具有明显的因果关系，却又不能完全为其所取代。这是因为选择适用于外事活动的礼品，不但要因人而异，而且要兼顾赠送者的能力、交往双方的关系、赠送礼品的场合等。

3. Why——明确向外方人士赠送礼品的目的

它要求外事人员在为外方人士选择礼品时，必须明确"为什么"。必须强调的是，我方人员向外方人士赠送礼品的目的，既不是为了贿赂、收买、拉拢对方，也不是为了逢迎、讨好对方。我方的基本意图从来都是而且也只能是为了向对方表达自己的尊重、友好与善意。

4. When——审慎对待"何时"赠礼的时间问题

它要求我方人员作为赠送者时，必须审慎地对待在"什么时间"赠送礼品为宜的问题。一般而言，在外事活动中，宾主双方处理这一问题的具体做法是有所不同的。充当客人时，外事人员通常应当在宾主双方相见之初或首次正式拜会主人时，即向主人奉上礼品。充当主人时，外事人员则往往应在饯行宴会上或前往客人下榻之处为其送行时，向客人赠送礼品。

5. Where——认真确定"什么地点"适宜赠送礼品

它要求外事人员必须认真确定"什么地点"适宜向外方人士赠送礼品。按照国际惯例，处理这一问题应讲究"公私有别"：因公交往赠送的礼品，应在办公地点或大庭广众之前赠送，以示郑重其事或光明正大。因私交往赠送的礼品，则应在私人居所或并无他人在场之际赠送，以示双方关系密切，私交甚深。

6. How——充分考虑"如何"赠送礼品的问题

它要求外事人员应充分考虑礼品赠送的具体方式，即"如何"赠送礼品的问题。就我方人员而言，应着重注意以下三点：

(1) 要关注赠送者的身份。若有可能，在官方活动中向外方人士赠送礼品时，最好由当时到场的我方身份最高者亲自出马，以提高赠送活动的档次。

(2) 要重视礼品的包装。在国际交往中，礼品的包装一向被视为礼品的有机组成部分。对礼品认真加以包装，不但可以提升其档次，而且还意味着赠送者郑重其事的态度以及对受赠者的尊重。对礼品不加任何包装，或者不认真加以包装，则会使之自行贬值或令受赠者感到不受重视。

(3) 要进行礼品的介绍。对礼品的产地、特征、用途以及寓意，应向受赠者进行必要的说明。

(三) 不可馈赠的物品

由于“十里不同风，百里不同俗”，同一种礼品在不同国家、不同地区、不同民族，往往会被赋予不同的寓意。有鉴于此，在国际交往中为外方人士挑选礼品时，无论如何都不应冒犯对方的有关禁忌，否则其实际效果便会南辕北辙。避免冒犯禁忌是一个绝对不可被外事人员忽视的大问题。

根据一般经验，共有以下九类物品在外事活动中不宜充当礼品。外事人员通常将其统称为“对外交往九不送”。

1. 现金、有价证券

在许多国家，政府部门或公司、企业往往都有明文规定，禁止其工作人员在对外交往中接受现金、有价证券，或是实际价值超过一定金额的物品。此项规定，不仅是一项常规的职业禁忌，而且亦被视为反腐倡廉的应有之举。

2. 天然珠宝、贵金属饰物

忌向外方人士赠送此类物品的缘由，与前者基本上相同。

3. 药品、补品、保健品

中国人的习惯，是有病时吃药，无病时进补、保健。但在国外，个人的健康状况却属于“绝对隐私”。若按照中国人的老习惯，将与个人健康状况直接挂钩的药品、补品、保健品送给外方人士，往往都不会为对方所欢迎。

4. 广告性、宣传性物品

不少外国人，特别是发达国家的人，极度崇尚个人尊严，因而其自我保护意识极强。外事人员若将中国人大多来者不拒的带有明显广告性、宣传性的物品或带有明显的本单位标志的物品送予对方，往往会被对方理解为我方有意利用，或是借机进行政治性、商业性宣传。

5. 冒犯受赠对象的物品

送给外方人士的任何物品，都应以不得冒犯受赠对象，包括不冒犯其本人，不冒犯其所在国家、所在地区、所在民族，不冒犯其所代表的单位为前提条件。若礼品本身，包括其品种、形状、色彩、图案、数目、外包装或者寓意，冒犯了受赠者的个人禁忌、职业禁忌、民族禁忌或宗教禁忌，都会使馈赠行为功亏一篑。

6. 易引起异性误会的物品

在人际交往中，“男女有别”是必须谨记的。任何情况下，外事人员在面对外方异性人士时，都必须有所顾忌。向关系普通的异性赠送礼品时，务必要三思而后行，切勿弄巧成拙，误向对方赠送示爱之物或含有色情、下流之意的物品。

7. 以珍稀动物或宠物为原材料制作的物品

出于维护生态环境、保护珍稀动物的考虑，在国际社会中，珍稀动物及其制成品，如以大熊猫、东北虎、藏羚羊的毛皮制成的物品或象牙制品，显然不宜充当礼品。与此同时，以猫、狗等宠物为原材料的制成品，也不宜选为礼品。

8. 有悖现行社会规范的礼品

挑选拟送外方人士的礼品时，勿忘遵守法律、道德等现行的社会规范。此处所说的现行社会规范，不仅是指我国现行的社会规范，而且还应当将交往对象所在国家现行的社会规范包括在内。疏忽了这一点，则可能误人误己，甚至会害人害己。

9. 涉及国家机密、行业秘密的物品

在外事活动中，我方人员必须具有高度的国家安全意识与保密意识。对于外方人士，既要讲究待人以诚，又要注意“防人之心不可无”。在任何情况下，都不可自作主张，未经批准擅自将内部文件、统计数据、情况汇总、技术图纸、生产专利等有关国家、行业的核心秘密，随意送给外方人士。否则，不仅会有损国家利益或行业利益，而且还可能会为此而受到法律的制裁。

(四) 如何处理外方对自己的馈赠

在国际交往活动中，外方人士有可能向我方赠送礼品。在这种情况下，外事人员的临场表现与反应，是十分重要的。

在正常情况下，外事人员在收受外方人士的礼品时，需要注意以下四点：

1. 应当欣然接受

当外方人士向我方人员赠送礼品时，我方人员通常应当当场予以接受。此时此刻，外事人员最得体的表现应当是，高高兴兴、落落大方地将外方人士所馈赠的礼品当即接受下来。切不可躲躲闪闪、扭捏作态地推来推去，或者言行不一地跟对方过分客套。

具体而言，当场接受外方人士的礼品时，我方人员应当面含微笑，起身站立，先以双手接过礼品，随后与对方握手，并正式就此向对方表达自己由衷的谢意。在接受外方人士的礼品时，我方人员若面无表情、畏缩不前，或者使用左手去接礼品，或者不向对方口头道谢，都是十分失礼的。

2. 应当启封赞赏

在国外，特别是在许多西方国家，人们在接受礼品时，大多习惯于当场拆开礼品的外包装，将其取出并仔细欣赏一番，然后再对其略表赞赏之意。这种中国人以往难以接受的做法，早已在国际社会逐渐演化为受赠者接受礼品时必须遵循的一项重要礼节。

在外事活动中接受外方人士所赠送的礼品时，外事人员若不当即将其启封，或者对其不置一词，都会被理解为对其完全不屑一顾，因而会使赠送者的自尊心受到极其严重的伤害。

3. 应当拒绝有方

对于外方人士所赠送的礼品，我方人员并不应当一律来者不拒。一般而言，外方人士赠予我方人员的违法、违禁、违规的物品，或有辱我方国格、人格的物品，或有伤风化、有悖社会公德的物品，或有碍我方正常执行公务的物品，或有害于双方关系的物品，我方人员均应坚持不受。

拒受外方礼品时，我方人员应阐明其具体原因，有礼有节，不卑不亢。若发现对方确无恶意，则需在拒受礼品的同时，向对方表示感谢。

4. 应当有来有往

接受外方人士的礼品之后，切莫忘记“有来有往”。办法之一，是在适当之时回赠对方适当的礼品。礼品的性质与档次，可大体上与对方的礼品相近或相仿。办法之二，是在接受礼品后，尤其是在接受较为珍贵的礼品后，应真诚地向对方道谢。除了应当场向赠送者正式道谢之外，还可在事后再度表达此意。

常规的做法是在一周内致信、发邮件或打电话再次感谢对方，也可在此后再次与对方相见时，提及自己很喜欢对方所赠送的礼品。

六、其他日常礼仪

在国际交往中有许多与国内不一样的礼仪和可惯，如付小费的方式、和女士的交往等。涉外人员如果不懂国外的习惯做法，必然会影响自身的形象甚至会造成误会、闹出笑话。因此，每位外事人员都应该了解与掌握一些看似小事却非常重要的细节问题。唯有如此，才能使自己在国际交往中事事顺利、游刃有余。

（一）付小费

付小费给服务人员在国外是最常见的习惯，时常听人说，在外国最麻烦的是给小费的问题：该给哪些人，给多少？确实，这在不同的国家和地区都是有不同讲究的，下面就针对这个问题予以详细的介绍。

1. 给小费时要若无其事

给小费是对服务人员的服务予以肯定的一种形式，而不是一种赏赐。所以，“喂！喂！给你小费！”这样是不合适的。不要如此大声地叫嚷，要若无其事地给，这样才能表示尊重。

2. 在有些国家小费也可以是实物

服务生的底薪很少，所以在国外小费也被认为是薪水之一。不过在俄罗斯等国家，不用现金支付小费也可以，如果赠送香烟或圆珠笔等礼物也会很受欢迎。没有零钱的话，可以先将小费的金额说好，请对方去换零钱，再收回找的钱。如此处理便可以了。

3. 小费付多少可看对方的态度

给小费没有什么规定的数额，但也要看服务的数量而定，比如搬运行李的搬运工人搬运一件行李与一件以上的行李的小费是有所差别的。对于替你叫计程车的门口服务生也要给小费，如果只替你开门是不用给的。

如果不知要给多少钱的话，就先随意给，如果服务生说“谢谢”的话，就是差不多，如果说“非常感谢”且带着微笑的话，下次就可适当减少一点。

4. 出租车的小费，大约是车资的10%~15%

出租车的小费一般为车资的10%~15%，当然也是因地而异的，比如在纽约等地是20%，在印度大约是1卢比。由于物价的差别，不能一概而论。距离近的时候要多给一些，行李较多时，也要多给一些。不过，可先给车资的15%看看，如果对方微笑地说“非常感谢”的话，下次可适当少给一点儿。不过，若过度考虑的话，便太累人了。

5. 洗手间的高额小费，是故意让客人看的

在国外，有的洗手间里，会有老先生或老太太给客人肥皂或手巾等。此时也应适当给小费。不过给小费时零钱就可以，而不要因为他那收小费的盘里的大钞而效仿，因为盘里的大钞可能是故意给人看的。

6. 在他人家里给小费的情况

在法国，如果被邀请到雇有仆人的豪华宅邸时，离去的时候可以给一点儿小费，不过给不给没有什么关系。对于普通的仆人，如果麻烦人家多次，

可以给一些小费。

7. 其他应当付小费的人员

要付给巴士或游艇的导游小费。如果是团体活动的话，由随队负责人集中支付小费，而不用个人付。

在歌剧院等有包厢的剧场，要给带路的女服务生一点儿小费。在巴黎的电影院里也会被要求付小费。

（二）在女士面前

在国际社交中，注意在女士面前的礼仪细节是非常重要的。如果不懂得这些礼仪细节，你将很可能被人认为是一个没有教养的人。因此，万万不可粗心大意。在女士面前的礼仪细节具体如下：

1. 不可忘记“女士第一”

在门口、车站等公共场所，如果女士来的话，就要稍等，让她们先通过。因为这是理所当然的，所以很多女士都不会说“谢谢”。

2. 在女士面前要脱帽

在商场或公司等公共大厦的电梯内，是可以戴帽子的，不过，在饭店或公寓等私人大厦的电梯内，如果有女士在场，就应该脱帽。

如果在电梯间人家礼让你的太太，这时不要夫妇一起出去，而应礼让地向对方说“请”。

3. 主动帮女士提放行李

如果有带着行李的女士来到身边，你要主动地帮她，即使这位女士看起来较为高大，或者较有力气。

4. 女士来时男士要站起来

这是一个很麻烦的礼节。对方如果是外国女士你会站起来，但如果遇到本国的女士，也许你认为“啊！是自己人，不用麻烦了”。可这时，在旁边看的欧美人会以看野蛮人的眼神看着你，所以只要是女士驾到，最好还是站起来。

5. 要帮女士脱大衣

在餐厅或其他场所，如果女士要脱大衣或穿大衣时，男士要帮忙。

大衣要寄放在衣帽寄存处，存单要由男士保管，取回时，如果没有明示寄存的费用，男士要付给小费。

6. 公共场所若有向导应让女士先走

如果是要自己找座位的大众餐厅，男士要先进去找位置，找到后让女士先坐。

7. 要让女士坐在能够看到全景的位置上

如果是坐在能够看到外面景色的桌子时，要让女士坐在能够看到景色的好位子上。看不到外面的时候，要让她坐在能够看到餐厅全景的座位上，否则别人会认为你不文明。还有，与侍者的应对及斟酒的工作等，也是男士的义务。

如果你是十几岁的女孩子，虽然也是女士，但与父亲一样年纪的长辈在一起时，还是礼让一些比较好。

（三）使用洗手间

洗手间就是厕所，但在公共场合，讲“厕所”是不文明的。所以，在国外，即使询问洗手间，也是很有讲究的。

要找洗手间时，最好的问法是“I want to wash my hands”（我想洗手），这与在我国问“洗手间在哪里”比问“厕所在哪里”较好的情形是一样的。

将手压在裤子前面问人“厕所在哪里”是最下流的，实在无法用语言沟通时，只要模仿“洗手”的样子，也会有人告诉你的。洗手间的标志一般是“男”、“女”的起首字母，但各个国家不同，如：

德国：男士是“H”（Herren），女士是“D”（Dame）；

法国：男士是“M”（Messieurs），女士是“D”（Dame）；

意大利：男士是“U”（Uomini），女士是“D”（Donna）。

（四）一般禁忌

在国际交往中，个人形象是非常重要的，而要保持个人的美好形象，就必须懂得一些礼仪禁忌：

1. 绝对不可剔牙垢

如果当着众人的面剔牙垢，别人会以看野蛮人的眼神来看你。

2. 绝对不可在别人面前摸皮带

可以将钱放在腰袋上，不过，要拿钱时需去洗手间或饭店的房间里拿出来。因为在别人面前摸皮带，也是令人嫌恶的。

3. 绝对不可在别人面前拉裤子

尤其是在女性面前拉裤子，是最没有礼貌的举止。如果裤子不会掉下来的话，就暂且保持原样，等走到没有人的地方再拉上来。

4. 绝对不可用手指指着他人

例如指指点点地说：“那个家伙，瞧，就是蓝眼睛的那个家伙，正怒冲冲地望着我们”，这样用手指着别人在哪个国家都是不礼貌的。

5. 不要抚摸小孩子的头

西方国家，人们都不喜欢被人摸脸颊或身体，所以碰到别人的头时，应立刻说“对不起”，但亲吻是可以的。如果你认为这个小孩好可爱，可以在其脸蛋上吻一下，他会很高兴的。切记，不可抚摸他的头顶。

6. 拍肩膀会令人嫌恶

西方电影中有这样的镜头：一个男人想要取悦男主人，便将手放在他的肩膀上，而男主人则一声不响、目不转睛地看着那个男人的手，于是那个男人便很尴尬地把手缩回。但如果是很亲密的朋友，可以互相拥抱。

7. 身体稍微碰到人家时应该道歉

如果因不注意，身体碰到了别人，可以说“Oh! Sorry”、“Excuse me”或将对方的话重复一次。因为不管是谁先碰到谁，双方都必须道歉。

8. 不可从嘴里吐出东西来（打嗝儿、唾液、嘴里的菜渣等）

在西方国家，一位绅士即使在10米外打了一个嗝儿，也会立刻回头对其他人说“请原谅”。

9. 蹲下时张开腿是没修养的表现

日本人常常会蹲下来，可是，大多数欧美人会认为这种姿势好像是动物在排便的样子。坐时张开两腿，也是不可以的，尤其是在车内或机场等地。

10. 在他人面前不可脱鞋

欧美人一般都是在床边才脱鞋，他们绝不会在有人的地方脱鞋或给人看到袜子。

亚洲各国人都认为将脚心给人看是一种侮辱与挑战的行为。

在长途飞行的飞机上或火车软卧车厢内，可以穿拖鞋。

第二节 服饰礼仪

衣、食、住、行是生活的四大基本要素。服饰是最能体现一个人修养的饰物，是一个人的教育、修养和情趣的外在表现，是生活中的一门艺术。得体的服装不仅能给人留下良好的印象，而且还能体现一个人的内在涵养和审美品位。任何拥有高雅情趣的人都会十分注重自己着装的和谐和适度。只有懂得这门艺术的人，才能根据不同的场合，选择适时、合体的服装，充分展现自己的魅力，显示出高雅的审美情趣。服饰语言也是一门特殊的交际语言，它能传达特定的信息，服饰语言不仅表现在自我形象上，而且也表现在文化价值上。在涉外交往中，服饰礼仪成为一个民族的生活方式和精神面貌的现实反映，所以，要根据不同的交际目标以及不同客人的需要，选用不同的服装。

一、服装的着装原则

在涉外交际中，出席任何正规场合，服装礼仪要求遵循整体性原则和和谐性原则，然而在这两者的基础上又要穿出个性、穿出特色，具体体现在服装的“三色原则”。

“三色原则”是指全身上下的衣着应当保持在三种颜色以内，其中包括上装、下装、鞋子、领带和衬衫。因此，男士在出席正式场合务必使鞋子、腰带和公文包的颜色一致，并且首选黑色，如果衣着颜色在三种以上就会给人杂乱的感觉，也显得不正规。

二、服装的色彩和搭配

(一) 着装的配色原理

一般来说，蓝、黑、绿、紫等色属于冷色系；红橙色、咖啡色等属于暖色系；黄、白、灰、金、银等色属于中性色系。黑、白、灰三色与任何颜色服装搭配均能取得良好效果，也是服装搭配时最常用的三种颜色，因此被称为“安全色”。

服装色彩的搭配可遵循上深下浅或下浅上深的原则，年轻人的穿着可上深下浅，表现年轻人的活泼及朝气蓬勃，老年人的着装可上浅下深，显示老年人的成熟、稳重及风度翩翩。

(二) 服装的色彩搭配

1. 主色调搭配

以一种颜色作为整个服装的基调色彩，再配以其他颜色，主色在整套服装中所占比例最大，配色应尽量选取与主色相近相协调的颜色。

2. 同种色搭配

是指利用同种色中深浅、明暗度不同的颜色搭配。同种色搭配由于符合变化的统一这一艺术规律，整体效果比较协调，常给人端庄、高雅、稳重、有品位的感觉。

3. 相似色搭配

是指用色谱上相邻或相近的颜色进行搭配，如红色和橙色，蓝色和紫色，运用这种配色方法时用色一般不要超过三种颜色，而且其中最好有一种是白色。

另外，着装配色还应根据自己的肤色选择。肤色黑者不宜着颜色过深或过浅的服装。肤色发黄的人，不宜选用半黄色、土黄色、灰色服装，否则会显得无精打采、精神不振。脸上苍白者不宜着绿色服装，否则会使脸色更显病态。而黑色、深蓝色、深咖啡色等服装给人以收缩感，瘦人穿着更显瘦小，胖人穿则显得更加苗条。

三、服装的着装礼仪

在国际正式场合，男士最正统的服装是西装。它造型美观，穿起来方便，也有风度，而女士则要求穿西服套裙，它会使穿着者显得更加精神、干练，也会显示出女性的形体美。

（一）男士着西装的礼仪

1. 西装的选择

男士服装的款式和色彩状态稳定，选择色彩必须庄重、正统，首选蓝色，也可选灰色、黑色和棕色的西服。面料，不一定力求高档，首选毛料西装。图案以纯色无图案为好，过多的图案会适得其反。男士西装的款式常见的有欧式、美式、英式和日式四种，欧式西装面料厚，领型狭长，要求穿着者高大魁梧；美式西装，面料薄，造型自然，穿起来稍显散漫；英式西装，穿上别有特色，剪裁贴身，目前英式和日式西装更加适合中国人穿着。

2. 西装穿着的基本要求

俗话说："西装，七分在做，三分在穿。"如果穿着不讲究，就会显得不伦不类。穿西装时，衬衫的每一颗纽扣都应扣好；西装是单排扣的，扣子可扣可不扣，双排扣的西装上衣的衣扣应该全部扣上；穿西装之前，应把左袖口上的商标先行拆除；坐着时，可将西装上衣衣扣解开，站起来之后，应将西装上衣扣扣上。穿西装时，最好不穿羊毛衫，如果非穿不可，则应选择领口为"V"或"U"形的羊毛衫，特别应注意的是不要同时穿多件羊毛衫。

3. 领带、鞋袜穿戴时应注意的问题

领带是西装的灵魂，在正式场合穿西装时不打领带是对别人的不尊重，打好的领带应与腰间皮带平齐，打领带时不一定非要使用领带夹，如果使用的话，领带夹应加在五颗扣和衬衣第三、第四粒扣子之间，在七粒扣衬衣的第四和第五粒扣子之间。一般西装配黑色皮鞋为宜，穿西装时袜子颜色最好比西装颜色深一些。特别提醒的是，穿黑色皮鞋忌穿白色袜子。

（二）女士西装套裙的穿着礼仪

对女士而言，"裙装是服装的皇后"，而西装套裙一直是女性喜爱的服装之一。在涉外交往中，女性着西装套裙时要注重礼仪。

套裙分为配套装和不配套装两种，配套装即上衣和裙子是同色同料的。不配套装，即上衣和裙子可以有差异，然而，常见的也相对正式的是配套装。女士西装套裙最好选择黑色、藏青色、灰色和暗红色，而选择白色、米色的衬衫与大多数套裙搭配都比较好。

穿着西服套裙时上装的扣子应全部扣好，不允许不扣扣子，而且套裙忌“短、透、露”，不允许“捉襟见肘”。

此外，着西服套裙时必须配长筒丝袜或连裤袜，且袜口不可比裙子下摆短。丝袜以肉色最佳，在正规场合时，女士最好随身携带一双备用丝袜，以免丝袜出现破损或抽丝让自己陷入尴尬境地。西服套裙也应与鞋子相配，穿套裙时，鞋的颜色应与套裙下摆颜色一致或更深一些，选择鞋子时，最好选用黑色、灰色或暗红色的高跟或半高跟皮鞋，不可穿布鞋、凉鞋、旅游鞋甚至拖鞋。

四、佩戴饰品的礼仪规范

古语云：“仓廪实而知礼节，衣食足而知荣辱。”“爱美之心，人皆有之”。服饰作为待人接物、为人处世时举足轻重的礼仪之一，应引起我们足够的重视。再加上目前生活水平越来越高，人们的生活情趣、品位越来越高雅，审美价值趋向多元化、国际化，我们更需要注重个人形象，给别人留下良好的印象，赢得他人的喜爱的同时也能显示自我的修养、内涵、气质和魅力。

(一) 男士饰品礼仪

一般来说，场合越正规，男士身上佩戴的饰品越少越好。一般情况下，男士饰品主要有手表、包、领带夹、衣袖纽扣和戒指等，现在着重谈谈男士佩戴手表和使用公文包的礼仪。

在重要场合穿西装时，男士应佩戴正装手表，一般是机械表，而不是电子表，男士应避免戴那种时装表、大腕表或广告表，否则会有损形象，降低身份。包是男士涉外交往中不可缺少的工具，一般应使用真皮的公文包，首选手提式公文包，而黑色的牛皮或羊皮公文包比较好。放置公文包时应注意礼仪，放在自己右手下面的地板或主人指定的位置为佳，而随便放在别人的办公桌或沙发上则不太礼貌。

(二) 女士饰品礼仪

饰品在着装中起画龙点睛、协调整体的作用，是服饰搭配中重要的组成部分，女士可佩戴的饰品多种多样，主要有戒指、耳环、项链、手镯和手链等。

1. 佩戴戒指礼仪

在古罗马时期，人们认为左手的无名指上有一条通向心脏的经脉血管，所以把结婚戒指戴在左手的无名指就可以获得永恒、真挚的爱情，而如今人们将戒指作为一种饰品，象征着友情、爱情和幸福。

选配戒指应与手指的形状和肤色相配。手指肉多者适合一些大蝴蝶或宝石之类没有花纹的戒指，手指短小者佩戴不粗不大的指环最为合适，如果手背肤色偏黑，则可选暗褐色或黑色宝石戒指，此外，应注意一只手上最好只佩戴一枚戒指。

2. 佩戴耳环礼仪

选择耳环应根据佩戴者的脸型而定。如长方形脸，适合戴圆拱形的大耳环，而方形脸则适合戴心形、花形或不规则几何形的贴耳式耳环，三角形脸可选择星点状的贴耳式耳环可以减弱下巴的宽度。此外，如果梳长直发型适合长链子形的耳环，梳辫子式发型适合悬垂式的钻石耳环。

3. 佩戴项链礼仪

根据项链质地的不同，基本上可以分为两大系列，一种是以金、银等贵重金属制成的金属项链系列；另一种是钻石、玛瑙、水晶、珍珠等为材料制成的珠宝项链系列。佩戴项链应和自己的体型相协调，如脖子短的女士佩戴颗小而细长的项链可增加脖子的长度，而脖子细长者戴方丝链则更显得玲珑娇美。根据年龄的不同佩戴的项链类型应不同。如中老年人宜选工艺精细的翡翠或绿松石项链，而青少年宜戴质地较好、款式新颖的项链。选择项链也应与着装相协调。在正式、隆重场合，身着女士礼服、宜选金银、钻石的特长项链，可以增添华贵高雅的气质；而休闲旅游场合，宜选仿金、贝壳、陶质等项链，显得轻松活泼。

4. 佩戴手镯和手链礼仪

手镯一般只戴右手上，且手镯和手链不应同时戴在一只手上，也不应与手表戴在同一只手上。多戴往往得不偿失，显得庸俗、累赘。其次穿什么样的衣服宜戴什么样的手镯，手镯、手链应与整体服装搭配和谐、美观。

因此，在各类商务活动中，优雅得体的穿着，如果再加上富有个性的饰品，会使你增添无穷的魅力。值得注意的是在涉外场合中不佩戴饰品也可以，如果戴就不要戴粗制滥造之物，总数不宜超过三件，力求完整、和谐、主体突出。

第三节 通信礼仪

在现代社会，信息就是资源、财富、生命，通信礼仪是涉外交往活动中必须要遵守的礼仪规范之一。目前，多种多样的现代通信工具层出不穷。它们的出现，为中外人士获取信息、传递信息、利用信息，提供了越来越多的选择。目前使用最多的通信手段主要有电话、手机、传真、电子邮件等。通信礼仪，通常就是指在利用上述各种通信手段时，所应遵守的礼仪规范。

一、电话礼仪

涉外交往一直离不开电话这一便捷的通信工具，电话礼仪在商务礼仪中的地位非常重要。

（一）拨打电话应遵守的礼仪

1. 要选择对方方便的时间

（1）不要在他人的休息时间内打电话，每天上午7点之前、晚上10点之后、午休和用餐时间都不宜打电话。

（2）打电话前，要搞清地区时差以及各国工作时间的差异，不要在休息日打电话谈生意，以免影响他人休息。即使客户已将家中的电话号码告诉你，也尽量不要往家中打电话。

（3）打公务电话，不要占用他人的私人时间，尤其是节假日时间。

（4）非公务电话，应避免在对方的通话高峰和业务繁忙的时间段内拨打。

2. 声音和语言礼仪——先说“你好”

打电话时，需要先说“你好”，声音应清晰、明快。商务电话只有在确认信号好坏的情况下，才能开口喊“喂”，其他场合，均为禁例。要讲的事需从结论说起，才能将要点清楚明白地告诉对方。遇到数字和专有词汇，应进行复述，注意别出差错。

3. 拨打电话前应做的准备

在打电话之前，要将所讲事情的要点写在纸上，准备好相关资料，避免在打电话时有所遗忘。为了告知自己忘记说的事情，又重新打电话给对方，会多次打断对方的工作，给对方带来麻烦。

4. 拨打电话时的礼仪

（1）要长话短说 ——“三分钟原则”。打电话时，拨打者应自觉地、有意识地将每次通话时间控制在3分钟内，尽量不要超过这个限定。对通话时间的基本要求是：以短为佳，宁短毋长，不是十分重要、紧急、烦琐的事务一般不宜通话时间过长。

（2）规范内容。通话之前，应做好充分准备。最好把对方的姓名、电话号码、通话要点等内容列一张清单。这样可以避免在谈话时出现缺少条理、现说现想的问题。

内容简明扼要。电话接通后，除了首先问候对方外，别忘记自报单位、职务和姓名。请人转接电话，要向对方致谢。电话中讲话一定要务实，最忌讳吞吞吐吐、含糊不清。寒暄后，就应直奔主题。

适可而止。要说的话已说完，就应果断终止通话，不要话已讲完，仍然反复铺陈、絮叨，这样会让对方觉得你做事拖拉，缺少素养。

（3）注意举止。打电话时，不要把电话夹在脖子上，也不要趴着、仰着或坐在桌角上，更不要把双腿高架在桌子上。

不要以笔代手去拨号。

话筒与嘴的距离保持在3厘米左右，嘴不要贴在话筒上。

挂电话时应轻放话筒，不要用力一摔，这样很可能会引起对方不快。

不要骂骂咧咧，更不要采用粗暴的举动拿电话撒气。

（4）谁先挂电话？地位高者先挂；先打者先挂；被求者先挂。

（二）接听电话应遵守的礼仪

接听电话最重要的是注意三点：要及时接听，铃响不要超过三声；要有礼貌，要自报家门，并向对方问候；要有耐心，对打错电话者不要训斥。

1. 接听电话时的礼仪细节

（1）注意语调。用清晰而愉快的语调接电话，能显示出说话人的职业风度和可亲的性格。虽然对方无法看到你的面容，但你的喜悦或烦躁仍会通过语调流露出来。打电话时语调应平稳柔和，这时如能面带微笑地与对方交谈，可使你的声音听起来更为友好热情。千万不要边打电话边嚼口香糖或吃东西。

（2）分清主次。接听电话时不要与其他人交谈，也不能边听电话边看文件、电视，甚至是吃东西。

在会晤重要客人或举行会议期间有人打来电话，可向其说明原因，表示歉意，并承诺稍后联系。

接听电话时，千万不要不理睬另一个打进来的电话。可向正在通话的一方说明原因，要其稍候片刻，然后立即去接另一个电话。待接通之后，先请对方稍候，或过一会儿再打进来，随后再继续刚才正在接听的电话。

（3）及时回复电话留言。在涉外交往活动中，一般应在24小时之内对电话留言给予答复，如果回电话时恰遇对方不在，也要留言，表明你已经回过电话了。如果自己确实无法亲自回电，应托付他人代办。

2. 代接电话

（1）代接电话要细心。在工作场合接听来电时，有时会遇到这样的情况：需要接听电话的人不在，自己成为代接者。代接、代转电话时，要注意以礼相待、尊重隐私、传达及时等问题。

代接电话时，首先要告诉打来电话的人，他要找的人不在，然后才可以问他是何人，所为何事，这个顺序绝对不能颠倒。

（2）尊重隐私。代接电话时，不要询问对方与所找之人之间的关系。如果对方要找的人离自己较远，不要大声召唤。别人通话时，不要旁听，不要插嘴。当对方希望转达某事给某人时，千万不要把此事随意扩散。

（3）记忆准确。对方要找的人不在时，应向其说明，询问对方是否需要代为转达。如对方有此请求，应照办。对方要求转达的具体内容，最好认真做好笔录。对方讲完后，应重复验证一遍，以免误事。记录的电话内容包括通话者单位、姓名、通话时间、通话要点、是否要求回电话以及回电话的时间，等等。

（三）拨打手机的礼仪

1. 手机放置的常规位置

携带移动通信工具，应将其放在适当的位置，总的原则是既要方便使用，又要合乎礼仪。

（1）可以放在随身携带的公文包内。

（2）可以放在上衣口袋内，尤其是上衣内袋中，但注意不要影响衣服的整体美观。

（3）不要在不使用时将其握在手里，或是将其挂在上衣口袋外面。

有时不方便把手机放在上述的常规位置，可以稍作变通：

（1）在参加会议时，可将手机暂交给秘书或会务人员代管。

（2）与人坐在一起交谈时，可将手机放在手边、身旁、背后等不起眼的地方。把手机挂在脖子上、腰上或握在手上，均不雅观。手机最好还是放在手袋或口袋内。

2. 在公共场合使用手机的礼仪

（1）不要在公共场合，尤其是楼梯、电梯、路口、人行道等人来人往处旁若无人地用手机大声讲话。

(2) 在开会、会见等聚会场合，不能当众使用手机，以免给别人留下用心不专、不懂礼貌的坏印象。

3. 使用手机的安全问题

使用手机时，会产生电磁波，在某些地方必须牢记安全准则。

(1) 开车接送外宾时，不要使用手机通话或查看信息。

(2) 不要在加油站、面粉厂、油库等处使用手机，免得手机所发出的电磁波引起火灾、爆炸。

(3) 不要在病房内使用手机，以免手机信号干扰医疗仪器的正常运行，或者影响病人休息。

(4) 不要在飞机飞行期间使用手机，以免给航班带来危险。

(5) 最好不要用手机谈论商业秘密或国家安全事项等机密事件，因为手机容易出现信息外漏，产生不良后果。

4. 何时应关闭手机

在要求保持安静的公共场所，如音乐厅、美术馆、影剧院等，应关闭手机，或将手机设置为静音状态。

二、电子邮件与传真礼仪

(一) 电子邮件内容礼仪

1. 关于主题

(1) 一定不要空着标题，这是最失礼的。

(2) 标题要简短，不宜冗长，不要让 Outlook 用“……”才能显示你的标题。

(3) 标题要能真实反映邮件的内容和重要性，切忌使用含义不清的标题，如“王先生收”。

(4) 一封信尽可能只针对一个主题，不在一封信内谈及多件事情，以便于日后整理。

(5) 可适当使用大写字母或特殊字符（如“！”等）来突出标题，引起收件人注意，但应适度，特别是不要随便就用“紧急”之类的字眼。

(6) 回复对方邮件时，可以根据回复内容需要更改标题，不要用一大串“RE”。

2. 关于称呼与问候

(1) 恰当地称呼收件者，拿捏尺度。邮件的开头要称呼收件人。这既显得礼貌，也明确提醒某收件人，此邮件是面向他的，要求其给出必要的回应；在多个收件人的情况下可以称呼大家、"All"。

如果对方有职务，应按职务尊称对方，如"×经理"；如果不清楚职务，则应按通常的"×先生"、"×小姐"称呼，但要先把性别搞清楚。

不熟悉的人不宜直接称呼英文名，对级别高于自己的人也不宜称呼英文名。称呼全名也是不礼貌的，不要逮谁都用"Dear ×××"以显得很熟络。

（2）E-Mail开头结尾最好要有问候语。最简单的开头写一个"Hi"，中文的写个"你好"；常见的结尾是写个"Best Regards"，中文邮件结尾写个"祝您顺利"之类的也就可以了。

俗话说得好，"礼多人不怪"，礼貌一些总是好的，即便邮件中有些地方不妥，对方也能平静地看待。

3. 附件

如果邮件带有附件，应在正文里面提示收件人查看附件。

附件文件应按有意义的名字命名，不可用看不懂的文件名。

正文中应对附件内容做简要说明，特别是带有多个附件时。

附件数目不宜超过4个，数目较多时应打包压缩成一个文件。

如果附件是特殊格式文件，因在正文中说明打开方式，以免影响使用。

如果附件过大（不宜超过2MB），应分割成几个小文件分别发送。

4. 语言的选择和汉字编码

（1）只在必要的时候才使用英文邮件。英文邮件只是交流的工具，而不是用来炫耀和锻炼英文水平的。如果收件人中有外籍人士，应该使用英文邮件交流；如果收件人是其他国家和地区的华人，也应采用英文交流，由于存在中文编码的问题，你的中文邮件在其他地区可能显示为乱码。

（2）尊重对方的习惯，不主动发起英文邮件。如果对方与你的邮件往来是采用中文，请不要自作聪明地发送英文邮件给他；如果对方发英文邮件给你，也尽量不用中文回复。

（3）对于一些信息量丰富或重要的邮件，建议使用中文。你很难保证你的英文表达水平或收件人中某人的英文理解水平存在问题，而影响邮件所涉及问题的解决。

（4）选择便于阅读的字号和字体。中文邮件用宋体或新宋体，英文就用Verdana或Arial字体，字号用5号或10号字即可。这是经研究证明最适合在线阅度的字号和字体。不要用稀奇古怪的字体或斜体，最好不用背景信纸，特别是对于公务邮件。

5. 回复技巧

(1) 及时回复 E-Mail。收到他人重要的电子邮件后，即刻回复对方往往是必不可少的，这是对他人的尊重，理想的回复时间是 2 小时内，特别是对于一些紧急重要的邮件。

(2) 进行针对性回复。当回件答复问题的时候，最好把相关的问题抄到回件中，然后附上答案。不要简单地用电脑自动回复，那样太生硬了，应该进行必要的阐述，让对方一次性理解，避免反复交流，浪费资源。

(3) 回复字数不宜过少。对方给你发来一大段邮件，你却只回复"是的"、"对"、"谢谢"、"已知道"等字眼，这是非常不礼貌的。

(4) 不要就同一问题多次回复讨论，不要"盖高楼"。如果收发双方就同一问题的交流回复超过 3 次，这只能说明交流不畅、说不清楚。此时应采用电话沟通等其他方式进行交流后再做判断。电子邮件有时并不是最好的交流方式。

对于较为复杂的问题，多个收件人频繁回复，发表看法，邮件越回复越长，这将导致邮件过于冗长而不可阅读。此时应及时对之前讨论的结果进行小结，删减一下，突出有用信息。

(5) 要区分 Reply（单独回复）和 Reply All（回复全体）。

如果只需要一个人知道的事，回复给他一个人就行了。

如果你对发件人提出的要求作出结论响应，应该 Replay all，让大家都知道；不要让对方帮你完成这件事情。

如果你对发件人提出的问题不清楚，或有不同的意见，应该与发件人单独沟通，不要当着所有人的面，不停地回复，与发件人讨论。你们可以讨论好了再告诉大家。不要向上司频繁发送没有确定结果的邮件。

点击"回复全部"前，要三思而行!

(二) 收发传真的礼仪

1. 传真的完整性

在发送传真时，应检查是否注明了本公司的名称、发送人姓名、发送时间以及自己的联络电话。同样地，应为对方写明收传真人的姓名、所在公司、部门等信息。所有的注释均应写在传真内容的上方，可以参考以下规范格式。

2. 传真的清晰度

发送传真时应尽量使用清晰的原件，避免发送后出现看不清楚内容的情况。

3. 传真内容的限制

传真一般不适用于页数较多的文件，成本较高，且占用传真机时间过长也会影响其他工作人员的使用。

4. 传真的使用时间

如果没有得到对方的允许，不要将发送时间设定在下班后，这是非常不礼貌的行为。

5. 关于回复问题

如果传真机设定在自动接收的状态，发送方应尽快通过其他方式与收件人取得联系，确认其是否收到传真。收到传真的一方也应给予及时回复，避免因任何的疏漏造成传真丢失。在重要的商务沟通中，任何信息丢失都可能造成时间的延误甚至影响到合作业务的成败，这样的细节不可轻视。

三、商务信函礼仪

（一）商务信函的一般礼仪要求

1. 称呼

称呼表明发信函者与收信函者之间的关系，要求在第一行顶格写，称呼要使用礼貌用语，并加上冒号，表示下面有话要说。

2. 正文

正文是信函的主要内容。通常包括：

（1）问候语：正文通常以问候语开头，这是一种礼节、礼貌。

（2）起始语：是在正文开始之前的引子。

（3）正文的主体：这是发信函者要书写的中心内容，一要真诚，二要得体，三要简洁，四要表述准确。

（4）结束语：通常用来总结全篇，表达书写者的情感和意图等。

（5）祝颂语：是对对方的一种祝福、祈愿，可分为一般祝颂语和特殊祝颂语。

3. 署名与日期

署名和日期一般都写在祝颂语下一行末端处。署名占一行，日期另起一行，在末端处紧接上一行署名下书写。署名也有谦称、敬称等。

4. 信封

中国的信封由国家统一标准、统一格式。信封上的内容包括收信人所在地邮政编码、收信人的详细地址、收信人姓名、寄信人姓名及寄信人所在地邮政编码。

(二) 商务信函的礼仪规则

1. 格式正确

所有信函的结构大体分为三部分，即开头、正文与结尾。

2. 称谓得体

也叫称呼语，要准确，符合寄信人与收信人的特定关系，要正确表现收信人的身份、性别等。

3. 内容得当

应做到清晰易懂、开门见山、直截了当，内容要丰富。

4. 语言规范

含有性别歧视或易产生歧义的词语不宜使用，语气要亲切、直接、自然，像面对面说话一样。

5. 结尾讲究

一般要有结束语、致敬语、署名或签名，以及日期。

6. 仔细审校

使用电脑写信时最好打印一份草稿以便审校。

(三) 英文商务信函内容礼仪

1. 信头

这是信函中必须有的内容，包括公司名称、地址、邮编、电话号码、电传号码、传真号码、电子邮件地址，以及公司的标识。

2. 日期行

这是信函中必须要有的内容，记录了写信日期。

3. 归档行

其使用的号码和字母能够方便人们将回复信函与先前的信函联系起来，保证信函及时、准确送达特定的人或部门。

4. 封内地址

在日期行下面，空四行，靠信纸左边。

5. 经办人姓名行

可以视为封内地址的一部分。

6. 称呼

位于封内地址的下方，信函正文的上方，各空一行。

7. 事由行

被视为商务信函正文的一部分。

8. 信函正文

这是信函所要传达的信息，所以是最重要的部分。

9. 结尾敬语

信函正文下空一行写的，是一种写作习惯，也是结束信函内容的礼貌的方式。

10. 签名

严格来说，像信函这类正式文档如果没有签名是没有法律效力的。

（四）特种信函礼仪

1. 柬帖的礼仪

柬帖是一种礼貌性的书面通知，在我国古代，人们每遇到重大事件，均以文字请友邀亲，用来表示敬意和隆重的就是所谓的请柬或柬帖。请柬的基本格式包括：第一，封面，上面写明"请柬"二字；第二，称谓，与信函称谓基本相同；第三，正文内容，主要包括活动性质、规格、活动时间、地点及其他有关事项；第四，祝颂语，最常用的是"敬请光临"；第五，署名和日期。请柬一般应提前4~5天寄出或亲自送达。

2. 贺卡的礼仪

（1）选择有质量的贺卡。选择有质量的贺卡，可以让外方人士知道你很珍惜你们之间的友谊。

（2）亲自撰写贺卡留言。即使已经预先把信息打印在贺卡上了，你也必须为其加上自己的手写签名，以及一小段手写的留言。

（3）手写地址。让贺卡更有人情味。

（4）使用头衔称呼。使用头衔是正式的贺卡仪式。

3. 便条的礼仪

（1）便笺，即便函，俗称便条，其书写要求和格式与一般书信大致相同。

（2）留言条礼仪，是一种临时性的书面留言，通常在访问未遇或在日常交往中未见对方而有事要告知对方时所书写的一种便条。

第四节 涉外礼宾接待

所谓涉外礼宾接待，是指根据我国的对外方针政策，组织安排对来访人员表示欢迎，并给予相应照顾的礼仪活动与交际活动，通俗地讲，就是以礼待宾。涉外活动中的礼宾接待工作做得如何，直接影响着来宾对中方的印象，影响着涉外交往工作的质量。要做好涉外礼宾接待，就要求涉外工作人员必须一切按照国际通行的迎宾语接待礼仪来进行操作。

一、礼宾规格

在涉外接待工作中，礼宾规格指的就是在礼待不同层次宾客时所必须遵循的已被先期正式规定的具体要求。

外宾来访，既可能有国家元首、政府首脑，也可能有政治、经济文化部门的官员、企业家，甚至还有民间商务人员。怎样接待这些外宾，怎样确定接待他们的规模、规格，都不是随意而为的。确定与掌握礼宾规格，是一个国家或一个单位接待不同外宾采取不同标准、档次所要做的前期准备工作，也是外事迎宾与接待礼仪中非常重要的一项工作。大多数国家有专门的文件对其操作进行规范，而确定礼宾规格就是这些规范中不可缺少的重要内容。

（一）礼宾规格的特征

俗话说："没有规矩，不成方圆。"在接待工作中，没有礼宾规格或者不遵守礼宾规格，往往就会出现这样或那样的差错。

一般来说，礼宾规格的标准都是由国家正式文件所规定的，因此，礼宾规格具有规范性、稳定性、礼宾性、差异性和简约性等主要特征。要做好礼宾工作，就要深化对于礼宾规格的了解。

1. 规范性

作为一种专门规定、专项标准或者具体要求，礼宾规格的规范性特别强，它对于己方人员在具体接待工作中应当"如何有所为"、"如何有所不为"，往往都规定得一清二楚，可以称其为"礼宾规范"。为了使之制度化、正规化、标准化和易于操作，礼宾规格通常都由国家的外交、外事部门明文规定，有时候它也有可能出自国际惯例或者是本国对外交往中约定俗成的做法。因其规范，在实际操作中便易于操作。

2. 稳定性

如果从总体上进行考察，礼宾规格绝对不可能一劳永逸、一成不变，在某些时候，各国乃至各单位、各部门，都会根据自身需要对其进行调整。不过在一般情况下，对它所作的调整都属于微调，它的变化通常也是局部的、个别的。相对而言，礼宾规格往往比较稳定，是不会轻易变更的。正因为其具有轻易不变的"刚性"而不是动辄改变的"弹性"，礼宾规格才有规矩可言，才不至于被礼宾对象所误解。经常性的变更调整，实际上是对礼宾规格的一种否定。

3. 礼宾性

顾名思义，礼宾规格主要适用于礼待来宾，礼宾性是礼宾规格的主要特征。倘若以之对待自己人，显然未必适当。

4. 差异性

具体确定和操作国际交往活动中的礼宾规格时，在基本要求不变的大前提之下，其具体做法经常因人而异。也就是说，在接待不同的外方人士时，往往有许多不同的规定或要求，此即所谓礼宾规格的差异性；在某些特定的情况下，当交往双方的关系发生重大变化或受到某种因素左右时，用以接待外方的礼宾规格也会与既往的做法略有不同。注意礼宾规格的差异性，才能使礼宾工作做得恰到好处。

5. 简约性

自20世纪90年代以来，各国礼宾工作都发生了一定程度的变革。就礼宾规格而言，此种变革的主要趋势，就是不断地简化、再简化。

从总体上看，我国用以外事接待的礼宾规格同样也在不断简化。与过去相比，在我国，简约性这一特征往往表现得十分明显。

（二）礼宾规格的原则

无论是确定礼宾规格，还是遵守礼宾规格，外事人员都应当对其基本原则重点加以掌握。有了这些基本原则作为指南，处理具体问题时便会游刃有余，比较顺利。

一般而言，有关礼宾规格确定与操作的基本原则主要有以下4条：

1. 服从外交

礼宾规格虽然仅仅涉及具体的外宾接待标准，但是通常它却直接或间接地与我国同有关交往各方的国家及其政府彼此之间的关系相关。国家与国家、政府与政府之间的关系，一般属于外交范畴。外交无小事，在任何时候，确定礼宾规格或执行礼宾规格，均应首先服从于本国外交的大政方针。

服从外交原则的具体含义，主要是指我国外事接待中的礼宾规格的具体安排要服从我国外交工作的需要，礼宾规格的操作必须为我国的外交工作服务。

2. 身份对等

依照国际惯例，在外事活动中，双边关系讲究的是对等。对等在双方交往中的含义，就是要求交往双方礼尚往来，你方如何待我，我方即如何待你。

所谓身份对等，是指在确定接待外方人士的礼宾规格时，应与外方人士的具体身份相称，同时还应参照外方在接待我方身份相仿者时所采用的具体的礼宾规格。也就是要求我方所给予来访的外方人士的礼遇应当恰到好处，以免我方人士在出访对方时可能会受到任何形式的怠慢。

2013年6月7日至8日，中国国家主席习近平访美时，为体现对中美关系的高度重视，美国总统奥巴马特别安排在美国加利福尼亚州安纳伯格庄园与习近平进行了会晤。作为对等接待，2014年11月11日，在奥巴马来华出席亚太经合组织领导人非正式会议并对中国进行国事访问期间，习近平主席也特别安排在古老的中南海瀛台涵元殿单独会见了奥巴马。

3. 一视同仁

依照国际惯例，在外事活动中，多边关系不仅讲究对等，而且讲究平等。在具体确定或执行用以接待来自多方的外籍人士的礼宾规格时，一定要明确平等、待客为先的理念，对有关各方真正做到一视同仁。

一视同仁的具体要求是，在确定和执行用以接待来自多方的境外人士的礼宾规格时，无论其国家大小，一定要不分强弱、不看贫富、不讲亲疏，严格地、无条件地平等相待，注意搞好有关各方的平衡。

4. 主随客便

在强调身份对等与一视同仁两项原则的同时，在为外方来宾安排具体的礼宾规格时，还应注意充分尊重对方的风俗习惯以及其他方面的特殊做法，绝对不要一厢情愿，不强人所难，不强加于人，不勉强行事，否则必将事与愿违。

主随客便在此即指我方在确定和执行用以接待来自与我方存在习俗差异及其他差异的外方人士的礼宾规格时，必须充分考虑双方的这些差异，具体情况具体对待，不能千篇一律。

（三）礼宾规格的确定

不管是确定礼宾规格，还是具体执行礼宾规格，如果对礼宾规格的标准不了解或了解得不够全面，就不可能对其进行成功的运作。

一般而言，在外事接待中，确定礼宾规格通常需要考虑的因素主要有以下三项：

1. 费用

费用的多少，在此是指某次外事接待工作的开支总额及其具体环节所需费用的支出状况。在任何情况下，接待来宾都是需要花钱的。一次外宾接待工作的费用支出状况尤其是总开支，既应该有一定标准，又必须反映出接待方对对方的重视程度。

2. 规模

规模的大小，一般指的是在外事接待的具体过程中，尤其是在迎送、宴请、陪同等重要的环节上，我方人员所参与的具体范围以及实际到场人数的多少。在外事接待中，所谓接待规模大，往往是指具体到场的我方人员范围广、人数多；反之则称为接待规模小。一般认为，接待规模越大，表明接待方对此次接待工作重视的程度越高。

3. 身份

身份的高低，通常是指在外事接待的过程中，尤其是在一些较为重要的场合里，到场的我方人员具体身份的高低，特别是到场的我方主要人员的具体身份的高低。显然，到场的我方人士身份越高，尤其是到场的我方主要人士的身份越高，越说明我方尊重并重视对方，双方关系越密切，礼宾规格越高。

（四）外方人士的分类

在具体运作礼宾规格时，外事人员往往需要对自己所接待的外方人士加以区分，从而做到不同对象不同对待。这一点非常关键。

就一般状况而论，我方人员在对外交往中所接待的外方人士，大体上可以被区分为VVIP、VIP、IP、SP、CP五类。在确定这五类不同的外方人士的礼宾规格时，有着不同的具体要求与注意事项。

1. VVIP——非常非常重要的客人

VVIP是英文“very very important people”的缩写，它的含义为“非常非常重要的客人”或“异常重要人士”。

我国在外事接待中，VVIP一般指正式来访的各国现职的国家主要领导人，即各国现任的国家元首、政府首脑，以及社会主义国家执政党的领袖。有时，它还应包括由主权国家所组成的国际组织的主要负责人。此类客人通常称为国宾。

在正常情况下，各国都会以最高档次的礼宾规格接待VVIP客人。与此同时，还会特别重视VVIP客人的荣誉性与安全性问题。

2. VIP——非常重要的客人

VIP是英文“very important people”的缩写，它的含义为“非常重要的客人”，在外事接待中往往称其为“要客”。

在外事接待中，VIP一般包括正式来访的下列人士：各国政府的重要负责人，如中央政府副部长以上官员，地方政府副省长以上官员；各国合法政党主要负责人；各国王室成员；各国议会主要负责人；各国军方重要负责人，如军队统帅、三军总司令、副总司令、总参谋长、副总参谋长、将军以上军衔拥有者；各国少数民族领袖；各国宗教界领袖；各国合法的群众团体的主要负责人；各种被我国正式承认的国际组织的负责人；各国驻华使节及各国际组织驻华代表；各国商界领袖；各国知名的企事业单位负责人；与我方存在正常合作关系的单位、部门的主要负责人等。曾拥有此类身份的非现职人员，亦应被视同现职看待。

接待 VIP 时，通常应采用较高档次的礼宾规格，同时还须考虑我方与对方的礼尚往来问题。

3. IP—— 重要客人

IP 是英文“important people”的缩写，它的含义为“重要客人”。

在外事接待中，此类“重要客人”通常是指正式来访的各国各界知名人士、新闻界人士、同行业人士、具有潜在的合作可能的单位与部门的负责人士，以及存在合作关系的单位与部门的一般工作人员。

在接待 IP 时，具体所执行的礼宾规格应突出体现接待方对对方的重视。与此同时，在接待过程中，还应注意主动联络对方，以加强联系，促进沟通。

4. SP——特殊客人

SP 是英文“special people”的缩写，它的含义为“特殊的客人”。

在外事接待中，SP 具体指的是：身体状况特殊者，如老、幼、病、残、孕；风格习惯特殊者，如少数民族人士、宗教界人士；作用特殊者，如上述三类客人的助手、秘书以及其身边工作人员，上述三类客人的配偶、长辈、子女以及其他亲友；关系特殊者，如以前与我方产生过重大矛盾、冲突者或对我方持敌视态度者。

在确定 SP 的礼宾规格时，一方面要坚持遵守规定，另一方面也要在力所能及、不卑不亢的前提下，给对方予以适当的照顾。

5. CP—— 普通客人

CP 是英文“common people”的缩写，它的含义为“普通客人”。在涉外接待中，此类“普通客人”一般是前来我方进行正式访问或非正式访问的、除以上介绍的四类客人之外的其他外方人士。

在执行 CP 的礼宾规格时，也要对对方尊重、重视。不能因其“普通”，而对对方接待不周。

(五) 接待的一般方法

在具体工作中确定礼宾规格时，主要有以下五种方法可以参照。

1. 国家的明文规定

对于国家有关礼宾规格的明文规定，在涉外接待工作中必须不折不扣、一丝不苟地遵照执行。

2. 我方的常规做法

如国家、军队在某些接待环节无硬性规定，则在接待工作中，也可采取我方或本单位、本部门的常规做法，通常也是可被接受的。

3. 通行的习惯方式

以中、外约定俗成的惯例接待来宾，在任何时候都是行之有效的。

4. 对等的操作办法

在正式的涉外接待工作中，有时亦可比照此前接待对象在接待我方同等级别的人士时的具体做法进行，以示双方平等、有来有往。

5. 既往的他方成例

在接待难以确定礼宾规格的接待对象时，其他单位的先期做法，也可作为重要参考。

二、礼宾次序

所谓礼宾次序，是指国际交往中对出席活动的多个国家、团体、各国人士的位置按某些规则和惯例进行排列的先后次序。一般来说，礼宾次序体现东道主对各国宾客所给予的礼遇，在一些国际性的集会上则表示各国主权平等的地位。礼宾次序安排不当或不符合国际惯例，则会引起不必要的争执与交涉，甚至影响国家关系。

（一）礼宾次序的意义

礼宾次序是国际礼仪中的一项重要内容，它不仅反映一个国家对外宾的接待水平，而且反映一个国家对国际礼仪的重视程度。因此，外事人员在安排礼宾次序时，必须充分认识其重要意义。

1. 可以妥善地解决多方来宾的排序问题

有经验的外事人员都清楚，在多边交往中，同一时间到场的外方人士越多，排列其顺序、位次的必要性就越突出。在这一细节上稍有闪失，就可能会招致某方不满或是某些人士的猜疑。如果照章办事，此类问题便可避免。

2. 可以间接地反映我方接待工作的水准

人人皆知，外事接待工作有如一扇窗口，可以恰到好处地向外方展示我方的风貌。通过它，我方可以介绍自己、了解对方，与外方发展友好关系，促进与外方的友谊。遵守礼宾次序，不仅有助于我方接待工作的顺利开展，而且也可使外方进一步了解我方接待工作的实际水平。

3. 可以真正地体现出我方对待来宾的公正

在多边活动中，参与活动的各方往往都会十分在意东道主对待自己和对待他方的态度是否友好、是否公正。按礼宾次序办事，其公正性有目共睹，会使来宾心悦诚服。

4. 可以客观地促进我方与外方关系的发展

在多方接待过程中，遵守既定的礼宾次序而非随心所欲，显然有助于我方做好接待工作。接待外方的工作真正做好了，将有力地推动多边关系的发展。

（二）礼宾次序的原则

要真正安排好同时接待多方来宾的礼宾次序，关键是既要重视尊卑有序，又要兼顾平等待客。有关礼宾次序的相关守则，实际上都是出自以下两点：

1. “尊卑”有序

在多方来宾接待中，很多时候，需要对被接待的来自不同方面的外方人士进行必要的顺序、位次的排列。这一问题，在具体实践中往往不容回避。例如，在介绍对方时，必定存在着先后之分。在安排对方座次时，亦有尊卑之别。即使在口头交谈或书写函件时，通常也不能忽略有关各方的顺序问题。因此，在多边外事接待中，必须重视“尊卑”有序这一客观现实，而不能片面地否认此点。在安排礼宾次序时，要求有关人员重视“尊卑”有序，具体而言，有以下三点要求：

（1）应当承认在多方来宾接待中，“尊卑”有序是一种常见的客观事实；

（2）应当注意在多方来宾接待中，如有必要，一定要做到“尊卑”有序；

（3）应当明确在多方来宾接待中，即便有必要以“尊卑”为序安排有关各方。外宾的具体顺序或位次，也不宜对此过分强调。

2. 平等待客

在多方来宾接待中安排礼宾次序时，“尊卑”有序这一事实是客观存在的。与此同时，身为东道主的我方人士也不应忽略平等待客这一要求。应该认识到，在排定礼宾次序时，注意“尊卑”有序与讲究平等待客并不矛盾。

具体而言，在多方来宾接待中讲究平等待客，主要应在下列几点上得以体现：

首先，通过遵守礼宾次序本身，体现我方在多方来宾接待的具体过程中平等待客。

在多方来宾接待中，要求我方人员必须无条件地遵守礼宾次序，而不允许自行其是，或者对其擅加变动。这一规范性做法本身，就证明了我方人士在接待工作中是有章可循、平等待人的。

其次，在多方来宾接待的具体过程中，我方人员对所有的外方人士都是一视同仁地表示尊重、友好，并且热情相待的。

我方人士对外方人士的尊重、友好与热情相待，从来都不会因其存在国家、民族、宗教、性别、年纪、职级、贫富之别而有所区别。

最后，在操作礼宾次序的整个过程中，我方对于各方所提出的意见、建议或要求，只要有其合理性，都会充分予以考虑，并在力所能及的前提下予以满足，并不存在厚此薄彼之别。

（三）礼宾次序的排列

礼宾次序的排列，尽管国际上已有一些惯例，但各国有各国的具体做法。有些排列顺序和做法已由国际法或国内法所肯定，如外交代表位次的排列，在《维也纳外交关系公约》中就有专门的规定。很多国家对本国各级官员的排列常用法律形式固定下来。现仅就对外工作中礼宾次序常用的几种排列方法作一简介。

1. 按身份与职务的高低排列

这是礼宾次序排列的主要根据。一般的官方活动，经常是按身份与职务的高低安排礼宾次序，如按大使、武官等顺序排列。各国提供的正式名单或正式通知是确定职务的依据。

2. 按字母顺序排列

多边活动中的礼宾次序有时按参加国国名字母顺序排列，一般以英文字母排列居多，少数情况也有按其他语种的字母顺序排列。这种排列方法多见于国际会议、体育比赛等。在国际会议上，公布与会者名单、悬挂与会国国旗、座位安排等均按各国国名的英文第一个字母的顺序排列。特殊情况下，也可按各国国名的汉语拼音的第一个字母排列的办法。

> 联合国按英文字母排序，但为避免一些国家总是在前排就座，所以每年抽签一次，决定本年度大会席位以哪个字母打头，以便各国都有机会排在前列。

在国际体育比赛中，体育代表队名称的排列，开幕式出场的顺序，一般也按国名字母顺序排列（东道国一般排在最后），代表团观礼或召开理事会、委员会等，则按出席代表团的团长的身份高低排列。

3. 按通知代表团组成的日期先后排列

在一些国家举行的多边活动中，按通知代表团组成的日期先后排列礼宾次序是经常采用的办法之一。东道国对同等身份的外国代表团，按派遣国通知代表团组成的日期排列，或按代表团抵达活动地点的时间先后排列，或按派遣国决定应邀派遣代表团参加该活动的答复时间先后排列。采取何种排列方法，东道国在致各国的邀请书中，都应加以注明。

在实际工作中，有的国家不管以上种种惯例，把关系密切国家的代表排最前列。礼宾次序的排列常常不能按一种排列方法，而是几种方法交叉，并考虑其他的因素。

4. 按实际情况灵活处置

在安排礼宾次序时所考虑的其他因素包括国家之间的关系、地区所在、活动的性质、内容和对于活动的贡献大小以及参加活动人的威望资历等。诸如，常把同一国家集团的、同一地区的、同一宗教信仰的，或关系特殊的国家的代表排在前面或排在一起。对同一级别的人员，常把威望高、资历深、年龄大者排在前面。

有时还考虑业务性质、相互关系、语言交流等因素。如在观礼、观看演出、比赛，特别是在大型宴请时，在考虑身份、职务的前提下，将业务性质对口的、语言相通的、宗教信仰一致的、风俗习惯相近的安排在一起。

在实际工作中，遇到的情况往往是复杂的，所以不能死记教条，而应当灵活运用、大胆创新，关键在于，你的安排能够让大家满意就行了。2003年10月20日至21日，在泰国首都曼谷举行的亚太经合组织第十一次领导人非正式会议，与会各国领导人集体照相，泰国礼宾部门抛弃常规，采用了一种新颖的方法：大体上按照与会者身材高矮排列，矮者在前，高者在后，实际效果不错，受到人们的好评。

（四）确定礼宾次序的注意事项

1. 细致周到

在具体拟定或执行礼宾次序时，涉外工作人员一定要力求细致入微、面面俱到。尤其是在拟定礼宾次序时，对有关细节以及我方可能面临的种种突发性问题，考虑得越全面越充分越好。

2. 认真执行

任何一位外事人员，无论其具体行政职务高低，在执行礼宾次序时，都必须不讲个人好恶，不谈个人见解，不凭个人兴趣，认认真真地履行职责，上传下达，一切照章办事。

3. 提前通报

不管我方在多边外事接待中具体确定采取何种礼宾次序，通常都应当提前向有关各方进行通报，以便对方对此事先心中有数。假如缺少了这一道程序，则外方人士就有可能对我方的具体做法缺乏了解，摸不着头脑，甚至怀疑我方不讲规矩、随意而为。

4. 轻易不变

在具体的外事接待过程中，用以接待多方外宾的礼宾次序一旦确定，尤其是在其已被通报给有关各方以后，通常就不宜对其再作重大变更；否则就会降低其稳定性与权威性，或者令外方人士感到我方不守规矩。

5. 理由充分

礼宾次序排列，说到底最终还是由活动组织方本身的政治需要决定的，一切皆从“排他、利我”的前提出发选择排列方式。然而无论采取哪种方式排列，对外都得有可以站得住脚的道理。尤其是要想突破礼宾次序的条条框框，还得有说得过去的“理由”。如：1989 年 2 月，日本昭和天皇逝世，163 个国家代表参加葬礼，其中包括美国前总统布什在内的很多国家元首。如按照常规，以国名英文字母决定各国元首的礼宾位次，布什将排在后头。根据日美关系，日方决定突出美国总统，其理由是：凡天皇出访过的国家代表优先。日本昭和天皇出访不多，但到过美国。这个“理由”应该是站得住脚的。于是，布什堂而皇之地被排到最前面去了。

总之，涉外礼宾秩序体现国格、体现地位，在具体涉外活动中，要耐心、细致，反复考虑研究，设想多种方案，避免因礼宾次序方面的问题引起一些不愉快。

三、国旗礼仪

国旗是国家的一种标志，是国家的象征。人们往往通过悬挂国旗，表示对本国的热爱或对他国的尊重。但是，在一个主权国家领土上，一般不得随意悬挂他国国旗。不少国家对悬挂外国国旗都有专门的规定。在国际交往中，还形成了悬挂国旗的一些惯例，为各国所公认。

(一) 升挂国旗的时机与场合

一个国家的外交代表在接受国境内有权在其办公处和官邸，以及交通工具上悬挂本国国旗。

东道主接待来访的外国元首、政府或军队首脑时，在隆重的仪式场合、在贵宾下榻的宾馆、乘坐的汽车上悬挂对方（或双方）的国旗（或元首旗），这是一种礼遇，也是一种外交特权。

在国际会议、展览会、体育比赛、揭幕仪式、开幕仪式、授勋仪式等场合，应悬挂所有参加国的国旗。即使没有外交关系的国家，只要它是所举办活动的组织成员，东道主都应悬挂该国国旗。

举行签字仪式，一般在签字厅内设置一张长方桌，桌中间摆一个旗架，悬挂签字双方的国旗。

基于国际上通行的相互尊重与相互礼让的原则，准许外国人在该国节日等特定的日子里，悬挂该国国旗。除此之外，在任何一个主权国家的领土上，都不得任意升挂他国国旗。

各国商船在公海上行驶时均有义务升挂本国国旗，以此来表示船籍国拥有对其的管辖权。除特别征用或者其他特定的场合之外，各国商船都不得使用他国国旗，也不准许他国商船使用本国国旗。

军舰是本国武装力量的一个组成部分，因此必须升挂本国国旗。无论是在公海上，还是在外国领海上，对军舰的管辖权，永远都属于船旗国。军舰之所以必须升挂本国国旗，就是为了表明这一事实，同时也是为了接受外国船只的敬意。在外国领海上，为表示无害通过，军舰升挂本国国旗是非常必要的。

军舰在海上航行时，凡遇到与本国有外交关系的国家的军舰和商船，在近距离能见度范围内，应将国旗降至旗杆的1/3处，然后徐徐升起。受礼舰船也应将国旗先降后升。其敬礼的顺序颇为讲究：民船与军舰相遇，民船应先致礼。

出访军舰进入被访国领海线前，被访国一般派出军舰前来迎接。进入被访国领海线时，为表示尊重，应悬挂被访国国旗。

在交战时悬挂国旗，可以表示自己处于中立或敌对状态。如在陆战与海战之中，作为战时的一种策略，允许交战国暂时悬挂其他敌国或中立国的国旗。但战斗一旦开始，则必须悬挂本国国旗。在内乱或战乱等非常时期，应允许外国人在其住所与办公场所悬挂该国国旗。

当某领导人逝世，为表示哀思，国旗要下半旗。

（二）升挂国旗注意事项

在室外的旗杆或建筑物上挂旗，一般是日出升旗、日落降旗。司职人员表情应庄严、肃穆。

在中国境内悬挂外国国旗时，皆须同时升挂中国国旗，并应将中国国旗置于荣誉地位。在各国国旗并列升挂时，所有旗杆应高度相等，在同一旗杆上不得升挂两个或两个以上国家的国旗。

悬挂双方国旗，应以右为上、左为下；客在右、主在左。汽车上挂旗，以驾驶员为基准划分左右。在外宾所在的重要场所挂旗，升旗时应有专职仪仗兵负责，并要向其他国国旗行军礼。

各国国旗的颜色、长宽比例均由本国宪法明文规定，国旗图案不能在商品广告、产品宣传等非正规场合乱用。撕扯、践踏、焚烧国旗的行为都是不允许的。

悬挂国旗，有并挂、竖挂、交叉挂几种。如果并排悬挂两面不同规格、尺寸的国旗，应将一面国旗放大或缩小，以使国旗面积大致相等。国旗挂在墙壁上时应挂其正面，而不能用反面。

遇有需要夜间在室外悬挂国旗时，必须将国旗置于灯光照射之下。

下半旗时，首先要把旗升至杆顶，再下降至离杆顶1/3处。

四、国歌礼仪

国歌，一般是指被某一国家正式确定并对外公布的用以代表本国的歌曲。因此，国歌与国旗一样，向来都被视为一个国家所拥有的最重要的标志与象征。国歌礼仪，通常指的是对国歌表示尊重的一系列规范性做法与国际惯例。在涉外活动中，本着相互尊重与平等的原则，工作人员必须有意识地对其交往对象所在国的国歌表示应有的尊重。尊重对方的国歌，实际上就是尊重对方所代表的国家。

（一）熟悉国歌

无论是演奏还是演唱国歌，都必须以对国歌的熟悉为前提，离开这一基本前提，往往难以确保奏唱国歌时的正确无误。在涉外活动中，涉外工作人员应当尽可能地对其交往对象所在国家的国歌具有一定程度的了解。这样做的好处是既可以开阔眼界、增长知识，减少不必要的困扰与麻烦；又可以更为充分、更加合乎礼仪地对对方表示我方的友好与善意。

（二）奏唱国歌

依据国际惯例，我国奉行欢迎正式到访的国宾的仪式时，应先后演奏中外两国国歌。其标准的先后顺序，是首先演奏来宾所在国的国歌，然后再演奏我国国歌。演奏或演唱国歌时，在场人员须全体肃立，庄重、严肃。

就一般状况而论，演唱国歌只适合在本国境内，而且只适合在正式场合演唱。在具体演唱国歌时，必须注意以下三点：

其一，全体肃立。除身体欠佳者之外，在公共场所里正式演唱国歌时，任何人都不得或坐或卧，而不起身站立。

其二，态度认真。演唱国歌时，每一个人都必须认真对待，确保演唱的正确。众人齐唱国歌时，还必须力求节奏适当，与大家保持一致。不允许演唱国歌时丢三落四，自由发挥，更改歌词。不允许发出怪声怪调、声音含糊不清，或者有意拖腔。

其三，放声歌唱。演唱国歌时，一般均应放声高唱。不要闭口不唱、低声哼唱，或者吐字发声时不清晰、不大方、不准确。演唱本国国歌时，不应任意使用外语或土语、俗语。

五、迎送礼仪

在外事接待过程中，迎来送往绝不等于普通的迎送活动。它不仅反映着我方的接待水准、体现我方的礼宾规格，而且还意味着双边关系发展的程度，暗示着我方对外方的重视与否，同时还事关外方对我方接待工作的第一印象与最后印象。因此，无论对接待方还是被接待方而言，外事工作中的迎来送往无疑都被视为一桩礼仪大事。

各国对外国国家元首、政府首脑的正式访问，往往都举行隆重的迎送仪式；对军队领导人的访问，也举行一定的欢迎仪式，如安排检阅仪仗队等；对其他人员的访问，一般不举行欢迎仪式。然而，对应邀前来访问者，无论是官方人士、专业代表团还是民间团体、知名人士，在他们抵离时，均应安排相应身份人员前往机场（车站、码头）迎送。对长期在本国工作的外国人士和外交使节、专家等，他们离任时，各国有关方面亦应安排相应人员迎送。

（一）确定规格

对来宾的迎送规格各国做法不尽一致。确定迎送规格，主要依据来访者的身份和访问目的，适当考虑两国关系，同时要注意国际惯例，综合平衡。主要迎送人通常都要同来宾的身份相当，但由于各种原因（例如国家体制不同，当事人年岁高而不便出面，临时身体不适或不在当地等），不可能完全对等。遇此情况，可灵活变通，由职位相当的人士或副职出面。总之，主人身份总要与客人相差不大，同客人对口、对等为宜。当事人不能出面时，无论作何种处理，应从礼貌出发，向对方作出解释。其他迎送人员不宜过多。也有从发展两国关系或当前政治需要出发，破格接待，安排较大的迎送场面。然而，为避免造成厚此薄彼的印象，非有特殊需要，一般按常规办理。

（二）掌握详情

1. 必须充分掌握来宾情况

要将迎来送往工作进行得圆满顺利，达到双方都满意的效果，我方人员首先应对外方的具体状况予以充分掌握，这是我方做好迎送工作的基本保证。一般而言，我方应充分掌握的外方状况主要有五个方面：

（1）主宾的个人简况。对于外方主宾的简况，如姓名、性别、年龄、籍贯、民族、单位、职务、职称、党派以及文化程度、宗教信仰、生活习惯、家庭状况、政治倾向、业务能力、社会评价等，均应一清二楚。对外方其他来宾的情况，亦应尽可能地有所了解。

（2）来宾的总体情况。在迎送活动中，一些有关来宾的总体情况，如具体人数、性别概况、组团情况以及负责人等，我方有关人员也应予以关注。

（3）来宾的整体计划。外方在来访之前，必定会制订其具体访问计划。对外方的来访计划，特别是访问目的、指导方针、大致安排等，我方应有一定程度的了解。

（4）来宾的具体要求。在迎送活动开始前，以及在其具体进行中，我方对于外方所提出的要求，应予以充分考虑。对于其他来宾的个人意见、建议，也要认真听取。

（5）来宾的来去时间。对于来宾正式抵达和离去的时间，如具体日期、时间及其相关的航班号、车次、地点，我方应当掌握充分，并且予以再三核对，并及早通知全体迎送人员和有关单位。以免在具体工作中出现重大差错。

2. 必须全面了解我方意图

从事迎送外宾工作的我方人员，尤其是工作负责人，一定要对我方与其交往的意图和接待要求有全面了解。

（1）接待方针。我方的接待方针具体涉及我方有关整个接待工作的基本要求。

（2）具体意图。我方的具体意图与迎送工作的具体操作及其结果直接有关。

(3) 礼宾规格。我方的礼宾规格是我方所给予来宾具体礼遇的最明显的体现。

(4) 礼宾次序。在同时接待多方来宾时，礼宾次序的正确运用关系甚大。

(5) 操作重点。对于迎来送往过程之中的某些重点环节，有关人员必须重视。

(6) 迎送预案。对于用以防止某些临时变故的迎送预备方案，工作人员必须清楚，做到心中有数。

3. 必须密切关注外方反应

为慎重起见，在外事接待过程中，对其他各方对我方迎送活动的反应，应予以重视。具体应关注下列三个方面的反应：

(1) 官方反应。对于各个国家、各个国际组织的正式表态，理应首先关注。

(2) 民间反应。对于来自各国民间的反响，也应有所了解。对此完全不闻不问，是有失偏颇的。

(3) 媒体反应。对于各种传播媒介的相关报道，必须及时掌握，并在必要之时做出相应的反应。需知，在一般情况下人们对国际活动的了解，主要是来自媒体报道。

(三) 规范时间

在具体从事外事接待之中的迎送工作时，对于时间问题理应高度重视。其有关的礼仪规范，主要涉及如下五点：

1. 须双方商定时间

在任何情况下，有关正式迎送来宾的具体时间，均应由宾主双方事先正式商定，达成一致。各方对此都可以提出意见或建议，但同时也必须耐心地听取对方的意见或建议。

2. 时间约定要精确

对于有关迎送活动的具体时间约定，不仅应该详尽，而且应当精确。在一般情况下，每次活动的具体时间应标明年、月、日，采用24小时制计时，并且应当精确到以分钟为计时单位。对于每次活动的时间，既要规定其起始时间，又要规定其终止时间，即必须规定每次活动的具体时间长度。

3. 要适当留有余地

在规定迎送来宾的具体时间时，应在安排上与执行上均留有适当的余地。在安排上留下适当的余地，是指在排定有关迎送活动的时间表时，要留一定的时间幅度。而在执行上留下适当的余地，则是要求有关人员在具体执行迎送任务的时间表时，应当提前到场，最后离场，并且在特殊情况发生时相机行事。

4. 须反复予以确认

我方人员在具体操办来宾迎送活动的过程中，应养成在必要时再度与对方确认相关时间规定的良好习惯。在下述情况下，对有关具体时间的规定，尤须不厌其烦地与对方再度进行确认：

（1）在来宾正式出发之前；

（2）在来宾即将抵达之前；

（3）在迎送时间小作调整之后。

5. 要严格遵守时间

在正常情况下，我方有关人员对于正式规定的有关迎送来宾活动的具体时间，必须严格地、无条件地、分秒不差地认真执行。不允许我方人员以任何借口迟到、早退、拖延时间，更不允许对双方正式商定的活动时间擅自进行改动。如确有必要对活动时间小作调整，不仅需要报批，而且还应当向来宾及时进行通报。

（四）规范空间

在规范迎送活动具体时间的同时，对于其具体空间亦应有所规范。所谓迎送活动的具体空间，通常是指用以进行迎送活动的具体地点。其有关的礼仪规范，一般包括如下五点：

1. 以我为主

通常有关迎送来宾的具体地点，均由东道主一方根据礼宾规格和实际情况自行决定。对于被接待方，东道主仅仅需要进行通报而已，而不必过多地考虑对方的想法。

2. 空间开阔

在一般情况下，用于进行迎送活动的地点理应较为开阔。这一要求既是为了便于迎送活动的顺利进行，也是为了提升迎送活动的档次。越是安排重要的迎送活动，越是应当注意此点。

3. 环境良好

为了使我方的迎送活动给外方来宾留下美好印象，在力所能及的前提下，一定要充分考虑活动地点环境的好坏。应当强调的是，在考虑迎送地点的环境问题时，不仅应当注意其活动现场具体环境的好坏，同时还应当注意其活动现场周边环境的好坏。

4. 有所区别

在外事接待中，迎送来宾的具体活动地点往往根据不同情况而有所区别。按照惯例，迎送来宾的具体活动地点大致上可以分为四种：

（1）交通枢纽。大凡正式的、重要的迎送活动，通常都在来宾抵达或离去的机场、港口、车站举行迎送活动。

（2）下榻之处。迎送重要的来宾尤其是来自异国他乡的来宾时，往往在其暂居之处进行迎送活动。

（3）办公地点。有时迎送来自本地的客人或是暂居本地客人的活动，可在东道主一方的办公地点进行。

（4）礼宾场所。重要来宾的活动，尤其是正式的迎送仪式，一般在正规的礼宾场所举行。比如为正式来访的国宾所举行的欢迎仪式，通常都在人民大会堂东门外广场和人民大会堂内东大厅举行。

5. 相对稳定

一般而论，在对外交往中用于迎送来宾的具体地点，应当保持相对的稳定性。这既有利于我方人员熟悉情况，便于操作，又不会使外方来宾对不断变换地点有所评论。

（五）礼节周到

在迎接来宾时，各方面接待礼节都应按国际礼仪的细节注意做到。比如献花环节时须用鲜花，并注意保持花束整洁、鲜艳，忌用菊花、杜鹃花、石竹花、黄色花朵。有的国家习惯送花环，或者送一两枝名贵的兰花、玫瑰花等。通常由儿童或女青年在参加迎送的主要领导人与客人握手之后，将花献上。有的国家由女主人向女宾献花。再如介绍环节，客人与迎接人员见面，应互相介绍。通常先将前来欢迎的人员介绍给来宾，可由礼宾交际工作人员或其他接待人员介绍，也可以由欢迎人员中身份最高者介绍。客人初到，一般较拘谨，主人宜主动与客人寒暄。迎接一般客人时，一般无官方正式仪式，主要是做好各项安排。如果客人是熟人，则可不必介绍，仅向前握手，互致问候。如果客人是首次前来，又不认识，接待人员应主动打听，主动自我介绍。如果迎接大批客人，也可以事先准备特定的标志，如小旗或牌子等，让客人从远处就能看到，以便客人主动前来接洽。

（六）迎送工作注意事项

在迎送外方来宾的具体活动中，我方的工作人员既要事事从大局着眼，明辨大是大非，又要处处从小事着手，关注具体的细枝末节问题，以防止因小失大。

在具体的迎送活动之中，我方接待人员至少应对气象、交通、安全三大细节的基本状况予以高度关注。要做好一件事情，通常需要“天时、地利、人和”。实际上，迎送活动中的气象、交通、安全三大细节，就是分别对应于“天时、地利、人和”，所以必须重视。

1. 气象状况不可不察

在任何时候，气象条件的变化都会对人类的正常活动产生一定的影响。对迎送外方来宾的具体活动而言，气象状况更是应当注意：

（1）掌握当地的气候变化规律。在具体安排迎送外宾活动时，务必要充分了解当地的气候变化规律，在任何时候，都不应使迎送活动“逆风而动”，草率行事。

（2）确定气象突变的应对措施。俗话说，“天有不测风云”，在制订迎送外方来宾的具体计划时，一定要对有可能变化的气象状况有所考虑，并为此而制订应急方案。

2. 交通状况不容回避

不论举行何种形式的迎送活动，交通状况都不容回避。倘若交通方面存在隐患，必将影响迎送活动的顺利进行。在交通问题上，通常有两点注意事项：

（1）安排适量的交通工具。在一般情况下，在我国境内接待来宾时所使用的交通工具均由我方负责安排。在个别情况下，外方来宾如需自备交通工具，亦应获得我方同意。如果迎送活动中所使用的交通工具由我方负责，则一定要保证其数量满足需求，并应准备一定的机动车辆。

（2）事先向交管部门通报。根据来宾的礼宾规格，如接待 VVIP 级别的来宾，一般在举行正式的迎送活动之前，可向当地交通管理部门进行例行的情况通报，以取得交管部门的支持与合作。既要注意避开交通拥堵之处，又要注意回避常规的交通高峰时间。

3. 安全状况不得忽略

由于许多迎送活动往往公开举行，因此，工作人员一定要对迎送活动的安全状态高度重视，安全第一。

（1）采取必要的安全措施。比如对迎送活动的参与者提出要求，并进行审查。在其抵达现场后，往往还可以进行安全检查。在举行重大的迎送活动时，通常还应采取一定的保密措施，调动安保人员到场。

（2）相关部门应各负其责。凡是正式举行迎送来宾的活动，均应事先由有关部门进行必要的协调，并按照既定的分工，由各部门具体负责。

(3) 宾主双方沟通与合作。要真正确保迎送活动在安全方面万无一失，求得来宾方的配合是极其关键的。在一般情况下，要重视与来宾方保持联络，交流信息，做好必要的沟通。与此同时，还应在无损我方国家主权的前提下，与来宾方进行必要的安全协调与合作。

(4) 密切关注社会的动态。对于有关迎送活动的种种新情况、新问题，有关部门要进行必要的监控。不仅要关注我国国内的社会动态，而且还要关注世界各国的社会动态。对于某些敌对国家、敌对势力的种种新动向，我方应时刻保持警惕。

六、会晤礼仪

所谓会晤，亦称会面，一般是指在较为正式的场合，与来宾郑重其事的见面。涉外活动的会晤多为礼仪性活动，一般不涉及实质性内容，但可间接反映主宾双方的关系亲疏程度。

(一) 会晤的形式

所谓会晤形式，是指安排会晤的具体方式。根据实际情况，对会晤的具体形式可进行不同的安排。

1. 根据参加方国家数量的不同

根据会晤时参加方国家的数量不同，可将其划分为双边会晤与多边会晤。在双边会晤中，来宾仅有一方。而在多边会晤中，来宾则可多达两方甚至两方以上。一般而言，双边会晤要比多边会晤显得更为正式。所以除非有举行多边活动的特殊需要，通常应当尽量少安排多边会晤。多边会晤的主要问题在于，由于来宾不止一方，不仅礼宾次序较为繁琐，而且在其具体进行时往往还会令主方顾此失彼，应接不暇。

2. 根据会晤方来宾身份的不同

根据会晤时宾主双方具体身份的不同，可将其划分为会见、接见与晋见。

所谓会见，指的是参与会晤的宾主双方地位、身份相仿；所谓接见，指的是地位、身份较高的一方主动会见地位、身份较低的另一方。所谓晋见，又称进见，它指的则是地位、身份较低的一方主动会见地位、身份较高的另一方。

在正常情况下，外事接待中的会晤多为会见。采用会见这种形式，符合对等原则。与此同时，我方往往还会安排地位、身份较高的人员接见外方来宾。在国际交往中，此种做法通常被视为主方给予来宾的一种不可或缺的礼遇。

(二) 宾主介绍

在宾主双方正式会晤之初，介绍这道程序往往不可省略。所谓介绍，一般是指在人际交往中，使他人了解、熟悉自己，或令陌生的双方相互结识的一种做法。由此可见，介绍是人际沟通的一种常规方式，同时也是人际交往的出发点。

适用于外事接待活动中的正式介绍，主要有介绍自己、介绍他人与介绍集体三种具体形式。

1. 介绍自己

介绍自己，亦称自我介绍。其具体做法是由本人担任介绍人，自己把自己介绍给别人，从而令他人了解、熟悉自己。介绍自己时，外事人员应当注意以下三个方面：

(1) 时间简短。介绍自己时，务必要言简意赅、直奔主题，力求节省时间。一般三言两语，半分钟之内即应结束。没有特殊情况，不应使之长过一分钟。

(2) 内容真实。进行自我介绍时，所陈述的各项具体内容，一定要言之有据、实事求是、真实无欺。既不宜过分自谦，也绝对不可以吹牛撒谎、欺骗他人。

(3) 形式正规。在正式外事接待活动中所使用的自我介绍，必须采取正规的形式。介绍的内容通常应当包含本人所在的单位、供职的部门、现任的职务、完整的姓名四个要素。缺少其中任何一项，均不符合正规的要求。

2. 介绍他人

介绍他人，亦称第三者介绍，指的是由第三者充当介绍人，为互不相识的双方进行介绍，以便使之彼此结识。介绍他人时，应当重视以下两点：

(1) 确定介绍人。介绍他人时，介绍人的身份很有讲究。在一般性外事接待中，介绍人应由东道主一方的礼宾人员、公关人员、文秘人员以及其他专门负责接待工作的人员担任。而在重要的接待活动中，介绍人则往往由主方或宾主双方在场人员中身份最高者担任。而在普通的社交场合，由与彼此互不相识的宾主双方都熟悉的某位人士担任介绍人，也是可行的。

(2) 注意介绍的顺序。在外事接待中，介绍宾主双方的标准顺序是“先主后宾”，即应当先介绍主人，后介绍客人。此种做法，亦称“客人优先了解情况”。在其他情况下，介绍他人相识的顺序则讲究“尊者居后”。即介绍职务高者与职务低者相识时，应先介绍职务低者，后介绍职务高者；介绍长辈与晚辈相识时，应先介绍晚辈，后介绍长辈；介绍女士与男士相识时，则应先介绍男士，后介绍女士。

3. 介绍集体

介绍集体，又称集体介绍，它实际上属于介绍他人的一种特殊情况，指的是被介绍的一方不止一人，而是一个集体。在外事接待工作的具体实践中，介绍集体主要有两种基本形式：

（1）单向式介绍。当需要被介绍的双方一方是一个人，另外一方则为一个由多人所组成的集体时，通常只需要把个人介绍给集体，而不再需要把集体再介绍给个人。它亦称“少数服从多数”，这就是所谓介绍集体的单向式。

（2）双向式介绍。所谓介绍集体的双向式，一般是指被介绍的双方均为一个由多人所组成的集体。进行双向式集体介绍时，双方全体人员均应被一一介绍。其常规做法是，先由主方负责人出面，依照主方在场者具体地位、身份的高低，自高而低地依次对其进行介绍；然后再由客方负责人出面，依照客方在场者具体地位、身份的高低，自高而低地依次对其进行介绍。

（三）交换名片

国际交往中，名片是重要的个人交际工具，它直接承载着个人信息，担负着保持联系的重任。在涉外接待活动中，外方一般很重视名片的交换。出于保密要求，中国军方人员一般不印制名片、没有交换名片的习惯，但在交往中也应注意交换名片的礼仪。

1. 制作有忌

用于外事活动的个人名片，在制作上有四个禁忌：一忌使用不正确或不准确的外文；二忌个人头衔一大堆；三忌提供本人家庭住址；四忌对正式对外使用的个人名片涂涂改改。

2. 递送有序

在一般情况下，讲究由地位、身份较低的一方首先把本人名片递给地位、身份较高的另一方。因此，在外事接待中，应由己方人员先把本人名片递给来访的外方人士。若外方人士不止一人，则己方人员向其递送名片的具体顺序，应该自尊而卑依次而行。在正式递送本人名片时，己方人员应走近对方，正面面对自己双手递上的名片。

3. 接受有法

接受外方人士的名片时，一般应起身站立，双手捧接。接过对方名片后，不仅需要口头道谢，而且还应当从头至尾将其基本内容默读一遍。千万不要仅用左手去接外宾的名片，更不允许接过之后对其不屑一顾。

4. 有来有往

如果先接受了外方人士名片，我方人员通常应当回敬外方人士一张本人的名片，如手头无名片，应作出解释并表示抱歉。在一般情况下，我方人员不宜直接索取外方人士的名片，若确有必要，可代之以首先递上一张本人名片，以求得对方“有来有往”的做法。

5. 认真收存

接过外方人员名片之后，切忌把玩、折叠或乱扔、乱放。将其放入本人名片夹或上衣口袋之内，是正规的做法。另外还应注意，因外方人士的名片有时涉及其个人隐私，因此切勿将其借与外人使用，或对外进行公布。

（四）会晤座位安排

在国际社交礼仪活动中，会晤是较正规的活动，必须慎重对待，尤其重点在于座位的安排。一般国际流行的会晤座位安排有以下几种形式：

1. 相对式

指宾主双方会见时面对面而坐，便于进行交流。一般应以会客室的正门为准。

(1) 双方就座后，一方面对正门，另一方则背对正门（见图4-1）。

图4-1　相对式座位安排

此时面对正门的一方为上，应请来宾就座。背对正门的一方应是东道主就座。此时讲究“面门为上”，即面对正门之座为上座，应请来宾就座；背对正门之座为下座，宜由主人就座。若宾主双方都不止一个人，则除主人与主宾之外，双方其他人员均应按照具体身份的高低，由尊而卑，自右而左，依次排列在主人或主宾两侧。

（2）双方就座于室内两侧，并且面对面就座。

此时讲究进门后“以右为上”，即进门时以右侧之座为上座，应请来宾就座；左侧之座为下座，宜由主人就座（见图 4-1）。

2. 并列式

指宾主双方会见时面对会客室或会见厅的正门并排而坐，可显示双方的平等与亲密。它的具体排列是主人在左、主宾在右。宾主双方的其他人员按照具体身份的高低，依次在主人、主宾的一侧排开（见图 4-2）。

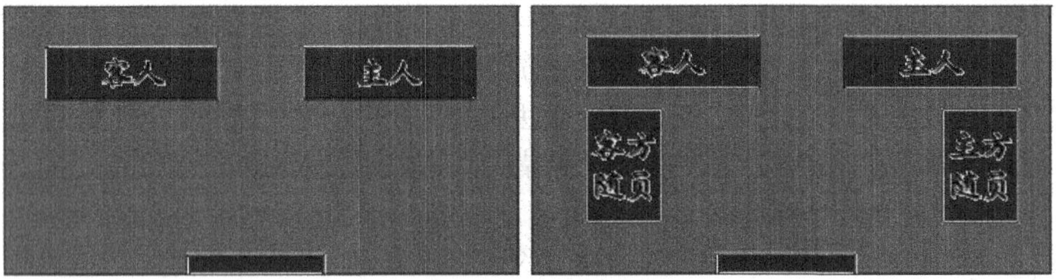

图 4-2 相对式座位安排

3. 主席式

主席式排座，通常是指主方在同一时间、同一地点正式会见两方或两方以上的来宾。此时一般应由主人面对正门而坐，其他各方来宾则应在其对面背门而坐。这种排座方式好像主人正在以主席的身份主持会议，故此称之为主席式。有时，主人亦可坐在长桌或椭圆桌的尽头，而请其他来宾就座于其两侧（见图 4-3）。

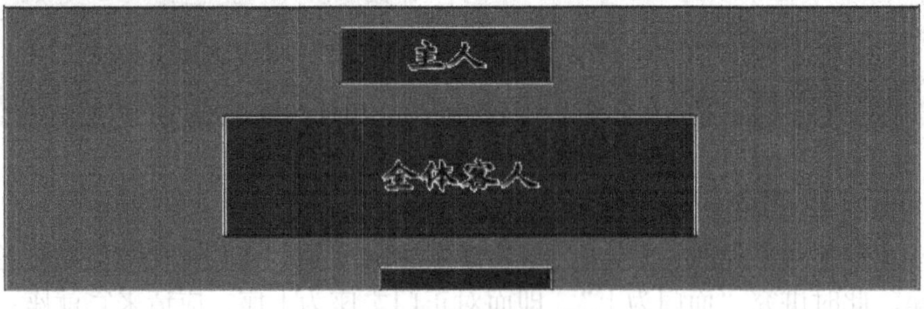

图 4-3 主席式座位安排

4. 自由式

请宾主自由就座。在举行非正式会晤或正式举行的多边会晤时，此种方法尤为适用。

（五）会晤前后合影位置安排

在外事接待过程中，正式举行会晤的宾主双方，通常会在一起合影，以作为纪念。因此合影这一环节，亦应为有关人员所重视。

所谓合影，一般指的是若干相关人员集合在一起，拍摄用做纪念之用的照片。由此可见，合影尤其是外事活动中的合影绝非一般意义上的拍照。在外事活动中，特别是宾主双方正式会晤时的合影，通常应注意以下两个方面的问题：

1. 应当准备充分

凡正式安排的合影，均应由有关人员提前做好必要而充分的准备。具体进行合影准备工作时，必须注意以下六个细节：

（1）主随客便。进行合影之前，主方应征得来宾首肯，切勿勉强对方。一些外方人士出于宗教或其他方面的原因，忌讳摄影、摄像，故此他们对合影往往心有抵触。

（2）确定时间。若多人一起合影，一定要规定具体时间，并通报合影的全体参加者。此外，还应要求大家遵守时间，准时到场。

（3）布置场地。在合影前，一定要提前选定场地，认真进行布置。不仅要注意场地是否大小适中，而且还要提前将主要参加者的具体位次排好。

（4）备好器材。拍摄合影时所需的一切器材，均应提前备齐、备好、备足。千万不要因为准备不足而影响到合影的效果。

（5）提供照片。合影结束之后，主方应当负责向合影的全体参加者主动提供照片，并保证每人都有一张。

（6）忌做他用。在涉外活动中的合影，一般只宜用作纪念或资料，通常不宜将其用于商业活动。如需将其公开进行发表，应当经过上级有关部门批准，切勿先斩后奏。

2. 应当排位合理

在正式涉外活动中的合影，一般应排定具体位次。如果有必要排列合影参加者的具体位次，应当注意以下几点：场地大小、人数多少、背景陈设、光线强弱、具体身份、高矮胖瘦、其他方便拍摄与否的问题。

在一般情况下，正式合影的总人数宜少而不宜多。在合影时，所有的参与者皆应站立。在必要时，可以安排前排人员就座，后排人员则可在其身后呈梯级状站立。按照常规，在外事活动中所拍摄的正式合影，不宜要求参加者以蹲姿参加拍摄。另外，若有必要，可先在合影现场摆设名签，以便参加者准备无误地各就各位。

在外事活动中拍摄合影时，排位应遵守国际惯例，讲究以右为上，即令主人居中，主宾居右，其他人员分主左宾右依次在其两侧排开。

七、参观礼仪

按照中国习惯，组织涉外活动时，一般会安排外国客人在访问中国期间对一些风景名胜、单位设施等进行实地参观、游览和欣赏。参观游览与正式活动相互补充，达到和谐气氛、增进友谊、深化了解、促进交往的目的。

（一）项目的选定

选择参观游览的项目，应根据访问目的、性质、客人的意愿、兴趣、特点以及我方当地实际条件来确定。对于外国政府官员、企业家，一般安排参观反映我经济发展情况的部门、单位和经济开发区，以及重点招商项目；对于外国军队官员，除了上述项目外，还可安排参观我军对外开放的部队及武器装备；对于一般的业务往来人员，可安排参观与其有关的部门、单位，同时安排一些有地方特色的游览项目。

> 对年老体弱的来宾不宜安排长时间步行的项目，心脏病患者不宜登高。一般来说，对身份高的代表团，事前可了解其要求；对一般代表团，可在其到达后，提出方案，共同商定。对方提出的要求，在可能情况下尽量予以满足，如果确有困难，可如实告知，并作适当解释。

（二）安排布置

当参观游览项目确定后，应制订详细活动计划和日程，包括参观线路、座谈内容、交通工具，以及先看什么、后看什么、中间是否休息（茶歇）、参观前有无介绍，参观前后是否座谈，各参观点之间距离远近，徒步前往还是乘车前去，等等。并及时通知有关接待单位和人员，以便于各方密切配合。

（三）陪同

按国际交往礼节，外宾前往参观时，一般都有身份相应的人员陪同。如有身份地位较高的主人陪同，宜提前通知对方。接待单位应有一定人员出面，并根据情况安排解说员。游览则安排导游人员。为了保证参观现场有良好的秩序，陪同、导游人数不可太多，更不要层层加码。参观生产建设单位，在场的生产人员如需表示欢迎，在欢迎后应回到生产岗位，切勿围观。遇客人问话，可有礼貌地回答。

（四）解说介绍

参观游览的重头戏是解说介绍。如参观单位部门，可先全面介绍其概况，宣传我国改革开放政策及我军防务政策。有条件的可播放一段有关情况录像，这样既可节省时间，又可事先让客人对情况略有所知，经过实地参观，效果会更好。我方陪同、解说员和导游应对有关情况有所准备，介绍情况要实事求是，运用材料、数据要确切，不可一问三不知，也不可含糊其辞。实在回答不了的，可表示自己不清楚，待咨询有关人员后再答复。遇较大团队，宜用扩音话筒。另外，遇有保密部位的，则不能介绍，客人提出要求，应予婉拒。

（五）在国外参观游览的礼节要求

我方人员出国执行公务时不得使用公费进行旅游及参观活动，也不得以任何形式向外方提出游览要求。如遇外方主动安排参观游览，我方人员既要注意客随主便，又要认真核实参观内容、时间、地点和路线。如发觉参观的内容或地点有违中国外交政策、有悖中国民俗习惯，则应婉拒，以免损害中国利益、落下外交口实。

参观过程中，应专心听取介绍，不可因介绍枯燥或不对胃口而显露出不耐烦和漫不经心，这是极不礼貌的。同时应广泛接触、交谈，以增进了解，加强友谊。注意尊重对方的风俗和宗教习俗。如要拍照，应事先向接待人员了解有无禁止摄影的规定。参观游览，对服装要求不严格，不必穿礼服，穿西装可以不打领带，但应注意清洁整齐，仪容亦宜修整。参观完毕，应向主人表示感谢，上车离开时，应在车上向主人挥手道别。

八、宴请礼仪

宴请是涉外交往中最常见的交际活动形式之一。国际上通用的宴请形式有宴会、招待会、茶会、工作进餐等。举办宴请活动采用何种形式，通常根据活动目的、邀请对象以及经费开支等各种因素而定。

（一）常见的几种宴请形式

1. 宴会（Banquet 或 Dinner）

宴会为正餐，坐下进食，由服务员顺次上菜。宴会分为正式宴会、便宴。按举行的时间又分为早宴（早餐）、午宴、晚宴。其隆重程度，出席规格以及菜肴的品种与质量等均有区别。一般来说，晚上举行的宴会较白天举行的更为隆重。偶尔有早上举行的早餐（Breakfast）。便宴形式简便，可以不排席位，不作正式讲话，菜肴道数亦可酌减，气氛较随便、亲切，宜用于日常友好交往。

国宴（State Banquet）是国家元首或政府首脑为招待贵宾举行的庆典，或为外国元首、政府首脑来访而举行的正式宴会，因而规格最高。宴会厅内悬挂国旗，安排乐队演奏国歌及席间乐。

2. 招待会（Reception）

招待会是指各种不备正餐、较为灵活的宴请形式，备有食品、酒水饮料，通常都不排席位，可以自由活动。常见的有：

（1）冷餐会（自助餐）（Buffet，Buffet dinner）。这种宴请形式常用于宴请人数众多的宾客。大型冷餐招待会，往往设主宾席座位，其余各席不固定座位，食品与饮料均事先放置于桌上，招待会开始后，自动取食进餐。

（2）酒会。又称鸡尾酒会（Cocktail）。这种招待会形式较活泼，便于广泛接触交谈。招待品以酒水为主，略备小吃。不设座椅，时间亦较为灵活，请柬上往往注明整个活动的延续时间，客人可在其间任何时候到达和退席，来去自由，不受约束。

鸡尾酒是用多种酒配成的混合饮料。酒会上不一定都用鸡尾酒。但通常用的酒类品种较多，并配以各种果汁，不用或少用烈性酒。食品多为三明治、面包、小香肠、炸春卷等各种小吃，以牙签取食。饮料和食品由招待员用托盘端送，或部分放置于小桌上。

近年来国际上举办大型活动采用酒会形式渐趋普遍。庆祝各种节日，欢迎代表团访问以及各种开幕、闭幕典礼，文艺、体育招待演出前后往往举行酒会。

3. 工作进餐

工作进餐按时间分为工作早餐、工作午餐、工作晚餐（Working Breakfast，Working Lunch，Working Dinner），是现代国际交往中经常采用的一种非正式宴请形式，利用进餐时间，边吃边谈问题。一般只请与工作有关的人员，不请配偶。双边工作进餐往往排席位，常用长桌以便于谈话。如用长桌，其座位排法与会谈桌席位安排相仿。

4. 茶会（Tea Party）

茶会是一种简便的招待形式。举行的时间一般在下午4时（亦有上午10时举行的）。茶会通常设在客厅，不用餐厅。厅内设茶几、座椅。不排席位，但如是为某贵宾举行的活动，入坐时，有意识地将主宾同主人安排坐到一起，其他人随意就座。茶会顾名思义是请客人品茶。因此，茶叶、茶具的选择要有所讲究，或具有地方特色。一般用瓷器皿，不用玻璃杯，也不用热水瓶代替茶壶。外国人一般用红茶，略备点心和地方风味小吃。亦有不用茶而用咖啡者，其组织安排与茶会相同。

（二）组织宴请礼仪

1. 确定宴请目的、名义、对象、范围与形式

宴请的目的是多种多样的，可以是为某一个人，也可以为某一事件。例如：为代表团来访（作为驻外机构，可以为本国代表团前来访问，也可以为驻在国的代表团前往自己的国家访问），为庆祝某一节日、纪念日，为外交使节或外交官员的到离任，为展览会的开幕、闭幕，某项工程动工、竣工等。在国际交往中，还要根据需要举办一些日常的宴请活动。

确定邀请名义和对象的主要根据是主、客双方的身份，也就是说主、客身份应该对等。例如，东道国宴请来访的外国代表团，出面人的职务和专业一般同代表团团长对口、对等，身份低使人感到冷淡，规格过高亦无必要。又如外国使馆宴请驻在国部长级以上官员，一般由大使（临时代办）出面邀请，低级官员请对方高级人士就不礼貌。通常如请主宾携夫人出席，主人若已婚，一般以夫妇名义发出邀请。我国大型正式活动以一人名义发出邀请。日常交往小型宴请则根据具体情况以个人名义或以夫妇名义出面邀请。

邀请范围是指请哪些方面人士，请到哪一级别，请多少人，主人一方请什么人出来作陪。这都要考虑多方因素，如宴请的性质、主宾的身份、国际

惯例、对方对我的做法，以及当前政治气候等。各方面都要想到，不能只顾一面。

邀请范围与规模确定之后，即可草拟具体邀请名单。被邀请人的姓名、职务、称呼，以及对方是否有配偶都要准确。多边活动尤其要考虑政治关系，对政治上相互对立的国家要否邀请其人员出席同一活动，要慎重考虑。

宴请采取何种形式，在很大程度上取决于当地的习惯做法。一般来说，正式、规格高、人数少的以宴会为宜，人数多则以冷餐或酒会更为合适，妇女界活动多用茶会。

目前各国礼宾工作都在简化，宴请范围趋向缩小，形式也更为简便。酒会、冷餐会被广泛采用，而且中午举行的酒会往往不请配偶，不少国家招待国宾宴会只请身份较高的陪同人员，不请随行人员。我国也在进行改革，提倡多举办冷餐会和酒会代替宴会。

2. 确定宴请时间、地点

宴请的时间应对主、客双方都合适。驻外机构举行较大规模的活动，应与驻在国主管部门商定时间。注意不要选择对方的重大节假日、有重要活动或禁忌的日子和时间。例如，对信奉基督教的人士不要选 13 日，更不要选既是 13 日又是星期五的那一天。伊斯兰教在斋月内白天禁食，宴请宜在日落后举行。小型宴请应首先征询主宾意见，最好口头当面约请，也可用电话联系。主宾同意后，时间即被认为最后确定，可以按此约请其他宾客。

宴请地点的选择。官方正式隆重的活动，一般安排在政府、议会大厦或宾馆内举行，其余则按活动性质、规模大小、形式、主人意愿及实际可能而定。选定的场所要能容纳全体人员。举行小型正式宴会，在可能的条件下，宴会厅外另设休息厅（又称等候厅），供宴会前简短交谈用，待主宾到达后一起进宴会厅入席。

3. 发出邀请和请柬格式

各种宴请活动，一般均发请柬，这既是礼貌，也会对客人起提醒、备忘之用。便宴经约妥后，可发亦可不发请柬。工作进餐一般不发请柬。有些国家，邀请最高领导人作为主宾参加活动，需单独发邀请信，其他宾客发请柬。

请柬一般提前数日发出，以便被邀请人及早安排。已经口头约妥的活动，仍应补送请柬，在请柬右上方或下方注上“to remind”（备忘）字样。需安排座位的宴请活动，为确切掌握出席情况，往往要求被邀者答复能否出席。遇此，请柬上一般用法文缩写注上“r. s. v. p.”（请答复）字样，如只需不出席者答复，则可注上“regrets only”（因故不能出席者请答复），并注明电话号码。也可以在请柬发出后，用电话询问能否出席。

请柬内容包括活动形式、举行的时间及地点、主人的姓名（如以单位名义邀请，则用单位名称）。请柬行文不用标点符号，所提到的人名、单位名、节日名称都应用全称。请柬信封上被邀请人姓名、职务书写要准确。

4. 订菜

宴请的酒水菜肴根据活动形式和规格，在规定的预算标准以内安排。选菜不以主人的爱好为准，主要考虑主宾的喜好与禁忌，例如，伊斯兰教徒用清真席，不用酒，甚至不用任何带酒精的饮料；印度教徒不能用牛肉；佛教僧侣和一些教徒吃素；也有因身体原因不能吃某种食品的。如果宴会上个别人有特殊需要，也可以单独为其上菜。大型宴请，则应照顾到各个方面。菜肴道数和分量都要适宜，不要简单地认为海鲜是名贵菜而泛用，其实不少外国人并不喜欢，特别是海参。在地方上，宜用有地方特色的食品招待，用本地产的名酒。无论哪一种宴请，事先均应开列菜单，并征求主管负责人的同意。获准后，如是宴会，即可印制菜单，菜单一桌两三份，至少一份，讲究的也可每人一份。

5. 席位安排与场地布置

正式宴会一般均排席位，也可只排部分客人的席位，其他人只排桌次或自由入坐。无论采用哪种做法，都要在入席前通知到每一个出席者，使大家心中有数，现场还要有人引导。大型的宴会，最好是排席位，以免混乱。

宴会座次安排要掌握几个技巧，国际上的习惯，一是面门为上，就是说，面对房间正门的位置是上座，因为它视野开阔。二是以远为上，就是距离房间正门越远，位置越高，离房门越近，位置越低，工作人员、秘书坐在离门近的位置可以方便地开、关门，呼唤服务员提供服务等。桌次的高低则以离主桌位置远近而定，右高左低。桌数较多时，要摆桌次牌。

同一桌上，席位高低以离主人的座位远近而定。外国习惯于将男女穿插安排，以女主人为准，主宾在女主人右上方，主宾夫人在男主人右上方。我国习惯于按各人本身职务排列以便于谈话，如夫人出席，通常把女方排在一起，即主宾坐男主人右上方，其夫人坐女主人右上方。两桌以上的宴会，其他各桌第一主人的位置可以与主桌主人位置同向，也可以以面对主桌的位置为主位（见图 4-4、图 4-5）。

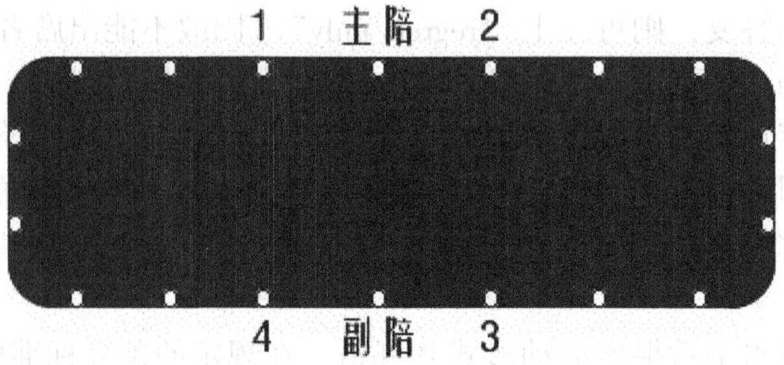

图 4-4 中餐座位图

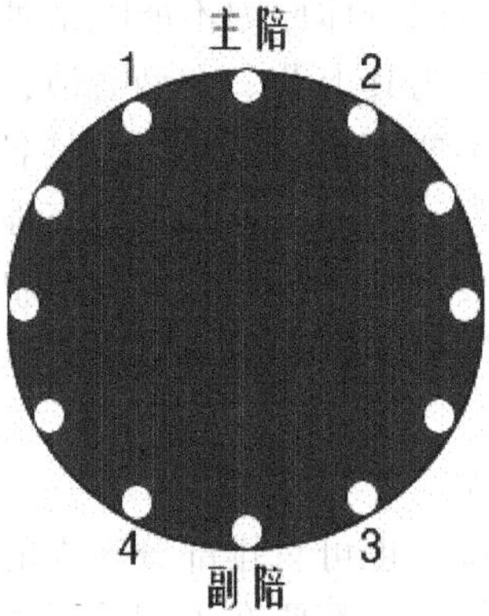

图 4-5 西餐座位图

礼宾次序是排席位的主要依据。在排席位之前，要把经落实出席的主、客双方出席名单分别按礼宾次序开列出来。除了礼宾顺序之外，在具体安排席位时，还需要考虑其他因素。多边的活动需要注意客人之间的政治关系，政见分歧大、两国关系紧张者，尽量避免排到一起。此外，适当照顾各种实际情况。例如，身份大体相同，使用同一语言者或属同一专业者，可以排在一起。译员一般安排在主宾右侧。在以长桌作主宾席时，译员也可以考虑安排在对面，便于交谈。但一些国家忌讳以背向人，译员的座位则不能作此安排。在他们那里用长桌作主宾席时，主宾席背向群众的一边和下面第一排桌子背向主宾席的座位均不安排坐人。在许多国家，译员不上席，为便于交谈，译员坐在主人和主宾背后。

以上是国际上安排席位的一些常规，遇特殊情况，可灵活处理。如遇主宾身份高于主人，为表示对他的尊重，可以把主宾摆在主人的位置上，而主人则坐在主宾位置上，第二主人坐在主宾的左侧。但也可按常规安排。如果本国出席人员中有身份高于主人者，譬如部长请客，总理或副总理出席，可以由身份高者坐主位，主人坐身份高者左侧，但少数国家亦有将身份高者安排到其他席位上。主宾有夫人，而主人的夫人又不能出席，通常可以请其他身份相当的妇女做第二主人。如无适当身份的妇女出席，也可以把主宾夫妇安排在主人的左右两侧。

席位排妥后着手写坐位卡。我方举行的宴会，中文写在上面，外文写在下面。中国人只写中文，姓名前冠以单位和职务。卡片用钢笔或毛笔书写，字应尽量写得大些，以便于辨认。便宴、家宴可以不放座位卡，但主人对客人的座位也要有大致安排。

6. 餐具的准备

根据宴请人数和酒、菜的道数准备足够的餐具。餐桌上的一切用品都要清洁卫生。桌布、餐巾都应浆洗洁白并熨平。玻璃杯、酒杯、筷子、刀叉、碗碟，在宴会之前都应洗净擦亮。如果是宴会，应该准备每道菜撤换用的菜盘。

中餐用筷子、盘、碗、匙、小碟、酱油碟等。水杯放在菜盘上方，右上方放酒杯，酒杯数目和种类应与所上酒品种相同。餐巾叠成花插在水杯中，或平放在菜盘上。我国宴请外国宾客，除筷子外，还应摆上刀叉。酱油、醋、辣油等佐料，通常一桌数份。公筷、公匙应备有筷、匙座。其中一套摆在主人面前。餐桌上应备有烟灰缸、牙签。

西餐具的摆设与中餐不同。西餐具有刀、叉、匙、盘、杯等。刀分食用刀、鱼刀、肉刀（刀口有锯齿，用以切牛排、猪排）、奶油刀、水果刀；叉分食用叉、鱼叉、龙虾叉；匙有汤匙、茶匙等；杯的种类更多，茶杯、咖啡杯均为瓷器，并配小碟，水杯、酒杯多为玻璃制品，不同的酒使用的酒杯规格亦不相同。宴会上几道酒，就配有几种酒杯。公用刀叉规格一般大于食用刀叉。

7. 宴请程序及现场工作

主人一般在门口迎接客人。官方活动，除男女主人外，还有少数其他主要官员陪同主人排列成行迎宾，通常称为迎宾线。其位置宜在客人进门存衣以后进入休息厅之前。客人握手后，由工作人员引进休息厅。休息厅内有相应身份的人员照料客人。由招待员送饮料。如无休息厅则直接进入宴会厅，但不入座。

有些国家官方隆重场合，客人（包括本国客人）到达时，有专人唱名。

主宾到达后，由主人陪同进入休息厅与其他客人见面。如其他客人尚未到齐，由迎宾线上其他官员代表主人在门口迎接。

主人陪同主宾进入宴会厅，全体客人就座，宴会即开始。如休息厅较小，或宴会规模大，也可以请主桌以外的客人先入坐，贵宾席最后入坐。

如有正式讲话，各国安排讲话的时间不尽一致。一般正式宴会可在热菜之后，甜食之前由主人讲话，接着由客人讲。也有一入席双方便讲话的。冷餐会和酒会讲话时间则更灵活。现在的宴会一般均不作正式讲话。

吃完水果，主人与主宾起立，宴会即告结束。

外国人的日常宴请在女主人为第一主人时，往往以她的行为为准。入席时女主人先坐下，并由女主人招呼客人开始就餐。餐毕，女主人起立，邀请全体女宾与之共同退出宴会厅，然后男宾起立，尾随进入休息厅或留下抽烟(吃饭过程中一般是不能抽烟的)。男女宾客在休息厅聚齐，即上茶（咖啡)。

主宾告辞，主人送至门口。主宾离去后，原迎宾人员顺序排列，与其他客人握别。

家庭便宴则较随便，没有迎宾线。客人到达，主人主动趋前握手。如主人正与其他客人周旋，未发觉客人到来，则客人应前去握手问好。饭后如无余兴，即可陆续告辞。通常男宾与男主人告别，女宾与女主人告别，然后交叉，再与家庭其他成员握别。

(三) 参加宴请礼仪

1. 一般礼仪

就餐入席时，应有优雅的风度和良好的仪态，手应该洗干净，头发应梳整齐。坐姿要端正，双腿靠拢，两足平放，不宜两腿交叠。双手和肘部要离开桌子。入座后，可取白色餐巾铺在膝上（餐巾只可擦嘴，不可擦汗)。就餐时，应有愉快的表情。进餐时应自然、从容，嚼食物时慢些，不要发出大的声响。喝汤时应一口吞咽。控制不住要打喷嚏或咳嗽时，应用手帕捂住口鼻，低头面向一旁，避免发出声响。在餐桌上不能拧鼻涕，可用手帕轻擦或去洗手间。宴席上的谈话应自由轻松，不要静坐不语，不要只与一两人交谈。交谈时既要注意谈话的内容，又要讲究谈话艺术。敬酒时，上身挺直，双腿站稳。需干杯时，应按礼宾顺序由主人与主宾先干杯。正式宴会上，女士一般不宜首先提出为主人、上级、长辈、男士的健康干杯。劝酒要适可而止，尤其在国际交际场合，不宜劝酒。切忌饮酒过量，以不超过自己酒量的三分之一为宜。

2. 中餐礼仪

中餐宴请除遵守一般的就餐礼仪外，特别应注意的是：用筷子时，一旦夹上食物，应立即放入口中，不要停留时间过长。夹菜时，筷子不可在盘子里乱搅，也不能把筷子伸到离自己太远的菜盘里。若偶尔掉下一些菜于盘外，不可重新放回盘中。使用汤勺时，筷子应整齐放在桌上。同时执筷执匙舀汤是最忌讳的。端碗时，拇指扣住碗口，食指、中指、无名指扣住碗底，手心空着，伏在桌上就着碗吃是禁止的。餐毕，筷子应整齐地放在靠近碗右边的桌上，并等众人都放下筷子后，主人示意散席方可离座。不要反复向外宾劝菜，可向外宾介绍中国菜的特点与典故，以引起其兴趣，不能把自己认为最好的菜夹到外宾碗里，以免引起反感。以野味或山禽走兽来招待外宾会引起反感，因为他们中有的人的信条是保护动物，尤其是野生动物。

筷子使用礼仪

一忌敲筷。即在等待就餐时，不能坐在餐边，一手拿一根筷子随意敲打，或用筷子敲打碗盏或茶杯。

二忌掷筷。在餐前发放筷子时，要把筷子一双双理顺，然后轻轻地放在每个人的餐桌前；距较远时，可以请人递过去，不能随手掷在桌上。

三忌叉筷。筷子不能一横一竖地交叉摆放，不能一根是大头，另一根是小头。筷子要摆放在碗的旁边，不能搁在碗上。

四忌插筷。在用餐中途因故需暂时离开时，要把筷子轻轻搁在桌子上或餐碟边，不能插在饭碗里。

五忌挥筷。在夹菜时，不能把筷子在菜盘里挥来挥去，上下乱翻，遇到别人也来夹菜时，要有意避让，谨防“筷子打架”。

六忌舞筷。在说话时，不要把筷子当作刀具，在餐桌上乱舞；也不要在请别人用菜时，把筷子戳到别人面前，这样做是失礼的。

3. 西餐礼仪

在组织的涉外活动中，为适合国外来宾的饮食习惯，有时要用西餐来招待客人。西餐厅一般比较宽敞，环境幽雅，吃西餐又便于交谈，因此是一种比较受欢迎又方便可取的招待形式。西餐源远流长，又十分注重礼仪，讲究规矩，了解西餐方面的知识十分重要。

（1）西餐座位的排列。西餐座位比较讲究礼仪，非正式宴会座位遵守女士优先的原则，即男士主动为女士移动椅子让女士先坐，坐右座或靠墙靠里坐。不管正式宴会还是非正式宴会，入座或离座均应从座椅的左侧走为宜（左侧入座不方便也可以从右侧入座）。正式宴会有国际惯例为依据，桌次的高低依距离主桌位置的远近而定，右高左低，桌次较多时一般摆放桌次牌。吃西餐均使用长桌，同一桌上座位的高低以主人座位的远近而定。

西方习俗是男女交叉安排，以女主人的座位为准，主宾坐在女主人的右上方，主宾夫人坐在男主人的右上方；在我国则依据传统，主宾坐在男主人的右上方，主宾夫人坐在女主人的右上方。不管是参加中式还是西式正式宴会，都要找准自己的位置，不可贸然入座。

（2）餐具的使用。西餐宴席上使用的餐具主要是刀、叉、匙、盘、杯等。一般是左手拿叉，右手拿刀。拿叉的姿势是，用左手拇指、食指、中指拿住叉。拿刀的姿势是，用右手食指压在刀背上以出力，其余手指拿住刀把。

用刀、叉和匙时，要从最外面开始，一道一道菜往里拿。西餐一般讲究吃不同的菜用不同的刀叉，饮不同的酒用不同的酒杯，吃完一道菜将刀叉并列放在盘子的右边。不要举着刀叉和别人说话，不能发出刀叉相碰的声音。如果你暂时不会用西式餐具没关系，跟着主人或他人做就行了。

（3）用餐方法。吃肉类时有两种方式：一是边割边吃；二是先把肉块（如牛排）切好，然后把刀子放在食盘的右侧，单用叉子取食。前者是欧洲的古老习惯，后者则是美式吃法，一般以前者较为正式。

吃鱼时，应从鱼的中间切开，把肉拨到两边取掉鱼刺鱼骨，慢慢食用。肉饼、煎蛋、沙拉，都不用刀而只用叉。肉盘内的肉汁，可用面包蘸着吃。面包应用手指掰成小块食之。炸薯片、炸肉片、普通三明治等食物，跟面包一样，用手取食。取食时，仅限于用拇指和食指拈取，食后用摆在面前的小手巾拭手。吃甜点可用叉或匙。

喝汤时，用匙进食。握匙的正确姿势为：用大拇指按住匙的把，其他手指轻轻托住另一边。舀汤时，应从盘子里面向外舀，盘中汤不多时，千万不可端起汤盘吮吸，而应用左手将汤盘微微外倾，用匙舀尽。

吃梨、苹果不要整只去咬，而应用水果刀将水果切成4~6块，剜去果心，用手拿着一块一块吃。吃香蕉则剥皮后整只放在盘子里，用刀、叉切开，一块一块吃。吃橘子时，用手把皮剥掉，一片一片地掰开吃。吃水果时，有时会送上一小水盂，这是供洗手之用的，切勿将此当作饮料饮用。用餐过程中自己够不着的调味等物，可以请别人帮忙递过来，我们也可应别人要求传递给他们，传递要用右手。进食时，骨头、肉屑、果皮等，可放在食盘的右角。果核则吐在餐巾纸里，不可随便抛在桌上或地上。

若有事暂时离开，请将餐巾放在椅子上，把刀叉摆成“八”字形，居中放在盘上。用餐完毕，将刀叉并列，靠右侧放在盘上。

席中在鸡、龙虾或西式全部菜点上完后，便是咖啡和茶。喝咖啡和茶的方式是用小茶匙搅拌放糖，搅匀后仍将茶匙放回原处再喝（茶匙不能放在茶杯里），喝时，右手拿杯把，左手端杯托碟。请记住喝咖啡、茶或汤时一定要端起杯子找嘴，不要俯身去用嘴去迁就杯子。喝完咖啡和茶，宴会就该结束了，客人可以开始告辞。

（4）西餐注意事项。参加正式西式宴会一定要注意服饰、仪容仪表符合礼仪要求，用餐姿势优美大方，坐姿端庄稳重，挺直腰板，不要跷二郎腿，手放在膝盖上，不要把胳膊支在桌子上。不要随便脱上衣、松领带或挽袖子。

参加宴会，应该先看席次表，并注意自己座位旁边是否有女宾，如果有女宾，应该照顾她坐好后自己再入座。

吃西餐时，不能拒绝对方的敬酒，即使自己不会喝酒，也要端起酒杯回敬对方，否则是一种不礼貌的行为。吃西餐饮酒忌讳举杯一饮而尽，文雅的饮酒是懂得品评酒的色、香、味，慢慢品味。在西餐宴席上往往是敬酒不劝酒，即使是劝酒也只是点到为止。

宴会进行时，应该普遍地和同桌的人交谈，不可只和本国人或者只和一个外宾长谈，冷落了别人。

用餐前，应该先将餐巾打开铺在膝上，餐后将餐巾折好放在盘右边，不要乱丢。

席间不可玩弄杯、盘、刀、叉等餐具，进餐时要避免刀、叉出声。

喝汤时不要以嘴就盘，要用汤匙舀着喝，不要发出声音。将要喝完时，可以将汤盘向外掀起，用匙舀着喝完。

进餐时应该以食物就口，不可以口就食。吃的时候，应该闭口咀嚼，不要使邻座听到自己的咀嚼声。

食物和汤如果太热，不可用嘴吹，应该等到稍凉时再用。

在主人、主宾讲话或敬酒时，暂停进餐，也不要交谈。席间不要高声谈话，口中有食物时也不要说话，特别注意在席上说话时不要溅出唾沫。

有人敬菜，如不要时，应该说“够了，谢谢”，不可用手势拒绝。

餐后剔牙时，应该用餐巾纸或者用手遮口。用过的牙签应该折断放在盘子里。千万不要口中咬着一根牙签与人交谈，或用完餐口中仍叼着牙签到处走动，状似流氓无赖，非常难看。

取黄油时，应该用公用刀切下一块，放到自己盛面包的碟中，然后用自己的黄油刀抹在面包上吃。

吃面包和硬饼干等，均应该以左手取食。面包应该掰成小块送入口中，不可以把整片面包用口咬着吃。

进餐时，若刀叉不小心掉落地面，此时只需要告之服务人员换一干净的即可，不用自己清理掉到地上的刀叉，更不可以用餐巾擦拭过再继续使用。

在席间打嗝是非常不礼貌的，若真是无法控制，最好去洗手间打个够，等消化后再返回座位。

餐桌上不要补妆。补妆应该在洗手间或是人较少之处为之，公开场合补妆就好比是在公共场合换穿衣服一样。

应特别注意水盂的使用，弄不好会闹出笑话。凡是上一道用手取的食品，如鸡、龙虾、水果等，通常会同时送上一个水盂（铜盆、水晶玻璃缸、瓷碗），水盂里飘有玫瑰花瓣或柠檬片，但它不是装饮料的，而是西餐讲究的洗指碗。一般水盂置于左上方，把手浸入水中，轻轻洗一下，然后用餐巾擦干净。

4. 饮茶礼仪

饮茶在我国，不仅是一种生活习惯，而且也是一种源远流长的文化传统。中国人习惯以茶待客，并形成了相应的饮茶礼仪。比如请客人喝茶，要将茶杯放在托盘上端出，并用双手奉上。茶杯应放在客人右手的前方。在边谈边饮时，要及时给客人添水。客人则需善“品”，小口啜饮，满口生香，而不是作牛饮。茶艺已经成为中国文化的一个组成部分。

（1）嗅茶。主客坐定以后，主人取出茶叶，主动介绍该品种的特点、风味，客人则依次传递嗅赏。

（2）温壶。先将开水冲入空壶，使壶体温热，然后将水倒入“茶船”—— 一种紫砂茶盘。

（3）装茶。用茶匙向空壶中装入茶叶，通常装满大半壶。切忌用手抓茶叶，以免手气或杂味混入。

（4）润茶。用沸水冲入壶中，待壶满时，用竹筷刮去壶面泡沫，随即将茶水倾入“茶船”。

（5）冲泡。至此，才可正式泡茶。要用开水，但不宜用沸水。

(6) 浇壶。盖上壶盖之后，在壶身外浇开水，使壶内、壶外温度一致。

(7) 温杯。泡茶的间隙，在茶船中利用原来温壶、润茶的水，浸洗一下小茶盅。

(8) 运壶。第一泡茶泡好后，提壶在条船边沿巡行数周，以免壶底的水滴滴入茶盅串味。

(9) 倒茶。将小茶盅一字排开，提起茶壶来回冲注，俗称“巡河”。切忌一杯倒满后再倒第二杯，以免浓淡不均。

(10) 敬茶。双手捧上第一杯茶，敬奉在座的客人；如客人不止一位时，第一杯茶应奉给德高望重的长者。

5. 喝咖啡礼仪

在西餐后喝的往往是咖啡，分量不太多。而盛咖啡的杯子，杯耳很小，指头无法穿过。正确的拿法是用你的食指和大拇指端起杯子。

服务员端上咖啡时，一定要将杯耳向着顾客的左侧，以便顾客扶着杯耳加糖加牛奶。你在操作时不必握得太紧，也用不着用力搅拌而溅出咖啡，因为糖和牛奶很快就会溶化。不喜欢加糖和加奶的，可把杯耳转向自己的右侧。一般是先加糖后加牛奶。

咖啡匙是专门用来搅咖啡的，饮用咖啡时应当把它取出来，而不是用咖啡匙舀着咖啡一匙一匙地慢慢喝，也不要用咖啡匙来捣碎杯中的方糖，刚刚煮好的咖啡太热，可以用咖啡匙在杯中轻轻搅拌使之冷却，或者等待其自然冷却。用嘴试图去把咖啡吹凉，是很不文雅的动作。

小匙用毕，要放在碟子上，不要放在杯子里。这样显得不雅，而且不小心会把咖啡匙打翻在地。用咖啡匙舀咖啡，端起碟子或托住杯底喝咖啡，都会十分失礼。除非举行酒会，或没有桌子依托时，才能端起碟子来喝。

盛放咖啡的杯碟都是特制的，它们应当放在饮用者的正面或者右侧，杯耳应指向右方；饮用时，可以用右手拿着咖啡的杯耳，左手轻轻托着咖啡碟，慢慢地移向嘴边轻啜。不宜满把握杯、大口吞咽，也不宜俯首去就咖啡杯；喝咖啡时，不要发出声响；添加咖啡时，不要的咖啡杯要从咖啡碟中拿出来。

在家里请客人喝咖啡，应当注意的是，咖啡爱好者对是否加糖和加奶往往十分讲究，最好让客人自便，主人不必代劳。另外，主人还要为懂得喝咖啡的行家另备一杯冷开水，使之与咖啡交替品尝，凸显咖啡口味。

在朋友家里作客喝咖啡时，则要注意：咖啡要趁热喝完，不必客气。如果只顾聊天而让咖啡冷却，就会有违主人的一番诚意。咖啡匙是用来搅拌的，用后要放在碟子边上，不要用来舀咖啡。也不要一口气把咖啡喝完，而要慢慢啜饮。咖啡要全部喝完，才显得有礼貌。

有时候饮咖啡可以吃一些点心，但不要一手端着咖啡杯，另一手拿着点心，吃一口喝一口地交替进行。饮咖啡时应放下点心，吃点心时则应放下咖啡杯。

第五节 翻译与陪同礼仪

在外事接待工作中，翻译与陪同工作都是必不可少的。它们尽管在客观上属于辅助性工作，但却在外事接待工作中发挥着举足轻重的作用。如果将外事接待工作视为一个“人”的话，那么则可以将翻译工作比作人的“耳朵”与“嘴巴”，将陪同工作比作人的“手”与“足”。显而易见，离开了充当“耳朵”、“嘴巴”的翻译工作，或者离开了充当“手”、“足”的陪同工作，外事接待工作是不可能获得完满效果的。

要在外事接待过程中做好翻译与陪同工作，既要充分注意二者之间的不同要求，又要认真掌握相关的礼仪规范，并且一丝不苟地予以遵守。

一、翻译工作礼仪

（一）外事翻译人员的素质要求

在外事活动中，每一名外事翻译人员既是专职翻译，又是外事工作者。此种特殊的双重身份，要求外事翻译人员不仅需要具备专职翻译的素质，而且需要具备外事工作者的素质。具体而言，政治上坚定、业务上过硬、准备上充分这三个方面的要求，每一名尽职尽责的外事翻译工作者都要努力争取做到。

1. 政治上坚定

在外事活动中，每一名外事翻译人员都必须具有坚定正确的政治立场。做不到这一点，便难以成为一名称职的外事翻译人员。对外事翻译人员而言，政治上的坚定具体应当体现在以下三个方面：

（1）站稳立场。在具体工作中，外事翻译必须忠于祖国，忠于人民，忠于政府。与此同时，还必须热爱党，热爱社会主义，维护本国、本单位的利益。这一原则立场，绝对不可动摇。

（2）掌握政策。对于我国党和政府的路线、方针、政策，尤其是我国的外交、外事政策，外事翻译人员不仅要及时了解，认真学习，而且还应当深入体会，全面理解。

(3) 提高警惕。在从事翻译工作的具体过程中，外事翻译人员一定要遵守外事纪律，严守外事机密，保持高度的政治敏感性，在任何情况下，都不得将我方内部情况向外方人士随意泄露。

2. 业务上过硬

做好翻译工作，业务上过硬是自不待言的。业务上过硬，在此主要是指精通语言文字，达到专业标准，并且讲究职业道德。

(1) 精通语言文字。要想做一名合格的外事翻译人员，首先必须具有深厚的语言文字功底。具体来讲：外事翻译人员不但应当熟练运用一门外语，并且最好还能再掌握第二、第三门外语；外事翻译人员必须拥有较高的本国语言文字修养，不但要熟练运用现代汉语，而且还应该熟悉古代汉语；外事翻译人员还应掌握一定的翻译技巧。

(2) 达到专业标准。早在1896年，我国近代著名翻译家严复就提出了翻译的三条专业标准："信、达、雅"。所谓"信"，意即忠于原文，翻译准确；所谓"达"，意即译文通顺，翻译流畅；所谓"雅"，意即语言典雅，翻译优美。直到今天，这些标准仍然对翻译工作起着指导作用。需要强调的是，在外事翻译工作中，必须将"信"置于首位，同时对"达、雅"予以兼顾。

(3) 讲究职业道德

作为一名外事翻译，必须严格遵守职业道德，对下述五点尤须特别注意：

①不得忘记身份，喧宾夺主；

②翻译时不得任意删改，偷工减料；

③不得滥竽充数，不懂装懂；

④不得随心所欲，篡改原话原意；

⑤不得生编滥造，无中生有。

3. 准备上充分

要做好翻译工作，事先做好必要的准备乃是一个重要的步骤。在一般情况下，准备工作做得越好，完成翻译任务的把握就越大。对口译工作而言，情况更是如此。

翻译特别是口译准备工作的具体范围甚广。在通常情况下，它主要包括下述五个要点：

(1) 明确具体任务。在翻译工作开始之前，应当对具体的翻译任务加以明确。有可能的话，还应当对翻译的基本内容、服务的主要对象，以及工作的具体时间、地点予以明确。

（2）了解相关环节。在遵守有关规定的前提下，翻译人员应当对本人工作的基本环节有所了解，以便为每项具体环节所有可能涉及的内容或问题提前做好翻译上的准备。

（3）熟悉有关背景。对于翻译对象的有关背景，如其个人特点、双边关系、我方意图、近期大事，以及国内外政治与经济发展的新动向、新问题，都应当尽可能地予以熟悉。

（4）适应现场环境。如果条件允许，翻译人员应当提前到达工作现场，以便对有关工具、设备进行调试或者试用，并做好其他有关的临场准备工作。

（5）掌握语言特点。对于交往国家习惯上的口音特征，有关语言文字在翻译方面的主要疑难之处，翻译人员亦应尽量加以掌握。

（二）口译的注意事项

口译，又称口头翻译。它是指在外事活动中，由译员对我方人员与外方人士的交谈、讨论或者发言在现场即席进行口头翻译。

口译是一种现场翻译，故口译的临场表现十分重要。

具体来看，口译主要分为如下两种：在中外双方进行交谈、讨论时，它通常表现为交替传译；而当一方人员在国际会议上发言时，它则往往表现为同声传译。

从总体上讲，要做好口译工作，主要应注意下述几点：

1. 注意个人态度

在从事现场翻译的具体过程中，口译人员应当始终保持热情、友好、愉快、诚恳、谨慎的态度。既要旗帜鲜明地维护国家荣誉，捍卫自身利益，又要令外方人士真切地体验到我方的友善与诚意。

2. 始终全神贯注

在工作岗位上，口译人员必须聚精会神、恪尽职守。要确保翻译的忠实、准确，不改变其内容、本意，不擅自对其进行增减，或者在其中掺杂个人意见。要对有关人员的谈话、发言要点做好笔记。不要主动与外方人士交谈、询问或为其解答问题。遇有未听清之处时，应提出或问明。翻译确有困难时，应告之谈话人或发言人，不要主观臆断、不懂装懂、以讹传讹。对我方谈话人、发言人所具体表述的内容如有意见，可向其提出，请对方三思，但必须以其见解为最终见解。

3. 坚持有主有次

在现场翻译过程中，维护我方利益的具体要求之一，就是要求口译人员尊重我方在场的负责人员，并严格服从其领导。在正式会谈、谈判中，除我方主谈人及其指定发言者之外，对我方其他人员的插话、发言，只有在征得主谈人同意后，才可以进行翻译。在工作之中，若外方人士问及译员个人问题时，应适时地告之当时在场的我方负责人，并请其定夺答复与否。在这一点上，既要克服个人的无组织作风或虚荣心理，又要注意灵活掌握，以免令外方人士产生错觉。

（三）笔译的注意事项

笔译，亦称书面翻译。

尽管笔译人员在外事活动中通常居于幕后，但其重要程度并未因此而降低。

与口译相比，笔译的不同之处在于它以书面译文为成果，因此要求翻译工作更加准确、严谨、地道。

要做好笔译工作，主要应注意下述几点：

1. 文字标准

在正常情况下，笔译人员应将所接触的书面文字，译为交往对象所正式使用的文字，或者是中外双方经过协议所指定的其他正式文字。无论使用何种文字，均应令其标准无误。

2. 忠于原文

在翻译过程中，笔译人员必须一丝不苟地忠于原文，忠于本意。为此，必须反复推敲，用词严谨。切勿随意转译、无中生有，或者肆意删减。在翻译重要文件、资料时，此点尤须注意。

3. 集思广益

在笔译过程中，如果自己遇到难题，比如对字、词、句意难以把握时，应当不耻下问，向他人求教，以求集思广益。若他人为此求教于自己，亦应鼎力相助。

二、陪同工作礼仪

（一）陪同工作注意事项

陪同人员是主方派出的在客人的整个访问或工作过程中起陪同、帮助、联络、协调等作用的工作人员。陪同人员的礼仪要求也是有一定规范的，下面予以具体介绍。

1. 谨慎从事

外事接待工作是体现我国外交方针、外交政策的一项重要工作，外事陪同则是其重要组成部分。因此每一名陪同人员都绝对不可对自己的工作掉以轻心、麻痹大意，而应当高度重视、谨慎从事。

2. 服从领导

无论是集体活动，还是单独与外方人士相处，陪同人员都必须遵守有关纪律，严格执行请示报告制度，服从上级领导。在工作中，要按照政策办事，服从国家与集体利益，切勿掺杂个人兴趣或感情。

3. 少说多听

少说多听是对全体外事人员的普遍性要求，对陪同人员来讲，往往更具有现实意义。为防止喧宾夺主、言多语失，陪同人员与外方人士相处时，一定要谨言慎行，尽可能地避免发表不必要的个人意见。

4. 计划周全

陪同外方人士外出或参加重要活动时，一定要布置周密，提前制订工作计划。对可能出现的情况、问题要充分估计，对对方可能提出的要求要做到心中有数。与此同时，还要采取必要的安全措施，保证外方人士的安全，避免发生令人遗憾的意外事件。

5. 注意保密

平时，陪同人员应加强个人的政治、时事、业务学习，认真掌握有关涉外保密工作的具体规定。与外方人士共处时，要口头保密与书面保密并重。

6. 距离适度

与外方人士共处时，陪同人员必须不卑不亢，与之保持适当的距离。一方面在生活上要主动关心、照顾对方，努力满足对方的一切合理要求；另一方面又要维护自己的国格、人格，切不可与外方人士不分彼此。

(二) 陪同人员工作技巧

在陪同外方来宾的过程中，我方人员不但要具有高度的责任心，而且还应当掌握一定的陪同技巧。在相互介绍、道路行进、上下车船、出入电梯、通过房门、就座离座、提供餐饮、日常安排、业余活动等方面，特别应当遵守相应的礼仪规范。

1. 相互介绍有礼

在初次见到外方人士时，陪同人员应当首先将自己介绍给对方，并且递上本人名片。在必要时，陪同人员还须将自己再次介绍给自己的陪同对象，免得对方忘记自己。

如果需要由陪同人员出面介绍中外双方人士或宾主双方人士时，我国的习惯做法是：先介绍中方人士，后介绍外方人士；先介绍主方人士，后介绍客方人士。

2. 道路行进有序

在路上行进时，礼仪上的位次排列可分为两种，一是并排行进。它讲究“以右为上”或“居中为上”。由此可见，陪同人员应当主动在并排行走时走在外侧，而被陪同对象走在内侧或中央。二是单行行进。它讲究“居前为上”，即应请被陪同对象行进在前。但若被陪同对象不认识道路，或道路状态不好，应当由陪同人员在左前方引导。引导者在引路时应侧身面向被引导者，并在必要时提醒对方“脚下留神”。

3. 上下车船合规

坐轿车、火车、轮船、飞机时，其上下的具体顺序颇有讲究。一是上下轿车时，通常应当请被陪同者首先上车、最后下车；而陪同人员则应最后上车、首先下车。不过，在具体执行时，应以方便来宾为宜。二是上下火车时，在一般情况下，一般应由被陪同者首先上车、首先下车，陪同人员居后。在必要时，亦可由陪同人员先行一步，以便为被陪同者引导或开路。三是上下轮船时，其顺序通常与上下火车相同。不过若舷梯较为陡峭，则应由被陪同者先上后下，陪同人员后上先下。四是上下飞机与上下火车的讲究基本相同。

陪同乘车礼仪

△轿车

◎小轿车的座位，如有司机驾驶时，1号座位在司机的右后边，2号座位在司机的正后边，3号座位在司机的旁边（如果后排乘坐三人，则3号座位在后排的中间）。

◎如果由主人亲自驾驶，以驾驶座右侧为首位，后排右侧次之，左侧再次之，而后排中间座为末席，前排中间座则不宜再安排客人。

◎主人夫妇驾车时，则主人夫妇坐前座，客人夫妇坐后座，男士要服务于自己的夫人，宜开车门让夫人先上车，然后自己再上车。

◎如果主人夫妇搭载友人夫妇的车，则应邀友人坐前座，友人之妇坐后座，或让友人夫妇都坐后座。

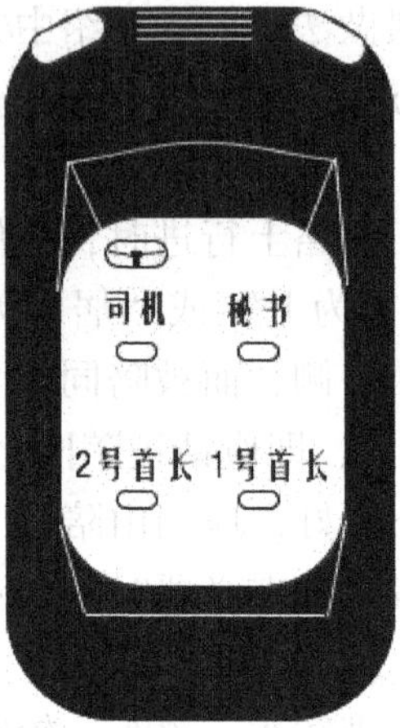

◎主人亲自驾车，坐客只有一人，应坐在主人旁边。若同坐多人，中途坐前座的客人下车后，在后面坐的客人应改坐前座，此项礼节最易疏忽。

◎女士登车时不要一只脚先踏入车内，也不要爬进车里。需先站在座位边上，把身体降低，让臀部坐到位子上，再将双腿一起收进车里，双膝一定要保持合并的姿势。

△吉普车

吉普车无论是主人驾驶还是司机驾驶，都应以前排右坐为尊，后排右侧次之，后排左侧为末席。因为吉普车安全性能比较好，一般前排位置也同样比较安全，同时由于吉普车的底盘高，功率大，坐在后排比较颠簸。上车时，后排位低者先上车，前排尊者后上。下车时前排客人先下，后排客人再下车。

△旅行车

在接待团体客人时，多采用旅行车接送客人。旅行车以司机座后第一排，即前排为尊，后排依次为小。其座位的尊卑，依每排右侧往左侧递减。

4. 出入电梯客先

进入电梯时，陪同人员理当稍候被陪同者。具体而言，进入无人的电梯时，陪同者应当首先进入，并负责开动电梯。进入有人驾驶的电梯时，陪同者则最后入内。离开电梯时，陪同人员一般应当最后一个离开。不过若是自己堵在门口，则先出去亦不为失礼。

5. 通过房门客便

在通过房门时，陪同人员通常应当负责开门或关门。具体而言：

一是进入房间。若门向外开，陪同人员应首先拉开房门，然后请被陪同者入内；若门向内开，则应陪同人员应首先推开房门，进入房内，然后请被陪同者进入。

二是离开房间。若门向外开，陪同人员应首先出门，然后请被陪同者离开房间；若门向内开，陪同人员则应当在房内将门拉开，然后请被陪同者首先离开房间。

6. 就座离座规范

就座与离座的先后顺序，在礼仪上早就有所规定。其具体要求有两个：一是同时就座离座，若陪同者与被陪同者身份相似，则双方可以同时就座或同时离座，以示关系平等；二是先后就座离座，若被陪同者的身份高于陪同者时，一般应当请前者首先就座或首先离座，以示尊重对方。

7. 提供特色餐饮

在提供餐饮时，陪同者与被陪同者所受到的具体礼遇往往会存在不同：一是零点餐饮。单独点菜或点饮料时，按惯例陪同者应当请被陪同者首先来点；二是供应餐饮。在上菜或者上酒水时，标准的顺序应当是：为被陪同者先上，然后再为陪同者上。

8. 日常安排周到

一般而言，外方来宾的具体活动日程早已排定，陪同人员无权对其加以变更。若外方人士要求变更活动安排，陪同人员不宜擅自做主，而应当及时向上级报告，并执行上级决定。

若陪同人员发现被陪同者的活动日程的确存在不足之处，可向有关方面进行反映，但不宜直接与被陪同者就此问题进行沟通，更不宜在对方面前随意发表个人意见。

9. 业余活动丰富

在正常情况下，我方所接待的外方来宾在其工作之余，可在遵守我国法律的前提下进行自由活动。在必要时，我方陪同人员可尽量提供方便。

若外方人士要求陪同人员为其业余活动提供建议时，陪同人员既要抱着热情、主动、积极的态度，也要具体考虑我方的有关规定、现场的治安状况以及活动的内容是否健康、合法。

若外方人士要求陪同人员为其业余活动提供方便时，陪同人员既要力求满足对方的合理请求，又要善于拒绝对方的不合理请求。无论如何，都不允许陪同人员帮助外方人士在华从事违法犯罪活动。

第六节　应对媒体礼仪

当今世界进入信息化时代，大众传播媒介无处不在、无孔不入，在国际交往中更是发挥着极其重要的作用。不论是出国还是在国内接待外国的来访者，涉外工作人员都要经常面对各种媒体，自然难以回避应对媒体的问题。从礼仪方面来讲，涉外人员面对媒体时必须注意，既要掌握政策、遵守纪律、注意分寸，又要沉着机智、落落大方、举止得体。

一、了解背景

应对媒体是要讲究技巧的，但要做到应对自如，就要先了解媒体。因为在国外，媒体大多并非是国有的，它们的观点、政治倾向各不相同，如果事先不对其加以了解，就可能在接受采访或提问时产生难以预料的结果。

要了解媒体，对外事人员而言，主要是着重了解其政治倾向、实际影响等方面的问题。

（一）了解媒体的政治倾向

在国外，虽说绝大多数媒体一向标榜自己“政治中立”，实际上在现实生活中它们无一例外地都会在一定程度上表现出自己的政治倾向。因此，在接触境外媒体时，外事人员主要应当从以下几个方面了解其政治倾向：

1. 是否合法

在许多国家，媒体有合法与非法之分。在接触国外媒体之前，务必要对此有所了解。对于非法媒体，切勿与之接触。对于合法媒体，则不必再三回避。

2. 属何种势力

毋庸讳言，任何媒体的发展，都离不开财力支持，所以在各国各式各样的媒体背后，都有一定的政治势力或党派作为其后台或靠山。而各种媒体就其本质而言，往往是一定的政治势力或党派的喉舌。疏忽此点，就会犯应对媒体之大忌。

3. 新闻检查制度

由于媒体在现代生活里影响巨大，各国都要对其进行一定程度的管制。为此，许多国家还专门制定了自己的新闻检查制度。对访问国的新闻检查制度如能有所了解，将深化我方人员对该国各种媒体政治倾向的认识。

（二）了解媒体的实际影响

在任何一个国家里，各种媒体所发挥的实际影响通常不尽相同。各种媒体的实际影响，除了主要受制于其社会认知度、受众人数以及自身的实力等因素之外，本国政府及其新闻主管部门的支持与否，往往也发挥一定的作用。

接触国外媒体前，外事人员对其实际影响所进行的了解，主要应侧重于如下两个方面：

1. 是否属于主流媒体

所谓主流媒体，一般指的是社会认知度高、受众人数众多、自身实力强大的媒体；所谓非主流媒体，则是指社会知名度较低、受众人数较少、自身实力较弱的媒体。接触外方媒体时，自然应当优先接触主流媒体，不过对非主流媒体亦不应过分轻视。

2. 是否属于官方媒体

所谓官方媒体，通常是指属于官方，或由官方支持或控制，或具有官方背景以及反映官方倾向的媒体；所谓非官方媒体，则指的是没有官方背景、不受官方支持与控制以及不直接从属于官方的媒体。相对于官方媒体而言，它有时亦称民间媒体。

在政治形势不同的国度里，官方媒体与非官方媒体所发挥的实际作用往往大相径庭。

二、认真准备

作为一名训练有素、见多识广的外事人员，在对外交往，尤其是在出访期间，必须正视外方媒体人员无处不在这一现实，做好必要而充分的准备工作，有备而至，在应对媒体时发挥正常。

具体而言，为应对媒体而应提前着手进行的主要准备工作大致包括如下述三个方面：

（一）主动联络媒体

在任何情况下，与外方人士相处时，我方人员均应多交朋友，广结善缘。与媒体人员打交道，道理亦是如此。

在不违背外事纪律的前提下，我方应按照统一部署，主动与媒体进行联络，并在两厢情愿的情况下，与之保持经常性关系。

与媒体保持联络至少有三重好处：一是可以在一定程度上得到媒体的理解与支持；二是可以与媒体进行良性互动；三是可以主动向媒体传播信息。

（二）为媒体提供方便

如欲真正赢得媒体的支持，为其提供各种方便往往必不可少。方便媒体的主要措施有三个：

1. 主动提供有益信息

在条件允许时，应经常向与自己关系密切的媒体提供正确无误、时效性强的信息，以实际行动支持其工作。

2. 为其提供采访便利

在力所能及的前提下，我方一定要诚心实意地为前来对自己进行采访的媒体提供种种便利，在人员、设备、时间、场地诸方面给予其必要的支持；至少不应为之设置不必要的限制。

3. 尊重媒体人员

对于辛劳工作的新闻媒体人员，外事工作者理当表示应有的尊重。必须指出，对媒体人员的尊重，实际上就是对媒体的尊重。离开了此点，“为媒体提供方便”就会成为一句空话。

（三）统一口径，保守秘密

在外事活动尤其是在出国访问时，我方人员应对媒体的一言一行均事关重大，不可不慎。因此，要求我方人员在应对媒体时须统一口径。具体而言，主要是要求我方有关人员保守秘密、统一行动、专人发言、提供文稿。

1. 保守秘密

在应对媒体之际，我方有关人员必须遵守外事纪律与保密规则，绝对不允许擅自向外方泄露我方的秘密，绝对不允许信口开河、口无遮拦。

2. 统一行动

对于一些重大问题，我方应对有可能接触外方媒体的全体人员具体规定什么当讲、什么不当讲、应当如何讲，以便我方人员统一行动。

3. 专人发言

正式组团出国访问时，有条件者应提前指定某一位团员担任本团的“新闻发言人”，由其出面应对外方媒体，统一回答对方感兴趣的问题。这样一来，我方人员就不至于在外方媒体面前“众说纷纭”了。

4. 提供文稿

在正式接受媒体采访时，为了防止对方曲解或误解我方所传递的信息，按照常规，均应向对方提供一份认真准备的、经过斟酌的、具有一定新闻价值的新闻稿，以供其发稿时核对与借鉴之用。

三、注意表现

应对媒体，关键是要注意自己的现场表现。一般而言，外事人员在媒体面前的表现，主要应当做到泰然自若、谨言慎行、善待记者、弥补失误这四点。

（一）做到泰然自若

不论是“初出茅庐”，还是“久经沙场”，外事人员在应对媒体时，都应当努力做到泰然自若。而要做到泰然自若，下面两点是必需的：

1. 不慌不忙

应对媒体时，切勿手忙脚乱、手足无措、胡言乱语、自毁形象。任何时候，在媒体面前不慌不忙的人，都会赢得媒体与公众的好感。

2. 不骄不躁

不管是求助于媒体，还是媒体有求于自己，外事人员在应对媒体时，都应当力戒骄傲自大、目中无人，避免急躁盲动、自乱阵脚。

（二）注意谨言慎行

应对媒体时，应当对自己的一言一行多加注意，力求谨言慎行、不出差错。如下几点尤其值得高度重视：

1. 有问必答

应对媒体，自然少不了回答其各式各样的问题。对于媒体人员所提出的各种问题，外事人员必须做到有问必答。即使遇到正面难以回答或回答不了的问题，亦须换一种方式作答，而不可答之以“不清楚”或“不能答复”。

2. 真实无欺

回答媒体的提问时，我方人员必须坚持讲直话，不讲假话，力戒自欺欺人，力求真实无欺。有些问题难以事实作答，应委婉应对，而不能代之以假言假语。讲假话的人，永远不会为他人所信任。

3. 巧妙作答

在回答问题时，虚张声势或吞吞吐吐都会令人反感。善于巧妙回答媒体的问题，是外事人员必须练就的一项基本功。

4. 行为得当

由于目前新闻媒体已经渗透到生活的每个角落，出访或接待外宾之际，我方人员对自己的行为须多加检点。不论是当众演讲，还是私人行动，都要对自己的一切行为负责。不要忘记，自己的一举一动，都可能成为媒体所关注的“新闻”。

（三）学会善待记者

应对媒体时，每一位有教养的人士都懂得应当善待其工作人员，尤其是辛劳无比的新闻记者们。对对方待之以礼，往往会产生投桃报李之效。

具体而言，现场应对媒体时，善待记者的最佳表现主要有：

1. 主动合作

应对媒体时，有经验者往往会变被动为主动，主动接近对方，并认真与对方合作。这样一来，对方自然会对我方产生良好印象。

2. 态度友善

回答记者提问时，外事人员切勿打断对方，或以表情、举止、语气对对方表达不满。即便对方的问题带有偏见或挑衅意味，亦不应为此而激动或发怒。

3. 平等待人

在任何场合，我方人员与媒体人员在人格上都处于平等的地位，因此理当对其平等相待。

（四）及时弥补失误

现场应对媒体时，外事人员一方面应当一丝不苟，避免失误；另一方面则要及时地发现问题，并采取一切必要措施，以弥补我方的失误。其具体做法有三：

1. 现场弥补失误

现场应对媒体时，一旦发现自己出现某种失误，应想方设法地尽快予以更正。切勿置之不理、一拖再拖，从而酿成事端。

2. 事后弥补失误

假如事后发现自己或我方应对媒体时有误，亦应在力所能及的前提下采取一切可能的措施进行补救。

3. 认真总结教训

每次应对媒体后，一定要认真收集相关媒体的报道，并对其进行分类分析。对于发现的问题，要探究原因，并设法予以弥补。

第五章
海军礼仪

在全世界所有军种中，就数海军礼仪最多。这是因为海军是国际性兵种，参加国际交往和重大活动最多。具体来说，它主要包括挂满旗、满灯，以及升挂国旗、设仪仗队和军乐队、舰员分区列队、鸣笛、鸣放礼炮、海上阅兵等。目前，虽然世界各国海军的礼仪在等级划分、规模及执行方法等方面不尽相同，但其表现形式是基本一致的。

一、海军旗语

军舰远洋访问，是一个国家和海军成熟的象征。通过各种媒体我们可以看到，当出访舰艇编队解缆离开码头时，舰艇的前后和主桅杆上，会飘扬着花花绿绿、形状不一的旗子，这表示什么意思呢？这就是海军旗语，是军舰上的外交语言之一。旗语是世界各国海军通用的语言。不同的旗子、不同的旗组均表达着不同的意思。

（一）满旗

满旗是海军舰艇白天按规定悬挂国旗、军旗，并由舰艏通过桅杆连接到舰艉挂满信号旗的仪式，用于迎接国家元首、政府首脑、军队高级将领和来访的外国军舰，或迎接重大节日、隆重活动，或出访舰艇编队离开码头前或到达被访问国港口和在国外停泊，等等。

悬挂满旗的时间、排列顺序有着严格的规定。通常在早晨 8 时升满旗，日落时降满旗。如果舰艇航行时、遇雨天大风或担负战斗值班时，不挂满旗，挂代满旗，即航行时悬挂桅顶旗，停泊时悬挂桅顶旗和舰艏旗。

信号旗有 5 种规格。分为 1 号、2 号、3 号、4 号、5 号。1 号最大，5 号最小。一套信号旗有 46 面。其中，26 面字母旗、10 面数字旗、4 面方向旗、3 面代旗、1 面执行旗、1 面答应旗、1 面国际答应旗。数字旗为三角形旗，字母旗中有方形旗和燕尾旗，答应旗与国际答应旗为梯形旗等。满旗的排列是两方一尖。方旗是指长方形的旗子，尖旗是指三角形旗子，燕尾旗可作方旗用，梯形旗也叫长旒旗，可作尖旗用。

满旗悬挂于两桅横桁之间，并分别连接到舰首、尾旗杆，两桅顶各挂国旗一面，舰首、尾旗杆各挂海军旗一面。驱逐舰挂满旗，一般挂 2 号旗，约挂 67 面。这要根据舰艇的实际长度和前后桅杆的距离来定。单桅舰艇则由桅杆横桁连接到舰首、舰尾旗杆，桅顶挂国旗一面。如图 5-1 所示。

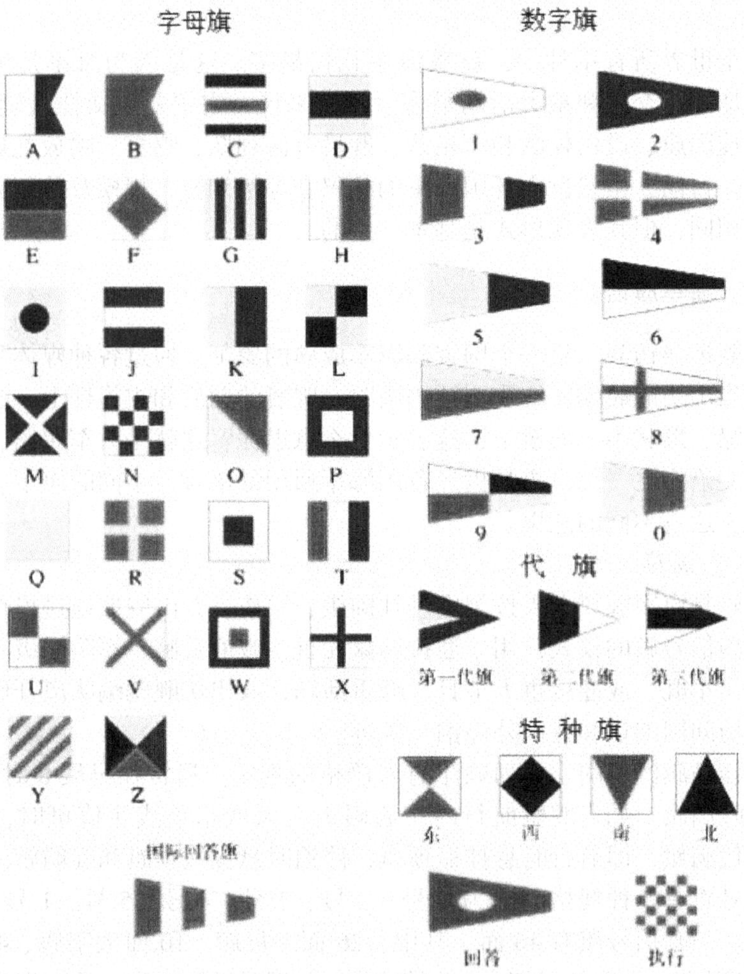

图 5-1

为挂满旗方便，在从舰首旗杆顶到主桅顶、从主桅顶到后桅顶、从后桅顶到舰尾旗杆顶，设有3根细钢丝。我舰艇编队抵达被访国，当第一根缆系到缆柱上时，信号兵应用电动滑轮将满旗顺着细钢丝徐徐升起。如图5-2所示。

图5-2

悬挂满旗有一些特殊的要求：不得悬挂与各国国旗图案相同的通信旗，也不得悬挂用于表示战斗、防核化、防空袭的单旗。满旗中的单独一面，不表示什么意义。我国的出访舰艇编队到达被访国时，被访国的海军舰艇一般要悬挂满旗表示欢迎，其排列顺序与我国相同，不同的是外军的满旗比我国的满旗小一个或两个号。

(二) 代满旗

出访编队离开码头前30分钟，为了离码头方便，一般要降下满旗，改挂代满旗，出港后降下。代满旗就是在两桅顶上挂1号国旗，舰首、尾桅杆上挂海军旗。在规定挂满旗时，如果大雨、大风，也可以改挂代满旗。编队离开码头时，方形黄色的“Q”旗挂到一半，表示编队统一离开码头；“Q”旗挂到桅顶，表示开始编队离码头；“Q”旗降下，表示离码头完毕。离码头的标志是解掉最后一根缆。

（三）欢迎、欢送旗语

在我舰艇编队出访时，出访舰艇主桅上一般悬挂向送行的首长问好的旗组：一组是“LBF”和“LBV”，“L”旗是方形旗，由黄黑黑黄各占四分之一的方块组成，黄色方块在左上角和右下角，黑色方块在右上角和左下角。“B”旗是红色燕尾旗。“F”旗是白色旗中一个红色菱形，菱形的四个角在旗子四边的正中。“V”旗是白色方形旗中一个粗壮的红色叉号，叉号的四个终端延伸到旗子的四个角。意思是“热烈欢迎首长指导”和“向首长致敬”。113舰第一次出访东南亚时，离开上海前，向送行的海军首长、部队官兵、被访国驻华使节等，挂了两组旗语：“LBN”和“LBZ”。“N”旗是方形旗，四行横向排列，第一行为蓝、白、蓝、白方块，第二行为白、蓝、白、蓝方块，第三行同第一行，第四行同第二行。“Z”旗是方形旗中黄、红、黑、蓝四个等腰三角形组成的信号旗，黄在上、红在下、黑在左、蓝在右，四个等腰三角形的顶尖在旗子的中心点。意思是“感谢首长的关怀和鼓励，保证完成任务”，“谢谢你们，再见”。

（四）航行旗语

舰艇解掉最后一根缆时，在后桅斜桁上升起航行旗，即海军旗。昼夜航行，一直悬挂。这是向人们说明该军舰是属于哪个国家的了。有经验的水兵，在大洋上遇到外国军舰，分辨不清是那个国家的，只要用望远镜一看航行旗，就知道是哪个国家的了。商船遇到军舰，一般要向军舰敬礼。当商船向军舰敬礼时，军舰上的信号兵应将海军旗降至旗杆顶端的三分之一处表示还礼，然后将海军旗升到顶表示礼毕。军舰与军舰相遇时，只用鸣哨敬礼与还礼，不使用旗语。

（五）海上补给旗语

海军舰艇编队航行一段时间后，需要进行油水补给，补给分横向和纵向两种。无论哪种方式补给，都要挂信号旗，表示补给过程中的各种命令和补给动作。接收舰和补给舰都要挂旗组“VP”，“P”旗是在蓝色方形旗中间有一个白色小矩形，其长宽各占上、下、左、右的三分之一。同时在另一桅边挂球形、菱形、球形3个形体信号，表示舰艇操纵受限。向过往的船只说明：“我船正在进行补给作业，请注意安全。”

（六）倒车、转向旗语

舰艇离靠码头或在航道中航行需要倒车时，为了安全起见，要将“S”旗升到顶，“S”旗是白色方旗中间有一个蓝色小矩形。意思是告诉过往船只：“我已倒车，请注意安全！”舰艇向左转向时，挂“I”旗。“I”旗是方形黄色旗中间有一个黑色圈，意思是："我向左转向。""I"旗升到一半为"我准备向左转向"；升到顶为"我正在向左转向"；"I"旗降下为"我转向完毕"。舰艇向右转向时，挂"E"旗。"E"旗是方形旗，上蓝下红，各占二分之一。意思是"我向右转向"。舰艇在机动时，除了使用旗语外，根据国际避碰章程规定，还需要用汽笛配合：一右、二左、三倒车。即挂"S"旗时，鸣汽笛三短声。挂"I"旗时，鸣汽笛两短声。挂"E"旗时，鸣汽笛一短声。升降旗的步骤与向左转向基本相同。

(七) 跨越领海线、赤道旗语

我国海军舰艇编队跨越领海线、赤道时，为了激发远航训练海军官兵的训练及爱国热情，一般要组织宣誓仪式，同时要挂航行代满旗。航行代满旗是在两桅上悬挂国旗，舰首、尾旗杆上不挂海军旗。在组织这些活动时，飘扬的五星红旗、整齐的水兵方阵、紧攥的拳头、嘹亮的誓言、雪白的浪花，形成了特有的海上风景。

(八) 手旗旗语

手旗旗语也是一种海上通信方式。适用于白天、距离较近且视距良好的情况下。夜间距离较近时，一般使用灯光通信。手旗是一种方形旗，面积较小，根部套有一根木棍。手旗通信需要使用两面旗子，信号兵每手各持一面旗子，站在舷边较高较突出的部位，通过旗子相对于身体的不同位置，表达不同的字母和符号。例如，左手垂直举起，右手平行伸出表示"P"。右手垂直举起、左手平行伸出表示"J"。两手平行伸出表示"R"。两手垂直举起表示隔音。几个拼音字母组成一个字，若干个字组成一个意思。手旗还可以为本舰（船）放下的小艇指示方向。

(九) 靠离外国码头前、后的旗语

我出访舰艇编队进入被访国领海线前，被访国一般派出军舰前来迎接。进入领海线时，根据双方协定，悬挂被访国国旗。被访国国旗挂在我主桅杆的右舷，我国的国旗挂在主桅杆的左舷。靠码头时，"H"旗到顶，表示"开始靠码头"。带上第一根缆时，"H"旗降下。"H"旗是方形旗，纵向白、红各占一半。意思是："我已靠码头完毕。"带上第一根缆时，开始挂满旗和舰首、尾的海军旗。如被访国军舰挂出欢迎旗，我应挂出感谢旗组表示感谢。离码头时与在我国离码头时一样。在国外访问期间，一般来说，每天都要安排隆重的升旗。在升起双方国旗的同时升起满旗。

海事旗语过去用于船只之间的通信，一般用法是拼成短句，另外单个旗帜也有特殊含义。现在的海事旗语一般只用于装饰用途。

特殊含义：

a——潜水员工作中，保持距离；

b——危险货物；

c——是；

d——保持距离；

e——调整航线至右舷；

f——伤残；

g——需要领航员；

h——领航员在船上；

i——调整航线至左舷；

j——火灾，保持距离；

k——期望对话；

l ——你必须立即停止；

m——我已经停止（另外可表示：船上有医生）；

n——不；

o——有人落海；

p——即将起航；

q——我请求；

s——引擎向船尾；

t——保持距离（另外可表示：请求运输）；

u——你正面临危险；

v——请求协助；

w——请求医疗协助；

x——停止你的意图；

y——抛锚中；

z——请求拖船；

N + c——我处于危难中。

答语旗：①作为小数点；②表示明白对方的意思，也代表发送信息结束。

说明：一般旗语打英文缩写。比如，“欢迎来到中国”——WTC（welcome to China），“再见”——GDB，等等。

二、满灯

满灯是海军舰艇在夜间按规定沿满旗位置并围绕舰舷和上层建筑的轮廓挂满彩灯的仪式，用于迎接国家元首、政府首脑、军队高级将领，举行隆重庆祝活动，如图 5-3 所示。通常在日落后挂满灯，夜晚 12 时关闭。出于安全原因，油船不挂满灯。当舰艇航行、担负值班或在雨天大风时，不悬挂满灯。

图 5-3

三、升挂国旗

军舰悬挂本国国旗，表示国家的尊严，同时表明军舰的国籍。当其他国家元首登舰时，要在前桅横桁上悬挂该国的国旗，表示对他们的敬意和欢迎。军舰停靠外国港口时，悬挂港口国国旗，表示对这个国家领土的尊重和人民的友好。

四、隆重升旗

隆重升旗是停泊的舰艇在规定的节日和逢重大事件时举行的一种盛大庄重的仪式。隆重升旗是指在列队升旗的同时，升挂满旗、桅顶旗和舰艏旗。中国海军规定，在国家法定的节日和海军成立纪念日、舰艇授旗和命名典礼、舰艇海上阅兵时，举行隆重的升旗仪式。

五、仪仗队

海军仪仗队是执行军队礼仪的海军武装分队。海军仪仗队分陆勤仪仗队和舰上仪仗队。仪仗队员应着制式海军服、携带武器。中国海军规定，执行三级以上礼仪时，舰艇或陆勤部队设仪仗队。舰上仪仗队由军官1人和水兵12人或24人组成，陆勤仪仗队则由60至120人组成。舰上仪仗队的检阅程序是：当首长或外宾登舰距仪仗队适当距离时，仪仗队长下令：“向右（左）看！”仪仗队持枪立正，行注目礼，视线随首长或外宾移动。他们通过后，仪仗队长下令：“向前看！”礼毕。

中国海军三级礼仪的划分

一般首长是三级，武装更鸣哨、值班艇长在位；
军区级是二级，武装更鸣哨、舰艇长带领艇员站舷；
军委委员以上是一级，武装更鸣哨、全体舰员站舷，挂满旗。

六、分区列队

分区列队是舰员在舰上列队的一种形式，即俗称的“站坡”，用于迎接国家元首、政府首脑、军队高级将领、海上阅兵、检阅舰艇、访问外国港口进出港以及其他有关场合。分区列队时，舰员面向舷外，根据需要可两舷分区列队，也可在一舷分区列队。我国海军规定，舰艇执行三级以上礼仪时，全体舰员分区列队。在每层甲板上，军官、士官均站在舰艏方向。

七、鸣笛

鸣笛是海军特有的礼仪。中国海军规定：鸣笛一长声，表示立正或敬礼，两短声表示稍息或礼毕。这种礼节通常用于迎接各级首长和外宾。当他们踏上舷梯或跳板时，更位长鸣笛一长声，列队舰员立正；进入舱内后，更位长鸣笛两短声，列队舰员跨立。当两艘舰艇航行中相遇时，一般也要使用鸣笛这一礼节。具体程序是：当相遇的两舰舰艏对齐或追越舰的舰艏与被追越舰的舰艉对齐，且距离不超过2链（1链等于185.2米）时，敬礼舰先鸣笛一长声，表示敬礼；受礼舰鸣笛一长声，表示还礼，随即再鸣笛两短声，表示礼毕；敬礼舰接着鸣笛两短声，礼节即告结束。此时，所有在甲板上的舰员听到鸣笛一长声时，均应面向通过的舰艇敬礼，军官、士官行举手礼，水兵行注目礼。

八、海军礼炮

海军礼炮是军舰上最隆重的礼节。它通常分为国家礼炮、个人礼炮、庆典礼炮和葬礼礼炮等。

国家礼炮用于舰艇出访时表示对东道国的敬意，还用于向来访的鸣放国家礼炮的外国军舰表示回礼。国家礼炮为21响。舰艇出访一个国家时，仅在到达东道国第一个港口或双方商定的港口时，鸣放国家礼炮一次。

庆典礼炮用于国家（民族）重要纪念日和重大节日。个人礼炮用于向海军将级以上军官，或有资格悬挂海军代将旗帜的指挥官，或职级相当的军政要员以及外宾表示敬意，还用于向鸣放个人礼炮的外国军舰表示答礼。

个人礼炮为7~21响，其响数要根据受礼人的身份而定。对此，各国海军都有明确的规定。

葬礼礼炮在安葬有一定功勋的军政要员的仪式上使用，当遗体埋入墓穴或者投入大海后开始鸣放，以示致哀。葬礼礼炮响数规定与个人礼炮响数相同。我国海军历史上曾在为已故国家主席刘少奇同志举行的撒骨灰仪式上施放过葬礼礼炮。

海军礼炮鸣放时间：通常航行舰仅在日出后和日落前鸣放礼炮，停泊军舰仅在升旗后和降旗前鸣放。但对国家元首的致敬礼炮，可不受此时间的限制。不过，英国海军规定：星期日10时30分至13时期间，在军港内或进港的军舰不鸣礼炮。如需鸣放时，则延迟实施。礼炮炮弹不是装炸药的实弹，而是装有黑色火药的礼炮专用弹。

海军礼炮的起源

400多年前的英国是世界上航海业非常发达的国家。它的船队在周游世界时常常因为语言不通而发生误会，造成诸多的摩擦和麻烦。为此，英国海军规定，在进入他国海域时，或者在公海上遇见外国的军舰，要主动将上膛的炮弹发射完以示友好。当时舰炮比较落后，火炮不能齐射，只能一门门地发射，炮的数量也比较少，通常是7~21门，因此，21响就成了鸣炮的最高限额。开炮是友好和信任的体现。久而久之，鸣炮致意逐渐为世界各国所普遍采纳。当然，现在放的都是不带弹头的空炮弹。

九、海上阅兵

海上阅兵是在海上对海军舰艇进行检阅的仪式，分为阅兵式和分列式。阅兵式是阅兵者乘检阅舰从受阅舰艇前通过进行检阅的仪式；分列式是受阅舰艇依次从阅兵舰前通过，接受阅兵舰检阅的仪式。不论是阅兵式还是分列式，受阅舰艇舰员均应分区列队。中国海军海上阅兵的有关程序如下。阅兵式：阅兵总指挥通常在岸上迎接阅兵首长，然后陪同阅兵首长乘舰艇驶向受阅部队。当阅兵首长乘坐的舰艇驶至第一艘受阅舰艇 4~5 链距离时，阅兵总指挥宣布阅兵式开始。当受阅舰距首长乘坐的阅兵舰艇 2 链，舷角 45°时，受阅舰艇信号兵鸣笛一长声，全体舰员立正，舰长发出“向右（左）看”的口令，军官、士官行举手礼，水兵行注目礼，并目迎目送。待阅兵首长乘坐的舰艇通过舷角 135°时，舰长发出“向前看”的口令，信号兵鸣笛两短声，礼毕。分列式：当阅兵总指挥宣布分列式开始后，受阅舰艇保持一定距离依次通过阅兵舰艇，接受首长的检阅。进行分列式的舰艇，敬礼和礼毕的时机与举行阅兵式时相同。

十、海军军官军衔

世界大部分国家海军军官通用的军衔样式一般都在袖口标识，用黄色的细杠、中杠、粗杠等粗细杠组合搭配，以代表军衔的高低。

（一）国外海军军官军衔标识

海军学员一般为一条黄细杠。

海军少尉一般为一条黄中杠加一颗星（或绳圈）。这颗星（绳圈）代表着从学员成为军官。如图 5-4 所示。

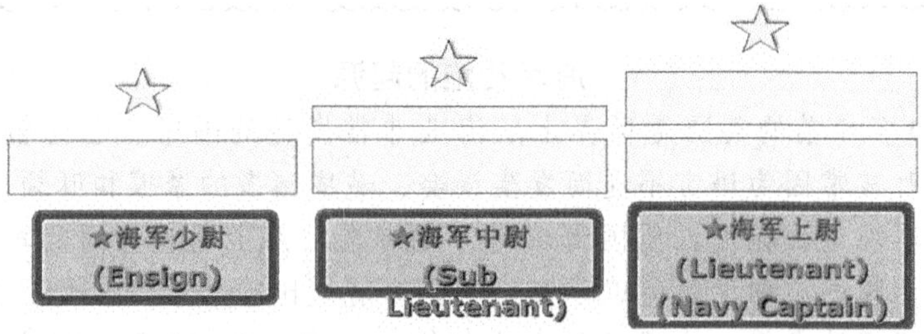

图 5-4

以此为起点直至校官，军衔每往上升一级，就增加一条细杠。遇两条细杠，则自动合并为一条中杠。如图 5-5 所示。

图 5-5

海军将官军衔为一粗杠和若干细杠的组合，海军少将为一条粗杠加一条细杠。往上以此类推，海军中将为一条粗杠加两条细杠，海军上将为一条粗杠加三条细杠。

图 5-5

（二）中国海军军官军衔标识

中国 07 式海军军官军服采用了国际惯例的袖标军衔样式，但其真实等级含义却完全没有遵循国际流行的粗细杠搭配规则，而是改用了星杠搭配的样式。尉官为 1~3 条细杠加星，校官为中杠加星，将官军衔袖标和国际惯例相同。如图 5-6 所示。

因此，我们在与国际海军交往中应特别注意，在西方国家尤其是印欧语系国家中，海军上校、船长、机长都为一个词，在英文中就是“Captain”，而相应的军衔或职衔样式就是四中杠，海军上校是海军大型军舰舰长的基准军衔，即使是航空母舰的舰长也是上校军衔。不光是海军，民用船只船长、民航客机机长的袖标也是四条杠。事实上全世界的大部分海军是以四道中杠表示上校军衔为基准的。其他级别军衔袖章可以略有变通，但这是一个原则性问题，也可以说是海军袖章的起源。而中国 07 海军袖章军衔是大校用四

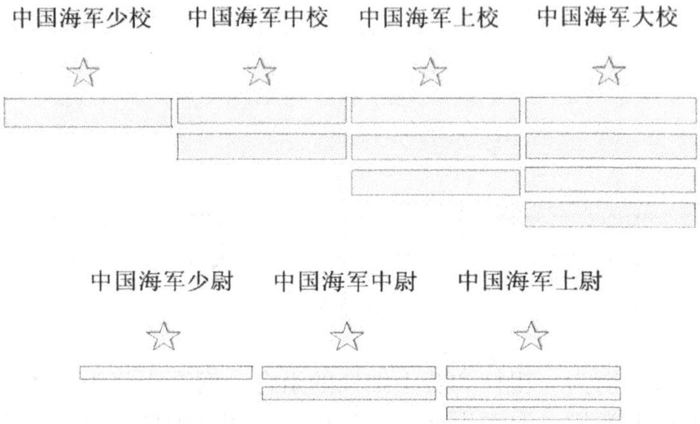

图 5-6

道中杠表示，上校却为一星三中杠，这个军衔样式在西方仅为中校，无形之中等于中国海军海军上校袖章军衔样式自己将自己贬低了一级，等同于西方海军的中校。同样，中国海军中校等同于西方海军上尉（低二级）、中国海军少校等同于西方海军少尉（低三级）。

编者在多年的中外海军交往实践中发现，由于中国海军军衔只是在样式上与国际海军完全相同，因而外国海军军官很自然地套用国际海军军衔规则来衡量和判断中国海军军官的军衔。而在很多场合各国海军军官根本没时间、没机会作自我介绍，且由于国外军队等级观念极其严重，这种看似相同、实质却大相径庭的中国海军军衔样式的差异，经常给我国海军官兵带来尴尬和不便，直接导致我国海军中、高级军官在交往活动中受到外方低级海军军官很自然的蔑视。

2010 年秋季新生入学期间，海军工程大学安排一名少校参谋赴首都机场迎接外训新学员。从坦桑尼亚来华进行军事留学的几名海军中尉学员从机场出口走出后，傲慢地命令我少校参谋为他提行李。按照涉外交往礼仪规则，我海军少校参谋严正指出，我是中国海军少校，请你自己照看好行李！坦方学员根本不信，轻蔑地说，你的军衔明明是海军少尉（一中杠加一星），怎么可能是少校！后经反复解释，坦方学员才勉强相信，讪讪地自己提起行李箱上了交通车。

第六章 国际旅行常识

除了正常随军舰远航训练、出访及集体随行其他境外军事任务，海军官兵还经常需要通过普通渠道单独跨出国门进行军事学术交流和访问，需要单独去与外军或外国人交往。在这种情况下，官兵都需要持有公民合法证件（护照与签证）出入国境，需要经过必要的检查（出境检查与入境检查），还要做好各项准备工作（包括购买机票、办理保险和准备行李等）。为了顺利出入境，海军官兵应了解国际旅行的一般常识，了解护照与签证的办理方式与办理过程，知道在出入国境时哪些是随身必带的、哪些是可以携带的、哪些是禁止携带的，要熟知经过海关时经过哪些程序、接受哪些必要的检查，遇到困难时如何寻求帮助。只有熟悉这些事项，才能顺利、安全地出境和入境，圆满完成涉外交流任务。

第一节 办理护照与签证

护照与签证是主权国家对公民出入境所要求的必办手续。办这种手续的目的，一是对出入境人员进行管理，二是对他们进行保护。因此，不论是国家公务人员、企业商务人员，还是因私出国人员，都应按照规定办理护照与签证。不过，护照与签证的办理各国都有法定的程序。不了解这些程序或者不懂得办理过程中相应的礼仪，都会给办理护照与签证带来一定的麻烦和阻碍。对此，每一位出国人员都应对办理护照与签证予以足够的重视。

一、护照

护照的英文为“passport”，即通过口岸的通行证，是主权国家发给本国公民出入境的合法证明和国籍证明。在国际上，只有持有有效护照，才能证明一个人的合法身份。因此，可以说，护照是个人在国外的“身份证”。任何国家都不允许没有护照的人进入其国境。

（一）护照的种类

世界上大多数国家的护照是不分种类的，只在护照上注明持照人的职业和身份。我国的护照分为4种，即外交护照、公务护照、因公普通护照和因私普通护照。护照不是永久性证件，都有一定期限，我国护照的有效期为1年、2年或5年，在有效期内具有法律效力，即为有效护照，否则为无效护照，不具备法律效力。一般各国使领馆在颁发签证时都要求护照的有效期在6个月以上，否则不发给签证。因此，若护照有效期不足6个月，则必须到颁发护照的机关申请延期或重新办理新护照。

我国现行的四种护照详细情况为：

1. 外交护照

按惯例，外交护照为一国政府依法颁发给本国国家元首、政府首脑、高级官员、外交代表、领事官员等人员从事外交活动所使用的护照。各国外交护照封皮色彩不一，但均印有明显的“外交护照”字样。我国现行的外交护照封皮为大红色，故此称为“红皮护照”。

各国大多通过立法或由政府主管部门依法制定条例对外交护照的颁发与适用范围予以规定。按照国际惯例，各国军政当局通常都会给予外交护照持有者以应有的礼遇、尊敬、外交特权与豁免。

目前，我国的外交护照主要发给副部长、副省长等以上级别的政府高级官员，党、政、军等重要代表团的正、副团长，外交官员、领事官员及其随行配偶与未成年子女，外交信使等。

2. 公务护照

公务护照，国外亦称“官员护照”，它指的是一国政府依法颁发给国家和政府的一般官员、外交代表机关与领事代表机关的行政技术人员等，用以从事公务活动所使用的护照。各国公务护照的封皮亦色彩不一，但均印有“公务护照”的明显字样标志。我国现行公务护照的封皮为墨绿色，故称“绿皮护照”。

依照国际法与国际惯例，各国军政当局一般均应对公务护照的持有者在执行公务时给予应有的通行便利、外交特权与豁免。

我国政府的现行规定是，公务护照主要颁发给中国各级政府部门的工作人员，中国驻外国的外交代表机关、领事机关、驻联合国组织系统及其有关专门机构的工作人员以及他们的随行配偶、未成年子女等。

3. 因公普通护照

因公普通护照，为一些国家政府依法颁发给从事除官方活动（包括外交活动、政务活动）以外的一切公务活动的人员所专门使用的护照。

目前，世界上只有中国、朝鲜、蒙古等国颁发此类护照。各国因公普通护照的式样与其他护照相同，但封皮颜色各不相同。其共有的明显标志是封皮上印有“因公普通护照”字样，或在护照页内注有“因公”字样，我国现行的因公普通护照封皮为深棕色，故被称为“棕皮护照”。我国政府业已决定不久将停止颁发此类护照。

我国政府规定，因公普通护照主要颁发给我国军队、国有企业、事业单位出国从事经济、贸易、文化、体育、卫生、科技交流等公务活动的人员，以及公派访问学者、公派出国从事劳务的人员等。

4. 因私普通护照

因私普通护照，在国外亦称普通护照或国民护照，它是一国政府依法颁发给因私人事务出国的本国公民所使用的护照。有些国家亦将其颁发给定居于国外的本国公民。

各国所颁发的此类护照，往往采用不同的具体名称，其封皮色彩也不尽一致。但是，它的封皮多标明“护照”字样。

我国现行的普通因私护照，以深紫红色为其封皮颜色，俗称“紫皮护照”。

（二）护照的办理

1. 外交护照、公务护照、因公普通护照的办理

我国外交护照、公务护照、因公普通护照的办理，分别由各省、自治区、直辖市，以及中央机关各部委外事主管部门（军队为国防部外事办公室），依据下达的《出国、赴港澳任务批件》等外事活动批准文件，为相关人员统一办理。

2. 因私普通护照的办理

公安部规定，在我国大中城市实现公民凭身份证、户口簿按需申领护照：

（1）凭有效证件领取申请表。凭身份证等有效证件到就近的派出所或公安部门出入境管理处免费领取《中国公民因私出国（境）申请审批表》（以下简称申请表）。

（2）按要求认真填表。填表人必须按以下要求认真填表：

申请表须用黑色或蓝黑墨水填写，要求字迹清楚、整洁，不准涂改。

填写申请人姓名必须使用国家标准简化汉字，与户口簿、居民身份证一致。

“拼音姓名”须按普通话拼写；“出生日期”须与户口簿、居民身份证一致；“出生地”填写省、自治区、直辖市即可；“婚姻状况”按实际情况填写。

“户口所在地”指申请人户口所在地的详细地址，须与户口簿一致。

“政治面貌”可填“中共党员”、“共青团员”、民主党派的名称或“群众”。

“文化程度”按国家主管教育部门承认的最高学历填写。“职业、职务、职称”按申请人现在的状况和国家承认的职称填写。

“工作单位”须填写全称。申请人人事档案与工作单位不一致的，填写现工作单位，在备注栏内注明档案存放地。退休人员人事档案存放在原单位的，填写原单位。

“属第几次申请因私出境”是指在公安机关申请的出境次数，未被批准的也合并计算。并在备注栏类注明未被批准的详细情况。

“本人经历”应从初中填起，起止日期要准确、互相衔接。

“国内外家庭主要成员”按实际情况填写。家庭成员在境外的，用中文填写境外单位、地址。

前往国家按出境后第一个国家填写（不含过境国家），事由只能选择一项。

（3）备齐相关证明材料：

①本人户口簿、身份证，集体户口须出具户口卡片。本人户口簿与身份证项目不一致或户口尚在迁移中，应先到户口所在地派出所办理变更或落户手续，外地迁移落户的，身份证签发地须做相应的变更。

②近期直边正面免冠彩色单人半身证件照一张。此照片尺寸与格式非常重要，应到公安机关指定或授权的照相馆照相。不符合要求及一次性快照、翻拍的照片或彩色打印机打印的照片公安机关将不予受理。

③其他材料。根据出国事由的不同，还需准备下列国内有关单位证明材料：

参加旅游团队出国旅游，须提交由出国旅游经营权的旅行社出具的旅游费用发票。

具有大专以上学历的人员申请出国自费留学，须提交省、自治区、直辖市教委出具的“自费留学资格审核证明”。公派留学人员（含国家公派派留学人员和单位公派留学人员），须提交填写完整的《公派留学人员申请护照登记表》。

收养儿童出国定居，须提交常住户口所在地的省级民政部门出具的收养登记书、领养人的护照或其他身份证件。

由劳务公司办理的出国劳务人员，须提交有外派劳务经营权的劳务公司出具的外派劳务项目证明。由境外就业服务机构协助办理出国就业的，须提交有境外就业经营权的境外就业服务机构确认的申请人与境外雇主签订的就业合同。

出国进行文化交流的，须提交由省级以上文化部门出具的同意证明或按相应规定办理。

以其他事由申请出国的，免交境外邀请材料。

(4) 到指定处提交申请。在备齐上述材料后，须由本人携带全部原件和复印件到所在地公安局出入境管理局（处）提交申请表，并回答有关询问。须提交材料如下：

户口簿、居民身份证原件和户口簿首页、本人资料页、变更页和居民身份证的复印件；填写完整的申请表原件；相应的证明材料复印件，同时核验原件；照片若干张。

已持有普通护照的，提交原护照，以备查验。

如果遇到紧急情况，可在提交申请时申请加急，符合下列条件的可在5个工作日后取得护照：

①出国治病或探望危重病人的，须提交境外医院医生开具的证明；

②出国奔丧，须提交境外医院和警察局开具的死亡证明；

③公派出国留学；

④前往国入境许可证或签证有效期即将届满；

⑤出国参加紧急商务活动，需15日到达的，须提供有商务活动日期的境外邀请函；

⑥出国留学，离开学时间不足一个月的，须提交标有开学日期的入学通知书。

所有外文材料须到公安局指定的翻译公司翻译成中文。

(5) 领取护照。申请被受理后将取得《因私出境证件申请回执》。持该回执和身份证当即在出入境管理局（处）大厅拍摄护照专用照片。

如果愿意委托邮局递送护照，可在提交申请时自行到设在出入境管理处接待大厅的邮政速递局服务台办理相应手续。

公安局出入境管理部门在受理申请后进行审核，一般可在14个工作日后或在回执上标明的取证日期领取护照。领取护照时应携带本人户口簿或居民身份证和回执，交付规定的工本费即可取得护照。

领取护照时，请仔细核对护照上的各项内容，防止出现差错。

凡在回执上标明取证日期而3个月没有领取护照的，出入境管理局(处)将予销毁。

(三) 护照的主要内容

任何一类护照，都有其具体内容。事实上各国护照的具体内容往往大同小异，它们大体上包括如下内容：

1. 封面

护照封面尽管色彩不一样，但一般印有国徽和××国护照字样。以我国因私普通护照为例，它的封面上方印有中华人民共和国国徽，下方印有“中华人民共和国护照”(中英文)。

2. 护照正文

仍以我国因私普通护照为例，封一有持照人的护照号码、护照类型、国家码、姓名、性别、出生日期、出生地点、身份证号码、签发日期、有效期至、签发地点等，并贴有本人照片。第1页上用中英文两种文字写着“中华人民共和国外交部请各国军政机关对持照人予以通行的便利和必要的协助”(The ministry of foreign afairs of the People's Republic of China requests all civil and military authorities of foreign countries to allow the bearer of this passport to passfreely and afford assistance in case of need)，以及发照机关的盖章；第2页至第6页是备注页；第7页至第32页是签证页。

3. 注意事项

我国因私普通护照的注意事项内容是：

护照为重要身份证件，应妥善保存使用，不得损毁、涂改、转让。

颁发护照和护照延期、加注及换发、补发事宜，由省、自治区、直辖市公安厅(局)及授权的公安机关和中华人民共和国驻外国的外交代表机关、领事机关或者外交部授权的其他驻外机关办理。

已经在外国定居的公民要及时向中国驻外国的外交代表机关、领事机关办理加注手续。

护照遗失应立即向当地公安机关或者中国驻外国的外交代表机关、领事机关报告。

(四) 护照的颁发

在国内，外交部、各省、自治区、直辖市外事办公室及由外交部授权的开放城市的外事办公室负责颁发外交、公务和因公普通护照；公安部和各地公安机关负责颁发因私普通护照。

在国外，我国驻外国大使馆、领事馆及外交部授权的机关负责颁发护照。

二、签证

一国公民在其他国家入境、出境或过境时，必须得到该国政府主管机关的许可，这种许可的具体形式就是签证。

有的国家对出入境的本国公民也颁发签证。

（一）签证的种类

一般而言，目前世界各国的签证分为入境签证和过境签证两大类别。还有一些国家发放出境签证。我国现行的签证也分为入境签证与过境签证两类。

公民在出国前，通常都必须获得目的国的签证。对此问题，有下述几点必须予以充分了解。根据持照人所持护照与访问事由的不同，各国一般将签证区分为外交签证、公务签证与普通签证三种。而在我国，现行的签证则有四种：

1. 外交签证

外交签证是一国政府主管机关依法为进入或经过本国国境应给予外交特权与豁免的人员所颁发的签证。一般而言，外交签证发给外交护照持有者。在我国，它主要发给外国驻华代表机关和领事机关的外交代表和领事官员、联合国组织驻华机构持红皮通行证的人员及其配偶和未成年子女；持用外交护照、联合国红皮通行证的临时因公来华的人员及其随行配偶和未成年子女；因公来华的建交国副部长及其以上的官员，国会议长、副议长及其随行配偶和未成年子女；联合国组织驻华机构人员中部分持用联合国蓝皮通行证的官员及其随行配偶和未成年子女；外交部或外交部领事司通知发给外交签证的人员。

2. 公务签证

公务签证又称官员签证，指的是一国政府主管机关依法颁发给进入或经过本国国境的享有公务人员待遇的人员的签证。它通常发放给公务护照持有者。我国规定，公务签证主要颁发给：外国驻华外交代表机关和领事机关的工作人员、联合国组织驻华代表机构持用联合国蓝皮通行证的工作人员以及他们的随行配偶与未成年子女，但持有中国颁发的外交官证者除外；持有公务护照、官员护照、特别护照和联合国蓝皮通行证临时因公来华或过境的外国人员以及他们的随行配偶与未成年子女；应邀访华的外国党政代表团中未持用外交护照的成员；驻华民间机构中持用公务护照的人员及其随行家属。

3. 普通签证

普通签证是一国政府主管机关依法为进入或经过本国国境的外籍者应准以普通人员待遇所颁发的签证。它的颁发对象，通常是持有普通护照或其他有效国际旅行证件的人员。我国普通签证则发给因下列事由来华的外国人（以汉语拼音字母标明其签证事由的不同）：

D 字签证：发给来中国定居的人员。

Z 字签证：发给来中国任职或就业的人员及其随行家属。

X 字签证：发给来中国留学、进修、实习 6 个月以上的人员。

F 字签证：发给应邀来中国访问、考察、讲学、经商、进行科技文化交流以及短期实习等活动不超过 6 个月的人员。

L 字签证：发给来中国旅游、探亲或因其他私人事务入境的人员。

G 字签证：发给经中国过境的人员。

C 字签证：发给执行乘务、航空、航运任务的国际列车乘务人员，国际航空器机组人员以及国际船舶的海员和他们的随行家属。

J-1 字签证：发给来中国常驻的外国记者。

J-2 字签证：发给临时来中国采访的外国记者。

4. 礼遇签证

礼遇签证是一些国家的政府主管机关依法为进入或经过本国国境应给予相应礼遇的人员所颁发的签证。其获得者多为一些身份较高但又未持有外交护照的人员，或者业已卸任的外国党政高级官员、知名人士。我国规定，礼遇签证主要颁发给来华访问的卸任外国元首、政府首脑、国会议长、最高法院院长、外交部长、前驻华大使、其他高级官员、知名人士及其随行配偶和未成年子女，未持用外交护照的有影响的外国在野党领袖以及发证机关认为应发给其礼遇签证者。

（二）申请签证的主要内容

签证申请主要包括三个方面，一是填写签证申请表，二是提交申请签证的有关材料，三是签证面试。

1. 签证申请表的填写

签证申请表的填写主要有以下几个方面：

(1) 申请人的自然状况。主要包括姓名、曾用名（有的将姓氏和名字分为两栏）、性别、出生日期、出生地点、国籍（有的分为原国籍和现国籍）、民族、身份、身高、体重、头发颜色、婚姻状况（包括单身、已婚、离异、分居、寡居或鳏居、同居等）、现住址、电话号码和邮政编码等。

（2）护照方面的内容。主要包括证件名称（护照或旅行证等）、护照号码、发照日期、发照地点、发照机关、有效期限等。

（3）家庭状况。主要包括直系亲属（父母、配偶、子女等）和近亲属（兄弟姐妹等）的姓名、性别、出生年月、职业、国籍和住址等。

（4）申请签证内容。主要包括申请签证事由或目的（如探亲、访友、旅游、商务、留学、定居等）和申请签证种类（如入出境次数、停留时间和入境口岸等）。

（5）邀请人（担保人）的状况。主要包括姓名、性别、与申请人的关系、职业、居住地址、电话号码等。

填写签证申请表，要按要求用英文或前往国文字或中文逐项填写，并签上本人姓名，中、英文皆可，一般应与护照上的签名一致。

2. 签证申请应提交的材料

依据各国对申请人申办签证和提交的材料要求，应当提供的有关证件材料如下：

（1）本人有效护照或其他旅行证件；

（2）国外的邀请信原件或传真件，担保函原件，护照或身份证的复印件（个别国家需要原件和复印件同时提供）以及其他相关的材料（如邀请人的经济收入证明、纳税证明等）；

（3）有关申请人本人的各类相关资料（如有关公证书、身份证复印件、国际机票等）；

（4）本人照片（必须和护照上的照片一致）。

3. 签证面试

除了上述两项必经程序之外，如果签证官要求面试，那么申请人应根据使、领馆的要求和安排，准时应邀会见。会见时应注意如下几点：

要讲究礼貌、礼仪，落落大方，既不能恃才自傲，也不能卑躬屈膝；

要实事求是地向官员讲清自己申办签证的目的和动机，入出境时间，停留期限，并保证遵守前往国法律和按期回国等；

当使馆官员对申请人的某些方面提出疑义时，要如实正面回答，以解除官员的怀疑，切不要用反问的方式回答问题；

要一问一答，即官员提出一个问题，申请人回答一个问题，回答时语言要简练，力求准确，不能冗长繁琐。

总之，申请人应抓住面试这个机会，把申办签证的理由陈述清楚。只要证件材料齐备有效，申办签证目的明确，会见时解除了官员的疑虑并给其留下很好的印象，申请人申办签证的目的是可以达到的。

每个国家办理签证所需要的时间不同，短则3~5个工作日，长则数周时间，因此，要留出足够的时间办理签证。

第二节 出国（境）前准备

常言道，“有备而无患”。做什么事都应该事前做好充分准备，只有这样才能保证办事效率和顺利成功。因此，外事人员在出国（境）前，必须做好每一件必要的准备工作。

一、熟悉目的地国家情况

对外交流交往任务获得批准后，应立即着手查阅相关资料，对目的地的所有国家（包括经停、中转）的国情、军情、气候、民俗、法律、宗教、历史、语言、生活习惯等方面应有详细的了解，应有一个总体印象，减少整个任务完成过程中的盲目性和被动性。

二、进行外事纪律、安全与防间保密教育

所有因公出国人员应接受上级组织的外事纪律、安全与防间保密教育。具体内容包括：

（1）认真学习、掌握我国对外方针政策、涉外人员守则、出国注意事项；了解我国改革开放以来的伟大成就，熟知我国当前对国际、国内重大问题的态度和立场；熟悉前往目的地国家与我国的关系和我国对该国的基本政策等。

（2）严格保守国家机密，维护祖国的安全、荣誉和利益，不得有任何损害祖国的言行。

（3）严禁携带党和国家及军队的机密文件出国。一般秘密文件、资料和记有内部情况的笔记本，原则上也不能携带出国，如确因工作需要必须携带，并享受入出境免检待遇的，必须报经有关主管部门批准，并采取严格保密措施，严防被窃和丢失。

（4）对外交谈不得涉及我内部情况、国防和科技秘密和技术诀窍，与外国人谈判不得把内部文件摆在桌上。任何场合都不要议论党、国家和军队

的内部情况及其他属于机密的事项。如确需商量不能对外公布的问题，应在有保密条件的地方进行。在进行交流、座谈、谈判等活动时，事先要做好充分准备，一旦觉察到对方在刺探套取情报时，要做到表面上不失礼、思想上不失防、口头上不出格。对不宜回答的问题，可以托辞回避或以“未作研究”、“不太清楚”等婉言推托。

(5) 对身份不明的人，一般不与其主动接触，如对方主动来访，出于礼貌，可作一般寒暄，在未弄清其身份前不宜深谈。接触中的情况，要及时报告出国团、组领导。

(6) 注意电报、电话和通信保密。出国团、组如因急事需向国内联系，凡不是急而又密的事项，一律不要通过使领馆发密电。同国内电话往来必须明电明复、密电密复，同一事项绝对不可以既发明电又发密电或打电话，严禁明密混用。机密电报和文件必须在使领馆保密室草拟。在国外同国内或与我使领馆等驻外机构通信、通电话，都不得涉及秘密内容和内部事项，个人之间的通信联系，也不要谈内部问题。

(7) 在对外交往中，要提高警惕，防范敌特分子策反、绑架和腐蚀引诱。遇有此类情况要站稳立场、注意策略、善于斗争。可以严正表明态度，予以顶回，或适当地予以揭露，但要避免发生对抗性行动，并要设法尽快向我驻外使领馆汇报。

(8) 遇有大的突发性事件，如来不及请示的，事后一定要向组织汇报。即使是由于经验不足，一时疏忽出了问题，或是违反了组织纪律做了错事，也要及时如实汇报，以免给间谍特务可乘之机，以便在组织的指导和帮助下妥善处置，避免给国家和个人造成危害。

三、相关物品准备

旅行在外，有许多细节问题是在遇到麻烦之后才发现的，如手机网络不通、电源用不了，或者在外遇到突发事件，等等。有些事情在出门之前做好准备，就可避免措手不及。根据涉外交流任务行程和目的地国家基本情况，应尽可能对境外活动及生活做好充分准备。

(一) 生活必需品准备

世界各国的电器规格迥然不同，电源插座的插孔也大多是不能通用的。如英国、新加坡等国使用三个方头的插孔和插头，德国、法国等则是用两个圆头的。所以，万能电源转换器一定要带上。其他如必备物品、洗漱用品、小针线包、化妆品盒、多用刀具、实用地图、剪指甲刀、晒霜等。国外一般直接饮用自来水或矿泉水，没有喝开水的习惯，如外出时间长，还可带上电热水壶烧开水。

携带一两张比较通用的国际信用卡，尽量少带现金。

（二）行李箱包准备

坚固耐用的旅行箱或背包用于免费托运，箱包忌过大，托运时不方便(重量不得超过20kg，长宽高合计不得超过269cm)，旅行箱最好有滑轮，以利搬运方便。在每件行李外用不干胶条贴上自己的名签（中英文姓名、地址及电话号码、国别、前往国家地区）。此外还要准备随身携带的行李箱、手提袋或挎包腰包（长宽高不得超过115cm)，以备装贵重物品，如地图、笔记本、摄像机、照相机、电池、钱包以及自备药品等，并把行李箱加锁。护照、机票、现金等请务必随身携带。

如果要转机才能到达终点，请注意在托运行李时声明所要到达的终点站，并认真检查行李牌，以免行李被留在中转站。

（三）服装鞋帽准备

按活动组织方要求准备好不同式样和种类的正装及军服。其他包括应季服装（夏季两三套，冬季一两套，主要以适用为宜，切忌过少或过多，还要有一套正式礼仪服装，以备正式场合使用)、鞋子两双（以轻便舒服为要)、帽子（夏季凉帽，冬季防寒帽)。

（四）礼品准备

根据活动日程安排，设想按不同环节可能遇见的不同级别的官员，准备好不同档次的礼品。礼品应当以突出我国民俗特色的小工艺品（如民间剪纸、京剧脸谱等)，以及能反映我军及所属部队特点的纪念品等为主，切忌昂贵、奢侈。

（五）卫生保健准备

出国前，由于事情杂、问题多，往往易使人焦躁不安，这时更要注意身体的保健。根据本人的身体状况和前往国家的情况。携带部分保健和应急药品是很必要的，一般可由团组集体准备为宜，最基本的药品应包括晕机药、感冒药、抗菌药、助消化药、去痛、止呕、止泄以及镇静安眠药，如速效感冒片、维生素 B_1、维生素 B_6、黄连素、颠茄以及“晕乘宁”、伤湿止痛膏、用于小外伤的“创可贴”及红汞与碘酒等。若平时自己身体不好，个人最好再有针对性地带上些自感疗效较好的药物；若需经常服药，还是中、西药两种都带上为好。国外医疗费用昂贵，如有牙病应提前检查，该补、该拔、该镶的最好全在国内办妥。视力不好的，也要尽早验光配镜，并且最好配制两副，以防损坏。

为避免过关时遭遇麻烦，携带的药物最好放在原装并有标示的瓶罐或盒子里。如因药物较特别或含有麻醉品成分，则要携带医生开的证明。自备惯用的药品要避免携带粉状药物，以免被误为毒品。在对携带药物入境是否合法有疑问时，应事先咨询该国驻华机构或我国驻外使馆。

（六）预防接种准备

出国人员应提前向地方检疫部门申请健康证，并接受有关的预防接种。各地市都有专门的地方卫生检疫局，最好在出国前2周去检疫局申请检查身体，以免旅途中产生接种反应。一般申请时要交2张2寸相片，接受健康检查，同时申请预防接种。预防接种主要有两种，霍乱接种，有效期为6个月；黄热病接种，有效期为10年。去特殊地区还有一些特殊要求。国际预防接种证明书和国际旅行健康证国际通用，特别是预防接种证，被称为“黄卡”。出国时，安检部门会要你提供这两种证件。如果你在国内忘了这道手续，机场的安检部门会安排你做检查，同时发给你代用证。

（七）通信手段准备

出国前开通手机的国际漫游功能，弄清楚打电话回国的方式。将行程、国外住宿宾馆之电话号码告知单位和家人，以便随时保持联系。

四、订购机票

订购机票一般可以委托机票代理机构办理。例如，西方国家的每家旅行社都拥有几个甚至几百个旅行代理商，他们可代你预订机票、旅馆、海上巡游事项。这些代理商靠的是从航空公司、旅馆中按机票和住宿费价格以获取佣金来维持生计。机票所得佣金是7%～10%。若直接向航空公司订票，机票价格与代理商完全一样。请代理商订票的好处在于，他们掌握多家航空公司同一路线的价格和时间表，可为你挑选其中对你最有利的机票，此外，他们与航空公司的关系也比你更熟悉。

例如：美国的机票是分级别的，头等机舱比经济舱贵得多，两者中间还有一种商务舱。票价还取决于订票早晚，愈早订票愈便宜。同一航线、同一等级机舱的票价可有从200至800美元的变化，全看你订票有多早以及你日程的灵活性有多大。还可花些时间打电话给几家都有此航线的航空公司。同一级别机舱，不论哪一家公司，航班全都一样，只要能把你送到目的地，你没有理由多付钱，所以，可选其中票价最廉而起飞时间也合适的那一家。

五、购买保险

出门在外，安全第一。但危险是客观存在的，是不可避免的，是随时都可能发生的。为了防范危险带来的人身、财产损害，应积极采取措施以避免危险的发生；为了将当事人自己承担的危险降低到最低限度，应将危险转移出去，避免承担危险所造成的损害，即转嫁危险。保险就是一种科学的、被普遍采用的转嫁危险的方式。

保险通常分为人身保险和财产保险两个大类。当你权衡利弊之后，准备要购买保险时，一定要认真选择购买哪一种保险，了解保险范围、保险金额、额外收费项目等。

投保人和保险人共同商定后确立保险合同的内容。保险内容包括以下主要条款：

(1) 保险人的名称和住所。

(2) 投保人、被保险人名称和住所以及人身保险的受益人的名称和住所。

(3) 保险标的。在旅游保险中，保险标的一般是投保人的生命、健康、随身携带的行李物品等。

(4) 保险责任和责任免除。保险责任，指保险人按照保险合同的规定，在保险事故发生或保险期限届满时承担的保险给付责任。责任免除，即除外责任范围，是对保险责任的限制性条款，通常规定保险人不承担赔偿责任的具体条件和范围。

(5) 保险期间和保险责任开始时间。保险期间即保险合同的有效期限，指在旅游保险合同中约定的保险人承担赔偿责任的起止期限，是保险合同当事人履行义务的重要依据，也是计算保险费的根据。

(6) 保险价值。

(7) 保险金额。指当发生事故时，保险人根据投保人缴纳的保险费而支付的最高赔偿金额。

(8) 保险费以及支付办法。保险费指投保人按照保险金额的一定比例，向保险人缴纳的费用。旅游保险费用一般较低，通常由投保人一次交清。

(9) 保险金赔偿或给付办法。

(10) 违约责任和争议处理。

(11) 订立保险合同的年、月、日。

出境活动一般可购买旅游平安险及医疗保险，要详细了解保险的项目，以确保自身的权益。目前旅游保险基本上提供三类保障：一是人身伤害保障，二是紧急救助保障，三是财物损失保障。与选购境内旅游保险不同，出境游游客除了关注能得到多少医疗赔偿金额外，还应着重考察境外旅游保险的紧急救援功能，并了解紧急救援服务的内容。如果你有尝试赛车、赛马、攀岩、无动力滑翔、探险性漂流、潜水、高山滑雪、滑板、跳伞、热气球、蹦极、冲浪等高风险活动的计划，那就要特别投保了。

六、出入境及境外活动注意事项

（一）出入境时注意事项

我国外汇管理局规定，出国人员可携带最多不超过2000美元的等值货币出境。

个人在中国出境时，如有数码摄像机、高级自动照相机，应向海关申报。

把护照、机票、携带的信用卡各复印二份，一份随身携带，另一份留给国内亲友。随身带几张护照用的照片，以便护照被窃或遗失时，迅速申请补发。

按照航空公司规定，一般飞机起飞前两小时前往机场柜台办理登记手续，否则有可能被航空公司取消原有订位。

（二）境外活动注意事项

1. 公共场所

境外的中餐馆饭菜风格与国内有诸多不同，带有明显的各国特色，请勿对号入座。

东西方饮食习惯差距很大，国外注重进餐礼节。用餐时请千万不要发出进食的响声，否则将和当地风俗发生冲突。即使是在中餐馆，也应尽可能地小声进餐。

如对某种食物禁忌，请务必于出发前告知，以便事先安排。

用自助餐，请适量选取，切勿在餐盘内剩余过多或打包，这是极不礼貌的行为。

个人财物请妥善保管，酒店内可用免费保险箱。

衣着应整洁，切勿穿着背心、短裤、拖鞋进入公共场所。

随地吐痰或大小便、乱扔废物和不遵守交通规则等行为将有可能被重罚。

在公共场所低声说话是有教养的表现。在接受服务后，请用语言或微笑表示感谢。

2. 住宿

在到达境外的期间，会发现这一天很长，一定要坚持到境外当地的时间入睡，否则会因时差影响整个培训活动。

境外酒店的特色是房间小、整洁、简雅，但历史都很悠久，与国内近年新建的豪华酒店无法用同样眼光相比。

勿穿睡衣走出房间，在酒店大厅、餐厅勿穿拖鞋，酒店内勿喧哗，以免影响他人休息。

离开酒店外出时最好能至少 3 人结伴同行（其中最好有懂外语的），并带上酒店卡片，以防迷路。

境外酒店通常不备牙刷、牙膏和拖鞋，应自备。

境外部分酒店有自费电视服务，在入住酒店前请认真阅读住宿须知，以免产生不必要的费用。

境外酒店内的酒水价格通常高于商店的价格，应根据个人情况选用；境外自来水符合卫生标准，可直接饮用。

境外酒店内长途电话十分昂贵，可自行购买电话磁卡，在公共电话亭使用。

3. 任务活动

应根据活动的性质和场合，分别按我军条令的标准着军常服、军礼服或作训服。西装在活动期间也是极庄重的服饰，穿着时应搭配颜色合适的领带、皮鞋。

在活动前要注意休息，可以准备一下第二天所要进行的内容。

为了中方人员能够与国外人士有更好的接触，在活动期间一定要遵守时间，听从主办方人员的安排，不要随意进行主办方安排以外的活动，以免造成不良的影响。

4. 人身和财产安全

遵守居住国的法律。不能从事与实际身份或所持签证不符的活动。如居留证或签证到期，必须按时回国或及时在当地办理延期手续，以免造成非法滞留，在居住国有纳税义务的中国公民，一定要依法纳税。

加强自我保护意识。出于安全考虑，在公共场合要保持安静，不要大声说话、突出自己，不要参与别人的争吵；在一些治安不太好的国家，外出时随身少带电器（一些地区有抢劫手机、摄像机、录音机等情况）；不要随身带大量现款，也不要在旅馆等住处存放大量现金。

5. 紧急事故处理方法

(1) 生病。在国外应避免暴饮暴食，并力求睡眠充足，以保证身体健康。应从国内携带一些常用药品，如感冒药、创可贴等。慢性病如心脏病、糖尿病患者应带足自备药品。通常在出发前，旅行社会为您购买境外的紧急救援险和意外保险，遇到生病或受伤，在陪同的协助下，视情况应前往医院就医或拨打24小时救援电话。

(2) 遗失护照。如果不把现金夹在护照里，遗失护照后失而复得的机会要大得多。当发现护照遗失的时候，可将照片、护照复印件拿到当地驻华大使馆申请补发，通常情况下一个星期可领到新护照。

(3) 遗失现金、箱包。只带所需现金外出，其余应放入酒店内的保险箱。应将使用过的支票号码仔细记住，需签名的两处中的一处应预先签名。在户外活动时，不要把贵重物品留在车内，以免发生贵重物品丢失的情况。饭店大厅是掉包最容易发生的地带，手提行李等宜随身带好。

(4) 航班计划变更。如遇各种因素导致航班在计划外中转，应及时找机场工作人员，出示机票以求帮助。

(5) 遗失行李。托运的行李偶尔有无法领到的事情发生，应携带行李领取证和机票向航空公司的职员申请（但如已离开海关，对方概不负责）。

(6) 发生交通意外。发生交通意外时，在事情的是非还没有分辨清楚时，不要随便向人道歉，也切勿自行贸然交涉，以免对以后的交涉产生不利影响。

(7) 迷路。每到一个新的城市，应在酒店前台领取一张地址名片，一旦迷路，应向警察求助或向出租车司机询问。

(8) 只剩一个人。一旦脱离队伍只剩一个人时，应及时与团队电话联络，再乘飞机或出租车前往。若因没有赶上飞机而剩下时，可告知航空公司与预订前往的机场取得联系。

第三节 办理出入境手续

一、出境手续

任何人走出国门，必须接受一系列的出境检查。所谓出境检查，是指一个国家的出入境管理机关对出境人员所进行的身份和出境手续等方面的查验和审核。涉外工作人员既然需要经常出境办事，就必须对这些检查的内容与程序有所了解和掌握，只有这样才能使自己顺利通过检查，以免因手续、行李和安全等各种原因而使出境受阻，耽误行程。

（一）边防检查

边防检查是出境检查的第一道程序。边防检查的内容主要是查验护照、出境登记卡两项。

进入边防检查大厅，先要填写用中英文两种文字印刷的《出境登记卡》，可选择中文填写。

《出境登记卡》的内容包括：姓名、性别、证件号码（指护照号或赴港澳通行证号）、出生日期、国籍、航班号（车次船名）、前往何地、国内住址、出境事由、签名、出境日期等项，出境事由一栏选择一个合适的项目用打“→”的方法填写。填写时要用正楷字体，最右侧“官方使用”一栏不要填写。

填好《出境登记卡》后，到边防检查站的相关窗口排队等待。当前一位旅客正在办理手续时，后面的人要站在黄线（1 米线）外等候。轮到你办理时，把护照和《出境登记卡》交给检查人员。

检查人员检查后，将《出境登记卡》留下，在你的护照上盖章后就退还给本人。你收好护照，进入安全检查大厅。

（二）安全检查

乘坐民用飞机出境时，安全检查不存在任何特殊的免检对象。任何人，不分职务高低、不分国籍、不分性别，都必须经过安全检查。任何人不得以任何理由拒绝安全检查。

安全检查既要检查旅客本人，也要检查旅客随身携带的所有物品。

安全检查采取四种方式进行：电视监测仪、探测检查门、手提式磁性探测器和人工检查。

进入安检大厅后，排队等候安检，仍然要遵守 1 米线（黄线）规则。轮到你时，请将护照、机票、登机牌等交给安检工作人员，经核验后，在登机牌上加盖安全检查印章，并把护照、机票、登机牌还给你。接着，自己把随身行李物品（有时会让你脱下外套、鞋、解下腰带等）放在电视监测仪的传送带上接受检查。你本人通过特殊的探测门，接受身体检查。如发出报警声，则要经过手提式磁性探测器的检查，或重新返回，将口袋中的手机、金属钱币、钥匙、口香糖等物品掏出来放在机场配备的小篮中，再通过安检门，直到该门不再发出报警声为止。

国家民航总局规定，旅客不得随身携带碳酸饮料、矿泉水、茶水、牛奶、酸奶、果汁、酒类（瓶装、罐装）等液态物品。如确需携带，必须托运，包装须符合民航运输规定。因特殊原因需要随身携带的液态物品，如患病旅客携带的液态药品、带婴儿的旅客携带的婴儿饮用品等，经开瓶检查确认无疑后，可予携带。若旅客不愿接受开封检查，可以办理托运手续，但必须保证液体物品不渗漏、不外溢，包装完好。

一切都没有问题后，拿上你的随身行李，收好护照、机票，只将登机牌放在身上容易拿取的地方，进入候机大厅等待登机。

（三）海关检查

按惯例，此项检查一般仅询问一下旅客有无需要申报的物品，或由旅客填写携带物品出入境的申报单。在必要时，海关有权开箱检查旅客所携带的物品。持外交护照者，可免验。

对于出入境物品，各国的管理与规定不一。在一般情况下，烟、酒等物品限量放行；文物、武器、毒品、动植物、本地货币、涉密物品，则为禁止出入境物品。对于我国与各国海关的此类具体规定，出境前务必要了解清楚。

在正常情况下，各国海关对外国旅客或非本地居民的例行检查，一般采取下列四种形式：

1. 免验

一些国家的海关注明“无须报关”，或者其海关根本无人办公。

2. 口头申报

通过海关时，旅客不必填写海关申报单，海关人员只对其进行口头询问，一般不对其进行开箱检查。

3. 填写海关申报单

通过海关时，既要提交海关申报单，亦须回答海关人员的口头询问，但一般也不对其进行开箱检查。

4. 填写海关申报单，并进行开箱检查

就现状而论，前三种情形较为常见，最后一种做法则较少见。

二、入境手续

从一个国家到达另一个国家，不仅出境需要办理一定的手续，入境也同样需要一定的检查程序。涉外工作人员如果不熟悉这些程序和手续的话，就必然会影响到顺利出入境。因此，在出国之前，外事人员就应该将有关程序摸清搞熟，只有这样才不至于因临时慌乱而出现差错，以免造成不必要的麻烦。

（一）入境的一般程序

入境的一般程序，是指外国人从走出运输工具接受入境检查到走出海关正式进入国境所应该履行的程序。一般来说，入境手续办理过程如下：

(1) 走出登机门或其他运输工具，沿着“到达”（ARRIVALS）指示牌进入入境大厅。

(2) 找到“入境处”（IMMIGRATION）指示牌，并在相关柜台排队办理入境手续。办理柜台一般分本国人、外国人、工作人员（含乘务员）三种，柜台上方会有明显的显示指示。

(3) 入境手续办理完毕后，沿“行李厅”（LUGGAGE）标志牌到行李提取处提取行李。

(4) 提取行李后，沿“红色通道”（RED CHANNEL）或“绿色通道”（GREEN CHANNEL）走出“海关”（CUSTOMS）。

有些国家入境时需要填写《入境登记卡》，有的国家如欧洲某些国家则不需要填写。需要填写《入境登记卡》的国家，一般在飞机降落前在飞机上由乘务员发给旅客填写。如在飞机上没填或填错了也不要紧，下飞机后，在入境大厅也可以临时填写。

《入境登记卡》的内容主要有：姓名、性别、出生年月日、国籍、职业、护照号码、发照日期、有效期、发照机关、发照地点、入境目的、停留期限、停留地点、航班号（或轮船号、火车车次）、过去是否进入过（如进入过，这次是第几次入境）、从哪个国家来、离开这个国家后到哪个国家去等。

各国的《入境登记卡》一般用本国文字和英文印刷。不懂前往国文字的，可用英文填写。本人不懂英文或无能力填写的，可请同伴或邻座乘客或乘务人员代为填写，然后用中文签上自己的名字和日期即可。

（二）边防检查与提取行李

在办理入境边防手续时，首先要把自己的护照、入境登记卡、黄皮书、境外邀请函（最好是原件）、入学通知书、返程机票等有关文件准备好，并按顺序排队等候（很多国家对来自某些国家、地区的旅客，免验黄皮书。

但对发生疫情的地区，则检查较严格，对未进行必要接种的旅客，往往采取隔离、强制接种等措施）。

当轮到你时，应把护照等文件递给检察官。检察官查验无误后，收下入境登记卡后，在你的护照上加盖入境章并将护照退给你。韩国等国的入境卡和出境卡要同时填写，且号码是一样的，检察官收下入境卡后将出境卡退给你，要妥善保存，不可遗失，出境时要用。

办完入境边检手续后，就可以到行李大厅提取自己的行李。各国机场的行李大厅，一般设有电视屏幕指示牌，指示牌会不断地显示某航班号从何处起飞抵达本站，并在哪个编号的行李输送带处提取行李。找到行李输送带后再辨认自己的行李，把自己的行李从行李输送带上取下后一定要再确认，无误后才可拿走。如发现认领错了，要将行李送回到输送带上，不要扔在地上不管。多数机场有大量手推车供旅客免费使用，但有的机场手推车很少，也有的是收费的，没有零钱是不能使用的。

托运的行李因被盗、错装等原因而无法领到的事件也时有发生。过去，我国旅客的行李在巴黎、米兰等城市时屡屡发生被盗事件。我们所能做的就是在行李托运之前用打包带捆绑结实。当发现行李丢失或损坏后，应立即持行李领取证（Claim Tag）和机票向机场工作人员或航空公司职员说明情况，并办理有关赔偿手续。托运行李确实丢失和损坏的，由航空公司负责赔付。

（三）海关检查

有些国家不需要填写海关登记卡，俄罗斯、澳大利亚等国则需要填写。

海关登记卡的内容一般都比较简单，主要包括姓名、护照号码、乘坐的飞机航班号、是否携带武器、贵重物品、毒品和违禁品等。旅客填好后，出关时交给海关就可以通过了。

通过海关时请注意以下三点：

（1）仔细阅读海关登记卡的每一项内容，然后填写。有些国家为了方便旅客，把需要申报的物品和回答的内容排列到登记卡上，由旅客在相应的栏目，如“是”或“否”中打上记号，一般是打“×”表示肯定，与我国打“✓”表示肯定正好相反。

（2）填写海关登记卡时要实事求是。也就是说，要把自己随身携带的钱物如实填报在海关登记卡上，目的是出该国的海关时能平安带出；否则，一旦被海关查出，则必须照章纳税或被收缴。

特别注意，如通过俄罗斯海关时，应把随身携带的所有外汇币种、数额如实填写，然后主动交验海关入境申报单，海关工作人员会加盖验讫章。一定要保管好这张申报单。当你离开俄罗斯时还要再填一张出境申报单，写清携带外币的数额，连同入境申报单一并交验，工作人员会抽查。一旦发现带出的外币数额高于带入的，高出的部分会被扣留，不可通融。

(3) 应对海关人员的检查。海关工作人员有权让你打开行李或搜身检查（外交官等除外），而你却无权拒绝检查。如果遇到这样的情况，友善配合是最好的解决方式。

第四节 乘坐交通工具

一、乘坐飞机

出国乘飞机时尽量轻装上阵，手提物品要尽量少，能托运的物品，随机或分离托运。一般航空公司规定手提物品不得超过五公斤。还可携带雨伞、大衣、手杖、相机、途中看的书报等。随机托运行李一般头等舱 30 公斤，二等舱 20 公斤以内免费，超过部分付超重费。

登机前，机票应交航空公司查验。随机托运的行李要过磅，并将重量填到机票上。航空公司撕下由其承运段的一联后，将机票与行李卡、登机卡一并交还乘客。乘客凭登机卡上飞机，凭行李卡到目的地机场领取行李。直接托运的行李，在换班机时，应关照一下，行李是否转到换乘的班机上。

上下飞机时要向站在机舱口的航空小姐简单打招呼或点头致意。

机内分一等舱和二等舱（经济舱）。一等舱一般在飞机前部。无论是否对号入座都不要随意调位置，并严格按舱等入座。

随身物品可放在头顶上方的行李架上。有的物品也可以放在座位下面。但注意不要把东西堆放在安全门前或出入通道上。

在飞机上如感闷热可打开吹风阀，也可解开外衣，或将外衣脱掉，但不要脱衬衣、穿背心。

座位头顶上方有聚光灯和呼叫空姐的按钮，有事可按此钮呼叫。

飞机起飞和降落时不准吸烟，不得去厕所，系好安全带，座椅要放直。

晕机者可在起飞前半小时服用预防药物，一般座椅背篼中备有清洁袋。呕吐时，应吐在袋中。

长途飞行，飞机上备有酒水、茶点、食品、早餐、正餐等，免费供应。

有的二等舱供应烟、酒（包括啤酒），但要现金支付。

飞机上备有各种文字报纸、杂志，供旅客阅读，但不能带走。

很多大型飞机，在旅途中有时放音乐，或放映电影，但听声音则需用耳机，耳机是免费提供的。

在飞机上不要大声喧哗，谈话声音不要影响他人。坐卧姿势也不要妨碍他人。如不小心碰着别的旅客，应表示歉意。

飞机上的一切用品均不得拿走，如厕所内的卫生用品、座椅背篼中的东西，以及小毛毯、小垫枕、塑料杯、刀叉、耳机等。

飞机中途着陆加油时，乘客一般下机休息。重要小件物品应随身携带，别的物品放在机上。如发过境登机卡，有时可凭卡在过境候机室休息，旅客不得随意离开过境候机室，以免误机。

某些城市的机场有兜售、叫卖各种用品的小商贩，需注意勿上当受骗。

到达目的地前，飞机通常广播地面天气情况，下机时可参照穿着。特别是去热带或寒带地区，注意增减衣服。

如遇气候不好，改降其他机场，不必紧张，一切由航空公司负责。

上下飞机要清点人数，但不要列队而行，不要喊集合和口令等。

办完入境手续即可凭行李卡领取托运的行李。国际机场均备有行李传送带和手推车。旅客自己取行李推出机场即可。

万一乘飞机时丢失行李，可找机场行李管理人员或所乘航班的航空公司协助寻找。一时找不到，可填写申报单交航空公司。后果真丢失，由航空公司照章赔偿。

飞机（火车、汽车、轮船）上的设备，不要随意触动，如各种灭火装置、安全设施、紧急制动阀、钮等。有的国家规定无故按动紧急制动装置要被判刑或罚款。

二、乘坐公共交通

在国外特别是在欧洲坐豪华城际列车和出租车，都没像坐公交汽车和地铁来得那么便利实惠。国内的地铁和部分公交车硬件与欧美相比已有很大优势，但坐车人的方式和礼让却是失之毫厘、谬以千里。涉外工作人员应尤其注意在国外乘坐公共交通的礼节，不可将国内的坏习惯带到国外，否则会遭到外国人对华人的蔑视和反感，损害中国形象。

坐公交车和地铁最多的是在比利时和德国。在这两个国家所谓的公交车就是有轨电车，其“咝咝咝”清脆悦耳的电车飞驰声使人有种说不出的愉悦。纵使在交通高速发达的今天，德国和比利时依旧保留二战遗留下来的那些有轨电车和铺在大方石块里的坚实的铁轨。其实新中国成立前，上海南京路上的有轨电车的路基从设计到具体实施都是来自比利时工程师。

由于欧洲交通十分便利，人们出行上班对交通工具的选择有多种，故公交电车也就不显得那么拥挤繁忙了。但由于近年来油价飞涨，迫使许多人不得不考虑和选择经济实惠的出行上班交通工具。一些中产阶级亦加入其中。比如平时上班选择地铁或电车，周末和家人外出则开上豪华私家车去“兜兜风”。更有甚者，会肩扛迷你自行车坐火车从比利时去荷兰上班，他们美其名曰：“既锻炼身体又节省成本。”

德国汽车站基本上和中国上海差不多，只是一个站点上只有2~3种不同线路的车，短线的公交电车很多。不像上海一个公交站点上有2~3根站牌柱，一根柱上有3~4块站牌，一块站牌上正反面都被“综合”利用得非常紧凑。许多初来上海的游人都要在那些站牌前驻足观看多时才稍加明白，至于老外，那还是认真阅读上海指南的书刊为妥。德国的公交站点是看不见广告和广告灯箱的，据说是被禁止的。原因是，广告多了也是一种视觉污染，而且众多的广告需要纸张，这涉及能源和环保。

德国的公交电车与比利时稍有点不同。比利时公交电车车费基本上是整数，故车内没有找零设施。而德国在驾驶座位边上的车费箱附近安放了一个小圆盘，圆盘里被分隔成几份，便于放置不同大小的欧元以供乘客找零。这就是德国人的思维，很细致周到，很人性化。不过这种“很人性化”的前提是每个人都严格地遵守着乘车的秩序并且自觉。

德国的公交电车每15~20分钟一班，上下班高峰时挤一点，其他时间则很空。不过即使高峰时段再拥挤，候车的乘客还是非常有秩序的。更多的人特别是男士很谦让，让女士、孩子和老人先上车。此情景在欧洲很普遍，谦让、礼貌永远是属于Gentlemen（绅士）的。涉外人员千万不可像在中国挤公交一样，打老远见车慢吞吞地开来，众人就做好“抢车”的准备，挤的挤、撵的撵、踹的踹，“十八般武艺”全用上，为的就是可以在车上抢到一个位子；为抢座位而置生命于不顾，忘却了自觉，更不谈秩序。

欧洲的公交车、地铁和国内一样也是刷卡或投币。但一些城际列车就要在车站大厅门口的自动买票机上购票了。一般一张从荷兰马斯特里赫特到比利时布鲁塞尔南站的城际普通票票价为十多欧元。学生、军人、残疾人的票是可以打折的。在欧洲公交线上很少有逃票现象，因为公交车都是短线。而在城际列车上发生逃票的比例就高了。原因是城际列车查票少，即使查票也是很难得的。政府主要还是倡导民众自觉维护社会公德，公众相互监督。一旦查到逃票的，假如是首犯或有其他理由则从轻发落，但仍然要罚款。对那些老逃票的同时被记录在案的，一经抓住，除高额罚款外，还要将其送至法院进行法律处置。由此，公众的自觉意识大为提高，逃票的行为也渐渐少了。

第七章
部分国家礼仪礼俗

“十里不同音，百里不同俗。”来自不同国家的人民，有着不同的风俗习惯。在涉外交往工作中，涉外工作人员应熟知世界各国的礼仪礼俗，有针对性地开展对外交往工作，才能取得事半功倍的效果。

第一节 西方国家主要礼仪礼俗

一、美国习俗礼仪

美国80%以上是欧洲移民的后裔，华裔约100万。50%的居民信奉基督教和天主教，其他人信仰犹太教和东正教。

美国人一般性情开朗、乐于交际、不拘礼节。第一次见面不一定行握手礼，有时只是笑一笑，说一声“Hi”或“Hello”就算有礼了。握手的时候习惯握得紧，眼要正视对方，微弓身，认为这样才算是礼貌的举止。在告别的时候，也只是向大家挥挥手或者说声“再见”、“明天见”。但如果别人向他们致礼，他们也用相应的礼节，比如握手、点头、拥抱、行注目礼等。在美国如果有客人夜间来访，主人穿着睡衣接待客人会被认为是不礼貌的行为；当被邀请去老朋友家做客时，应该预备小礼物；在朋友家做客时，打长途电话要经过主人同意，离开的时候，要留下电话费。

在美国，如果要登门拜访，必须先打电话约好；名片一般不送给别人，只在双方想保持联系时才送；当着美国人的面想抽烟，必须问对方是否介意，不能随心所欲。

一般乐于在自己家里宴请客人，而不习惯在餐馆请客。不喜欢清蒸和红烩菜肴。不喜欢过烫过热的菜肴，喜欢少盐味，味道忌咸，稍以偏甜为好。喜欢喝可口可乐、啤酒、冰水、矿泉水、威士忌、白兰地等。不喜欢人在自己的餐碟里剩食物，认为这是不礼貌的。喜爱中国的苏菜、川菜、粤菜。

喜爱白色，认为白色是纯洁的象征；偏爱黄色，认为是和谐的象征；喜欢蓝色和红色，认为是吉祥如意的象征。他们喜欢白猫，认为白猫可以给人带来运气。

美国人对握手时目视其他地方很反感。认为这是傲慢和不礼貌的表示。忌讳向妇女赠送香水、衣物和化妆用品。美国妇女因有化妆的习惯，所以他们不欢迎服务人员送香巾擦脸。

在美国千万不要把黑人称作“Negro”，最好用“Black”一词，黑人对这个称呼会坦然接受。因为“Negro”主要是指从非洲贩卖到美国为奴的黑人。跟白人交谈要如此，跟黑人交谈更要如此；否则，黑人会感到你对他的蔑视。

忌讳别人冲他伸舌头。认为这种举止是污辱人的动作。他们讨厌蝙蝠，认为它是吸血鬼和凶神的象征。忌讳数字“13”、“星期五”等。忌讳问个人收入和财产情况，忌讳问妇女婚否、年龄以及服饰价格等私事。忌讳黑色。认为黑色是肃穆的象征，是丧葬用的色彩。特别忌讳赠送带有公司标志的便宜礼物，因为这有做广告的嫌疑。

二、加拿大习俗礼仪

加拿大大部分是英法等国家移民的后裔。土著人占5%、华裔占1.2%，大部分信奉天主教和基督教。

加拿大人因受欧洲移民的影响，他们的礼貌礼节和英法两国差不多。在日常生活中，加拿大人着装以欧式为主。上班的时间，他们一般要穿西服、套裙。参加社交活动时，往往要穿礼服或时装。在休闲场合则讲究自由穿着，只要自我感觉良好即可。握手被认为是一种友好的表示，一般在见面和临别时握一下就行，不必反复握手。公务时间，加拿大人很注意个人仪表和卫生。所以，他们希望客人也能这样。

他们有邀请亲朋好友到自己家中共进晚餐的习惯。受到这种邀请，应当理解为是主人主动显示友好之意。如果被邀到别人家做客，明智的选择是给主人送点鲜花。不要送白色的百合花，它们是与葬礼联系在一起的。加拿大人以自己的国家为自豪，反对和美国作言过其实的比较。谈到肯定成绩的事例并对加拿大人民及其国家给予好评是最受欢迎的行为。

加拿大人对法式菜肴比较偏爱，并以面包、牛肉、鸡肉、土豆、西红柿等物为日常食物。从总体上讲，他们以肉食为主，特别爱吃奶酪和黄油。加拿大人重视晚餐。饮食上讲究菜肴的营养和质量，注重菜肴的鲜和嫩。口味一般不喜欢太咸，偏爱甜味。一般以米饭为主食。对煎、烤、炸等烹调方法制作的菜肴比较偏爱。喜爱中国的苏菜、沪菜、鲁菜。习惯饭后喝咖啡和吃水果。忌讳吃各种动物内脏，不爱吃肥肉。

忌讳“13”、“星期五”，认为“13”是厄运的数字，“星期五”是灾难的象征。

三、英国习俗礼仪

英国英格兰人占80%以上，其余是苏格兰人、威尔士人和爱尔兰人等。居民绝大部分信奉基督教，只有少部分人信奉天主教。

英国是绅士之国，讲究文明礼貌，注重修养，同时也要求别人对自己有礼貌。注意衣着打扮，什么场合穿什么服饰都有一定惯例。见面时，对尊长、上级和不熟悉的人用尊称，并在对方姓名前面加上职称、衔称或先生、女士、夫人、小姐等称呼。亲友和熟人之间常用昵称。初次相识的人相互握手，微笑着说：“您好!”在大庭广众之下，人们一般不行拥抱礼，男女之间除热恋情侣外一般不手拉手走路。

英国人不轻易动感情或表态。他们认为夸夸其谈是缺乏教养的，认为自吹自擂是低级趣味的。人们交往时常用“请”、“对不起”、“谢谢”等礼貌用语，即使家庭成员间也一样。

英国的烤牛肉加约克郡布丁被称为国菜。这是用牛腰部位的肉，再把鸡蛋加牛奶和面，与牛肉、土豆一起在烤箱中烤制的菜肴。上桌时，还要另配些单煮的青菜，即为烤牛肉加约克郡布丁。普通家庭一日三餐（即早餐、午餐、晚餐），他们以午餐为正餐；阔绰人家则一日四餐（即：早餐、午餐、茶点和晚餐）。

不愿意吃带粘汁的菜肴，忌用味精调味，也不吃狗肉。口味不喜欢太咸，爱甜、酸、微辣味，对烧、煮、蒸、烙、焗和烘烤等烹调方法制作的菜肴偏爱。喜欢中国的京菜、川菜、粤菜。

他们普遍喜爱喝茶，尤其妇女嗜茶成癖。下午茶几乎成为英国人的一种必不可少的生活习惯，即使遇上开会，有的也要暂时休会而饮下午茶。不喝清茶，要在杯里倒上冷牛奶或鲜柠檬，加点糖，再倒茶制成奶茶或柠檬茶。如果先倒茶后倒牛奶会被认为缺乏教养。他们还喜欢喝威士忌、苏打水，喝葡萄酒和香槟酒，有时还喝啤酒和烈性酒，彼此间不劝酒。

对英国人称呼“英国人（English）”是不太被接受的。因为“英国人”原意是“英格兰人”，而你接待的宾客，可能是英格兰人、威尔士人或北爱尔兰人，而“不列颠人（British）”这个称呼则能让所有的英国人都感到满意。

忌讳用人像、大象、孔雀作服饰图案和商品装潢。他们认为大象是愚笨的，孔雀是淫鸟、祸鸟，连孔雀开屏也被认为是自我吹嘘和炫耀。忌讳“13”这个数字。还忌讳用同一根火柴给第3个人点烟。和英国人坐着谈话时忌讳两腿张得过宽，更不能跷起二郎腿。如果站着谈话，不能把手插入衣袋。忌讳当着他们的面耳语和拍打肩背，忌讳有人用手捂着嘴看着他们笑，认为这是嘲笑人的举止。忌讳送人百合花，他们认为百合花意味着死亡。

四、法国习俗礼仪

法国法兰西人约占94%，绝大多数居民信奉天主教。

法国人热情开朗，初次见面就能亲热交谈，而且滔滔不绝。法国人讲究服饰美，特别是妇女穿得非常时尚，特别喜欢使用化妆品，光口红就有早、中、晚之分，是世界上最爱打扮的妇女之一。

法国是世界上最早公开行亲吻礼的国家，也是使用亲吻礼频率最多的国家。和法国人约会必须事先约定时间，准时赴约是有礼貌的表示，但不要提前。送鲜花给法国人也是很好的礼品。法国人在公共场所不能有懒散动作，不能大声喧哗。

法国的烹调世界闻名，用料讲究，花色品种繁多，口味香浓、鲜嫩味美，注重色、形和营养。法国人烹调时用酒比较重，肉类菜烧得不太熟，如水鸭三四分熟就行。有的肉最多七八分熟，牡蛎一般都喜欢生吃。配料喜欢用蒜、丁香、香草、洋葱、芹菜、胡萝卜等。他们不吃辣的食品。

法国人忌讳黄色的花，认为是不忠诚的表现。忌讳黑桃图案，认为不吉祥；忌讳墨绿色，因二战期间德国纳粹军服是墨绿色；忌讳仙鹤图案，认为是蠢汉和淫妇的象征。不送香水或化妆品给恋人、亲属之外的女人，因为他们认为这些象征着过分亲热或是图谋不轨。

五、德国习俗礼仪

德国绝大多数是德意志人。居民中信奉基督教约占一半，另外有46%的人信奉天主教。

德国人纪律严明，讲究信誉，极端自尊，待人热情，十分注重感情，爱好音乐。

重视称呼，是德国人在人际交往中的一个鲜明特点。对德国人称呼不当，通常会令对方大为不快。

一般情况下，切勿直呼德国人的名字。称其全称，或仅称其姓也可以。和德国人交谈时，切勿疏忽对“您”（sie）与“你”（du）这两种人称代词的使用。在德国，称“您”表示尊重，称“你”则表示地位平等、关系密切。对于熟人、朋友、同龄者，方可以“你”（du）相称。

德国人对发型较为重视。在德国，男士不宜剃光头，免得被人当成“新纳粹”分子。德国少女的发式多为短发或披肩发，烫发的妇女大半是已婚者。

德国人注意衣着打扮，外出时必须穿戴整齐、清洁；见面打招呼必须称头衔，不直呼名字；约会准时，时间观念强；待人热情、好客、态度诚实可靠；宴席上，男子坐在妇女和地位高的人的左侧，女士离开和返回饭桌时，男子要站起来以示礼貌；请德国人进餐，事先必须安排好。和他们交谈最好谈原野风光，个人的业余爱好多为体育活动。接电话时首先要告诉对方自己的姓名。

德国人最爱吃猪肉，其次才是牛肉。以猪肉制成的各种香肠，令德国人百吃不厌。忌讳吃核桃。

如果同时喝啤酒和葡萄酒，要先喝啤酒，然后再喝葡萄酒，否则被视为有损健康。

在公共场合窃窃私语，被认为是十分无礼的。

在德国，蔷薇专用于悼亡，不可以随便送人。忌讳茶色、红色、深蓝色。

服饰和其他商品包装上忌用纳粹标志。

六、意大利习俗礼仪

意大利主要是意大利人，90%以上的居民信奉天主教。

意大利人热情好客，待人接物彬彬有礼。在正式场合，穿着十分讲究。见面礼是握手或招手示意；对长者、有地位和不太熟悉的人，要称呼他的姓，加上“先生”、“太太”、“小姐”和荣誉职称；和意大利人谈话要注意分寸，一般谈论工作、新闻、足球；不要谈论政治和美国橄榄球。

如果有人打喷嚏，旁边的人马上会说：“萨尔维（祝你健康）！”另外，当着别人打喷嚏或咳嗽，会被认为是不礼貌和讨人嫌的事，所以本人要马上对旁边的人表示“对不起”。

女士受到尊重，特别是在各种社交场合，女士处处优先。

意大利人有早晨喝咖啡、吃烩水果、喝酸牛奶的习惯。酒特别是葡萄酒是意大利人离不开的饮料，不论男女几乎每餐都要喝酒，甚至在喝咖啡时，也要掺上一些酒。

意大利人忌讳菊花。

七、西班牙习俗礼仪

西班牙96%的居民信奉天主教。西班牙人热情、浪漫、奔放、好客、富有幽默感。他们注重生活质量，喜爱聚会、聊天、对夜生活尤为着迷，经常光顾酒吧、咖啡馆和饭馆。

西班牙人的作息时间较为独特：午餐一般在14:00—16:00，晚餐一般在21:00—23:00。西班牙人爱好十分广泛，喜欢旅游，酷爱户外活动，对足球、登山及自行车等运动情有独钟。西班牙的斗牛、弗拉门戈舞闻名于世。

西班牙人在圣诞节前有相互送礼的习惯。赠送礼品很注重包装并有当面拆包赞赏的习惯。西班牙人赴约一般喜欢迟到一会儿，尤其是应邀赴宴。餐桌上一般不劝酒，也无相互敬烟的习惯。

西班牙的节日丰富多彩，每年约200个。除了国庆节、元旦、圣诞节、复活节、圣周等一些重要的传统节日外，每个地区都有自己的带有浓郁地方色彩的节目。节假日及周末，喜欢家人团聚，不愿接待客人。

石榴花为西班牙国花。

（1）西班牙人仪态礼仪。当地妇女有“扇语”，如当妇女打开扇子，把脸的下部遮起来，意思是：我是爱你的，你喜欢我吗？若一会儿打开一会儿合上，则表示：我很想念你。因此初到西班牙的妇女，如果不了解扇语，最好不要使用扇子。

（2）西班牙人相见礼仪。西班牙人在正式社交场合与客人相见时，通常行握手礼。与熟人相见时，朋友之间常紧紧地拥抱。西班牙人的姓名常有三四节，前一二节为本人姓名，倒数第二节为父姓，最后一节为母姓。通常在口头称呼中称父姓。

（3）西班牙商务礼仪。西班牙人很重视信誉，总是尽可能地履行签订的合同，即便后来发现合同中有对他们不利的地方，他们也不愿公开承认自己的过失。如在这种情况下，对方能够善意地帮助他们，则会赢得西班牙人的尊重与友谊。西班牙人只有在参加斗牛比赛活动时才严守时间，但客人应当守时，即便对方晚到，也不要加以责怪。

（4）西班牙旅游礼仪。西班牙人性格开朗、热情，但容易激动，有时发生争吵是很正常的，他们对此已习以为常。西班牙人吃东西时，通常会礼貌地邀请周围的人与他分享，但这仅是一种礼仪上的表示，不要贸然接受，否则会被他们视为缺乏教养。

八、澳大利亚习俗礼仪

澳大利亚95%的居民是英国和其他欧洲国家移民的后裔，华裔和华侨约20万，98%的居民信奉基督教，其余信奉犹太教、佛教和伊斯兰教。

澳大利亚人办事认真爽快，喜欢直截了当，待人诚恳、热情，见面时喜欢热情握手，称呼名字。乐于结交朋友，即使是陌生人也一见如故。他们崇尚友善，并谦逊礼让，重视公共道德，组织纪律强，时间观念强，赴约准时并珍惜时间。女性比较保守，接触时要谨慎。做客时可以赠送葡萄酒和鲜花。

澳大利亚人的饮食习惯、口味和英国人差不多。菜清淡、不吃辣。家常菜有煎蛋、炒蛋、火腿、脆皮鸡、油爆虾、糖醋鱼、熏鱼、牛肉等。当地的名菜是野牛排。澳大利亚人食量比较大，啤酒是最受欢迎的饮料，其中达尔文城的居民以喝啤酒闻名。

往往是邀请友人一同外出游玩，他们认为这是密切双方关系的捷径之一。所以如果拒绝的话，会被他们理解成不给面子。

澳大利亚的基督教徒有“周日做礼拜”的习惯。他们的这种做法“雷打不动”，所以要避免在这天和他们邀约。

在澳大利亚人眼里，兔子是一种不吉利的动物。他们认为，碰到了兔子，可能是厄运降临的预兆。

澳大利亚人喜欢体育活动，游泳和日光浴是人们的喜好，如果有谁不会游泳，还会成为众人嘲讽的对象。

跑马是非常受欢迎的话题。

九、日本习俗礼仪

日本礼仪给人印象最深的莫过于他们频繁的鞠躬礼了。虽然握手礼在日本已经得到广泛的采用，但鞠躬在日本礼仪中仍起着至关重要的作用。很多人即使只是在日本呆了不长时间最后也会把这个习惯带回家去，鞠躬礼使用之频繁可见一斑。一般持2～3秒即被视为深鞠躬，对商店售货员和电梯服务员的众多鞠躬不必回礼，但对餐馆或酒店的服务员的鞠躬报以微微的颔首则是礼貌的做法。日本人的初次见面多是鞠躬而不握手，但如果当你准备鞠躬却发现对方已经伸出手，此时只要试着将鞠躬和握手礼结合起来就可以顺利过关了。

在中国，或许名片在交往经商过程中只起着礼节性的作用，但在日本名片则起着重要的作用。日本社会很重视身份地位，通过名片可以让人简明快捷地了解某人在某个阶层级别所处的位置。名片上的名字应用片假名的形式，这样有助于那些对外国人名不熟悉的人更容易地掌握发音。名片应盛放在塑料、皮革或金属夹（盒）中，用橡皮筋捆在一起的卷角名片会给人留下负面形象。在交换名片时，要双手呈上你的名片，印有日文的一面朝上，文字朝向对方，同时说些常用的问候语，伴以浅躬。接名片时也应伴以浅躬，然后仔细端详，郑重地收藏起来。立即装入口袋、折叠或在上面写画都是对人不尊重的做法。

在与日本人交往的过程中，最令人头痛的莫过于日本人语言的迂回性了。开门见山在中国或许是率真的表现，在日本则可能会得到粗鲁的评价。有些中国人常常会对日本人的含糊其辞、缺少明确答案大为肝火，其实是其固有的文化习惯使然。最好的办法是在同日本人交流时努力抓住各种暗示，并使用推理的办法来理解对方的完整意思，然后谨慎措辞，不要过度强烈地表达个人愿望，即使是持反对意见，也一定尽可能使用多一些的语言来说明。其实，日本人往往会给外宾较多的宽容，而且语言的迂回性一般也不会带入相应的外语表达方式。比如在用英语交谈时，日本人多会表现得更直率些。所以只要用心，定能揣测出对方的真实意思。

另外，日本礼仪还有一些很有意思的注意事项。比如只要受到提示，就应毫不犹豫地脱下鞋子，其实，只要见到擦亮的榻榻米或木地板就应脱掉鞋子，在榻榻米上甚至连拖鞋都是不允许穿的；在挂着“汤”字的日式浴池中，只能在入浴之前先在周围的小凳上擦洗干净，因为日式的浴池是为了浸湿而不是擦洗用的。中国传统的餐桌礼仪大概是要求吃饭时无声无息，可在日本面馆里，这绝对是一种失礼的表现：日本人认为在吃面时发出“啧啧”声是对食物美味的肯定，你发出的声音越大就越显示你有礼貌。

第二节 俄罗斯及东欧、中亚国家主要礼仪礼俗

一、俄罗斯的习俗礼仪

俄罗斯主要是俄罗斯人，东正教是其主要宗教。

俄罗斯人性格开朗、豪放，集体观念强。他们和人见面，大多行握手

礼，拥抱礼也为他们常施的一种礼节。他们还有施吻礼的习惯，但对不同人员，在不同场合，所施的吻礼也有一定的区别：一般在朋友之间，或长辈对晚辈之间，以吻面颊者为多，不过长辈对晚辈以吻额表示亲切和慈爱；男子对特别尊敬的已婚女子，一般多行吻手礼，以示谦恭和崇敬。吻唇礼一般只是在夫妇或情侣间流行。

主人给客人吃面包和盐，是最殷勤的表示。一般对晚餐要求较简单，对早、午餐较重视。用餐时间都习惯拖得很长。乐于品尝不同风味的菜肴，喜欢熟透和酥烂的菜肴。非常喜欢中餐。

在待客中，常以“您”字表示尊敬和客气；而对亲友往往用“你”字相称，认为这样显得随便，同时还表示出对亲友的亲热和友好。外出时，十分注重仪容仪表，衣扣要扣得完整，习惯衣冠楚楚。男子外出活动时，一定要把胡子刮净；赴约要准时；在社交场合，处处表现尊重女性。

和俄罗斯人说话，要坦诚相见，不能在背后议论其他人，更不能说他们小气；对妇女要十分尊重，忌讳问年龄和服饰价格等。

俄罗斯人不吃海参、海蜇、墨鱼、木耳。偏爱“7”，认为“7”预兆会办事成功，“7”还可以给人们带来美满和幸福。他们普遍喜爱红色。人们都把红色视为美丽和吉祥的象征。应邀去俄罗斯人家里作客时可带上鲜花或烈性酒，送艺术品或图书作礼品是受欢迎的。女主人对来访客人带给她的单数鲜花是很欢迎的；男主人则喜欢高茎、艳丽的大花。

绝不能在街上丢弃任何东西，连一张过期的电影票也不行。这种行为有损俄罗斯的整洁，而且是违规的。

对盐十分崇拜，并视盐为珍宝和祭祀用的供品。认为盐具有驱邪除灾的力量。如果有人不慎打翻了盐罐，或是将盐撒在地上，便认为是家庭不和的预兆。为了摆脱凶兆，他们总习惯将打翻在地的盐拾起来撒在自己的头上。

俄罗斯人认为兔子是一种怯弱的动物，如果从自己眼前跑过，那便是一种不祥的兆头。忌讳黑色，认为黑色是丧葬的代表色。因此，对黑猫更为厌恶，并视黑猫从自己面前跑走是不幸的象征。

重视文化教育，喜欢艺术品和艺术欣赏。所以，和他们谈论艺术是个很受欢迎的话题。

二、乌克兰的习俗礼仪

乌克兰是以民族命名的国度，位于欧洲东部，首都为基辅。乌克兰语为国家语言。国旗由上蓝下黄两个平行长方形组成。国歌为《乌克兰不会消亡》。共有110多个民族，乌克兰族约占72.7%。主要宗教为东正教和天主教。

(1) 相见礼仪。乌克兰人性格刚强又平和，严正又不失豁达。尤其是档次较高的人，颇有儒雅风采。即便常常在一起的人，见面时都要拍板致意或用手势打招呼，奉行女士优先的风俗。小孩见到长辈要躬身问安，成人则习惯蹲下来同小孩谈话，大人之间不和时则极力防止在孩子面前争吵或失态。生疏之人相见时，可称“女士”、“先生”，熟人会晤可只称其本名，兄弟姐妹之间普遍爱好昵称。握手和拥抱是最常见的见面礼仪。他们从不怠慢客人，愿意广交朋友。在社交场所，客人可作自我介绍，假如对方不愿作自我介绍，不用直接询问，可稍后向第三者探听。

(2) 餐饮礼仪。与东欧国家大抵雷同，以面食、稻米为主食，喜欢吃面包及腌制的食品，口味偏重甜、酸。对油腻和微辣的食品也能适应，常吃生果、白菜、酸奶等，他们还特别喜欢吃一种热气腾腾的甜馅饺子。

(3) 衣饰礼仪。除在正式场合着西装和质料讲究的大衣外，男子在一般场合喜欢穿夹克衫或衬衫；女子喜欢扎花头巾，姑娘扎小辫，节日戴用树枝和鲜花编成的花冠。乌克兰妇女的传统服装大部分呈流线型，款式奇特，平常只在紧身衬裙外罩一条羊毛短裙。妇女外出时肩挂或手提小挎包，佩戴首饰耳环，以淡妆居多。

(4) 婚丧喜庆。礼节性婚礼一般在教堂举办，而后在家里宴请宾客。白叟逝世后，要由神职职员主持丧礼，一般实行棺葬。

(5) 重要禁忌。大多数人禁忌“13”和“星期五”，他们喜欢念叨文艺创作、科技结果，而不乐意谈及宗教、对历史人物的评估等话题。不要送用于丧葬的菊花作为礼品。

三、匈牙利习俗礼仪

匈牙利人性格开朗爽快，言谈举止文明，一向十分好客，待人友好热情。

匈牙利人爱阅读书报、关心时事。

匈牙利人对大蒜怀有很深的感情，普遍认为大蒜能防御病魔，一些农村人，还认为大蒜能驱邪。为此，当妇女怀孕以后，人们常把大蒜放在孕妇的床上，以保护母子的安康。他们对白色感情特别深厚，认为白色是吉祥之色，会给人们带来光明与幸福。他们与红葡萄酒结下了不解之缘，相传埃格尔人痛饮红葡萄酒后抵御奥斯曼帝国的侵略，致使敌人误认为他们是喝了牛血誓死拼战，吓得纷纷逃窜。此后，用优质葡萄酿制而成的“埃格尔的牛血酒”，便成了人民最喜爱的酒。他们在闲聊中，乐于谈论食品、酒和赞赏匈牙利突出成就方面的话题。

匈牙利人在社交场合与客人相见时，一般行握手礼。握手时，一定要坦然注视对方。匈牙利妇女一般多行屈膝礼。

(1) 称谓与问候礼仪。见面时通常握手为礼。男人应等女人先伸出手再握。

(2) 款待与馈赠礼仪。如果你应邀去匈牙利人家里吃饭，可带西方的烈性酒或包好的鲜花（不要带红玫瑰）作为礼物。

(3) 交谈礼仪。恰当的话题：食品、葡萄酒、你所喜欢的匈牙利某些方面。不要谈论政治或宗教。

(4) 匈牙利人的信仰忌讳。匈牙利主要宗教有罗马天主教和新教，其次为东正教、犹太教。匈牙利人忌讳“13”、“星期五”，请客席位忌单数，尤其忌“13”号席位。他们认为“13”会给人带来灾难，“星期五”是个丧日。他们把打破玻璃看成是不祥的预兆，事后准会有不幸的事情发生。他们在除夕之夜，忌吃飞禽和鱼类做成的食品，认为吃了飞禽肉，幸福就会像鸟儿一样飞走，而吃了鱼肉，吉祥就会像鱼儿一样溜掉。匈牙利的农民习惯在新房落成之后往新居室内撒盐，认为这样可以避邪，他们认为黑色是丧葬的色彩，把见到黑猫看成是件非常懊丧的事情。他们忌讳谈论政治和宗教的问题。他们不愿意吃带有骨刺的菜肴，不吃奇形怪状的食品，如海参、蟹等，也不喜欢吃用菠菜、萝卜制作的菜肴。

(5) 匈牙利人的饮食习惯。匈牙利人喜欢味道浓厚、油多的菜肴。有圣诞节吃火鸡，除夕吃“烧乳猪”的习惯。他们常把猪头喻为“幸福和兴旺”的象征。他们喜欢微辣味，特别爱吃带甜味的辣椒，还愿意在菜里放些辣椒粉。

匈牙利人在饮食嗜好上还有如下特点：注重讲究丰盛吉祥，注重菜肴质高量大；口味一般偏重，不怕油腻，也爱甜辣味道；主食以面食为主，尤其爱吃巧克力甜点心；副食喜食猪肉、嫩牛肉、蛋类、鸡、鸭、鹅、鱼及猪肝、猪口条等；蔬菜品种上，爱吃土豆、洋葱、圆白菜、西红柿、黄瓜、柿子椒、豌豆、辣椒等；调料爱用蒜、酱油、醋、胡椒粉等。

制法上，对用炒、烧、烧、煎等方法烹调制作的菜肴比较偏爱。

对于中餐，喜爱中国的粤菜、川菜、京菜。很欣赏什锦拼盘、烤乳猪、辣子鸡球、炒肝尖、姜芽鸭片、红烧牛肉、香酥鸡、虾胶酿雪耳、烤鸭、奶油菜花、冬瓜盅、鸡片汤等风味菜肴。

他们善饮酒，大多乐于喝啤酒和葡萄酒，饮料中喜欢浓咖啡、矿泉水、橘子汁、可口可乐等。果品最爱吃香蕉、葡萄、菠萝、橘子等水果，还格外喜欢巧克力，干果爱吃炒杏仁、花生米等。

四、罗马尼亚习俗礼仪

罗马尼亚位于欧洲巴尔干半岛东北部，面积为2375万平方公里。境内山地、丘陵、平原各占三分之一。人口为2300万，是东欧各国中唯一的拉丁民族国家。罗马尼亚语为国语。在饭店或其他场合，英语、法语、德语、匈牙利语可以通用。首都为布加勒斯特。

罗马尼亚1944年8月23日获得解放。1947年12月30日，建立罗马尼亚人民共和国。1949年10月5日与我国建交。1965年改名为罗马尼亚社会主义共和国。1989年12月28日改名为“罗马尼亚”。

首都布加勒斯特景色宜人，绿意浓郁，鲜花盛开，人称“东欧的巴黎”。罗马尼亚人性格开朗，酷爱音乐，常在各种餐厅即兴演奏，有时尽兴就地跳起舞来，周围鸦雀无声，听不到有人在说话。除了夏天的一段时间以外，几乎每晚都举行音乐会、歌剧、芭蕾舞表演，入场券很便宜。在罗马尼亚开展商务活动，在各种场合均宜穿着保守式西装。拜访政府机关，绝对需要事先约定。根据当地人的商业习惯，国营机构从9点开始接受约会。另外，即使约定了时间去拜访，有时还会再等候一个小时以上，因此自己的时间排定要充分一点。

罗马尼亚人一般不请外来人到家中做客。但被邀请时，一定不要忘记给女主人带上一束鲜花。香水、化妆品、咖啡和牛仔裤是送给罗马尼亚人的理想礼品，也可以送不太贵的笔或打火机。

罗马尼亚人一般以面食为主食，有时土豆也可作为主食，而土豆烧牛肉是他们的家常菜肴。各种香肠是他们的特产。罗马尼亚人对盐有特别的好感和嗜好。他们不论吃什么东西，常蘸些盐和胡椒，因此，在接待罗马尼亚客人时，如果在餐桌上提供盐、胡椒、大蒜，他们会特别高兴，认为这是对他们的了解和尊重。他们一般不太爱吃鱼和海味食品，也不爱吃清淡的米饭。

罗马尼亚这个国家有许许多多的传统礼节。比如，男女见面时总是先由男方向女方打招呼，然后才由女方向男方打招呼。一群男女出门时，总是男子礼让女士先行，男士照顾女士已经成了一种社会风尚。罗马尼亚农村妇女的头饰不仅美观实用，而且也是婚否的标志。在农村或山区迎接贵宾时，人们总是先送上整块新鲜的大面包，端上放盐的盘子，请客人掰下面包蘸盐吃（他们觉得面包和盐是人生最需要的东西）；接着还要请客人饮木桶之酒，这些都是当地人民招待贵宾的传统礼仪。在黑海之滨的北埃福里亚地区，人们可以看到五颜六色的帐篷，成群的男女，一丝不挂，浑身上下涂满黑色的泥土，躺在沙滩上晒太阳。这是罗马尼亚人在进行闻名海外的“泥浴”。

五、哈萨克斯坦习俗礼仪

哈萨克斯坦是以其民族名称命名的国家。其祖先早在青铜时代已居住在今天的哈萨克斯坦，先后有塞种人、乌孙人、阿兰人等。1917 年建立苏维埃政权，属俄罗斯联邦，1925 年 4 月 19 日改称哈萨克自治共和国，1936 年 12 月 25 日加入苏联，1990 年 10 月 25 日共和国通过“主权宣言”，1991 年 12 月 5 日宣布独立。

哈萨克斯坦位于原苏联亚洲部分的西南部。北与俄罗斯联邦相接，南临土库曼斯坦、乌兹别克斯坦、吉尔吉斯斯坦，东与中国新疆接壤，西濒里海。

哈萨克斯坦全国面积 271.7 万平方公里，人口为 1669.03 万。居住着 130 多个民族，其中主要为哈萨克人和俄罗斯人，另外还有少数的乌克兰人等。

哈萨克斯坦下设自治共和国、自治州和民族区。首都为阿拉木图。货币为“卢布”。官方语言为俄语，通用语言为哈萨克语。

哈萨克斯坦人民身体强悍、生来勇猛。在与朋友相见时，打招呼的习惯很有民族特色，一般客人见到主人的时候，都要先问“牲畜平安”，然后再问“全家平安”。这种特殊的礼节习惯的产生，据说主要是因为牲畜与他们息息相关，甚至主宰着他们的命运，故此，他们重视牲畜的程度不亚于重视人。哈萨克斯坦是个极为重视文明礼貌的民族。他们有这样一个信条：“对长者要尊敬，对幼小要扶持，对友信要忠诚。”他们对绿色有着很深的感情，绿色是积极向上的色彩，给人以吉祥和幸福的印象。他们把羊头视为餐中的珍品，因此，在招待远方来客的时候，总乐于把羊头摆上宴席。他们认为用羊头来招待客人才能表示自己的赤诚之心。在宴请宾客时，有个传统的民族习惯，他们总愿意客人从盘中取些肉请主妇吃，以示客人对主人的敬意和感谢。人们对猫头鹰格外偏爱，把它看成一种益鸟，并把它视为勇敢、坚定、一往无前的象征。还常用其作为珍贵的物品，或悬挂在毡房的壁挂上，或以其一绺羽毛来装饰自己的花帽以相互媲美。

哈萨克斯坦人在社交场合与客人相见时，一般多以握手为礼。女人一般向客人施屈膝礼。他们路遇长者，晚辈要右手按胸，施30°鞠躬礼，并要说声祝愿的话，然后握手；若平辈相见，一般是直接握手，道好问安，握手后俯身互吻手背。亲朋好友相见时，还常施吻礼：长幼相见时，幼辈要吻长者的手背；女人长幼相见，长者要吻幼辈的额头或眼睛；若性别相同、辈分相平者相见时，还常以吻唇或吻面颊为礼。一般夫妻在众人面前不习惯握手，只习惯以相互注目来表达发自于内心的炽热感情。

哈萨克斯坦人多信伊斯兰教属逊尼派，有部分人信俄罗斯正教。哈萨克斯坦人忌讳与人谈话时脱帽，认为脱帽是不礼貌的。他们最忌讳别人当着他们的面赞美他们的孩子和牲畜。认为这样会给孩子和牲畜带来不祥之兆。他们忌讳用手指或用棍棒比划清点人数。认为这意味着把人比喻成牲畜，是污辱人的举止。

哈萨克斯坦人有“以右为上、以左为贱”的民族传统观念。因此，他们特别忌讳用左手待客服务，认为这是极不礼貌的。他们在做礼拜时，最忌讳别人从面前通过，认为这是对他们的莫大污辱。他们忌讳有人用脚踢羊和用脚踏食盐及其他动物。他们厌恶黑色，认为黑色是丧葬的色彩。他们禁食猪肉、骡肉、驴肉和动物血及一切自死的动物，也不吃原条鱼。

哈萨克斯坦人最喜欢的食物有将奶油混合的幼畜肉装进马肠里煮成的“金特”，还有“那仁”、奶豆腐、奶疙瘩、奶皮子等。除在城镇居住的人常吃些蔬菜外，一般以游牧为生的人则很少吃蔬菜。他们用餐惯以手抓饭取食，只在社交场合时，才以刀叉用餐。菜肴讲究味香酥烂，用餐注重以肉为主量大实惠。口味一般偏重，爱甜、辣、酸味。主食以羊肉、牛肉、马肉为主，以馕、面条和抓饭为辅。副食爱吃羊肉、牛肉、马肉、鸡、鸭及蛋类、蔬菜中对黄瓜、卷心菜、葱头、西红柿等也能适应；调味喜用番茄酱、果酱、胡椒、盐等。喜爱中国的清真菜、京菜、苏菜。喜喝马奶酒，饮料主要以牛奶、羊奶、马奶、酸马奶为主，也爱喝奶茶。

六、土库曼斯坦习俗礼仪

“土库曼”为“突厥人的地区”之意。

土库曼的先民可追溯到古代操伊朗语的达哈·马萨盖特人、萨尔马特·阿兰人和古代马尔基安纳、花拉子模等国的部分居民。5世纪前后，并入了里海沿岸草原地带的突厥人以及后来的乌古斯人等。16世纪建立加希瓦汗国和布哈拉汗国；19世纪后期被沙俄兼并，1917年建立苏维埃政权；1921

年10月27日成立“土库曼苏维埃社会主义共和国”，同时加入苏联；1991年10月27日宣布独立。

土库曼位于原苏联中亚地区西南部，北临哈萨克、东接乌兹别克，南连伊朗、阿富汗，西濒里海。全国面积48.81万平方公里，人口362.21万。主要为土库曼人，有部分俄罗斯人和乌兹别克人等。土库曼下设自治共和国、自治州和民族区。首都为阿什哈巴德。货币为“卢布”。官方语言为俄语，通用语为土库曼语。

土库曼是个讲究文明礼仪的民族，迎宾待客时总把礼貌语言“挂在嘴边”，态度温顺和蔼，举止文雅可亲，使人同他们一见面就会有一种温暖的感觉。土库曼民族自古就有敬老爱幼的优良传统，在他们的每个家庭中，儿女一般都非常尊敬长辈。长辈也对子孙们非常疼爱。他们的时间观念较强，并且说话算话、讲究信义。他们对绿色较为偏爱，认为绿色给人以吉祥之感；喜欢红色，并视红色为勇敢和胜利的象征。

土库曼人在社交场合与客人相见时，一般多以握手为礼。在熟人及好友相见时，也常右手按胸施鞠躬礼。在与客人相见时，也有施拥抱礼的，只是很少。

土库曼人大多信奉伊斯兰教，多属逊尼派。他们对用手指点着人说话很忌讳，认为这样有污辱人的意思。他们忌讳左手递送东西或食物，认为左手下贱肮脏，故使用左手为失礼的行为。对在众人面前耳语的人很忌讳，认为有不轨行为的人才爱这样做。对在众人面前挖鼻孔、抓痒痒等举止也很反感，认为这是失礼的行为。禁食猪肉、忌食狗肉、驴肉、骡肉及一切自死的动物肉和血液。

土库曼人最喜欢羊肉，尤其对羊头、羊蹄和羊脑髓更加偏爱，甚至奉为珍品。日常生活中他们常把羊头、羊蹄献给老人吃，把羊脑髓让给孩子吃；每逢来客，他们还把这些佳肴用来招待客人。他们对奶制品、肉制品一般都很欢迎。家常饭有肉汤泡碎饼、抓饭、烤羊肉等；里海沿岸的人爱吃鱼、通心粉等。他们一般在夏季都喜欢喝冰凉的骆驼奶，平时多喝奶茶。对中国菜肴颇感兴趣，用餐大多惯于以手抓饭取食。讲究菜肴的鲜嫩，注重菜品肉多量大，口味一般喜咸，爱甜、辣味道。主食以面食、馕为主要食品，也喜欢吃手抓饭；副食爱吃牛肉、羊肉、鱼、鸡、鸭、蛋类等；蔬菜喜欢豌豆、菜花、土豆、胡萝卜、白菜、西红柿、葱头等；调料爱用丁香、番红花、胡椒、糖、盐等。喜爱中国的清真菜、苏菜。喝啤酒和葡萄酒，最喜欢喝奶茶，对橘子汁、酸奶、矿泉水、果子露也很喜欢。

第三节 非洲及中东国家礼仪礼俗

一、非洲国家礼仪礼俗

非洲地广人稀，国家数量众多。一般来说，北非国家遵循阿拉伯的礼仪、规则及行为准则，采用阿拉伯的手势语言及礼貌习惯；中非国家沿袭非洲的多种文化的特点；而南非在很大程度上受荷兰及英国影响。但总的来说，非洲人民有一些共同的特点。

非洲人讲究发型，尤其是妇女，她们除了穿着艳丽多彩的服饰外，还喜欢梳新颖、雅致的发型。

非洲妇女的头发生来卷曲，自己无法梳理，需要别人帮助。所以在非洲各国城乡，到处可以看到专门为妇女梳头的流动摊位。非洲理发师心灵手巧，能根据不同年龄、身份和职业，设计、梳理出各式各样美观大方、具有民族特色的发型。小姑娘的发型大多轻巧活泼，有的是冲天小辫，直立头顶，有的以头顶为中心，从上往下紧贴头皮梳成排列匀称的多条发辫；青年妇女喜欢圆形发式，由向四周竖起的无数根辫子组成，或用青丝黑线缠绕编成各种图案；中年妇女则用丝线与头发一起编成辫子，或挽在头顶，或披在肩上，有的将短发拉成紧贴头皮的一条条小辫，形如西瓜，有的将头发分成大小相同的小块，扎紧后相连，状似菠萝。此外，因形状而得名的还有鱼鳞形、螺丝形、贝壳花纹形。有的妇女还在头发上装饰贝壳和珠子，显得光彩照人。近年来，非洲理发师又设计出一种新发型，即在头顶和脖根之间，梳起两排高低一致、相间有序的多孔小桥状头发，恰似“小桥流水”，异常别致。非洲妇女梳一次头很费时间，短则一两个小时，长则三四个小时。

非洲人讲究发型不仅是爱美的表现，而且还表明非洲各国人民的民族属性、传统观念和性格特点，乃至人的不同处境。例如，妇女剃了光头，通常是寡妇标志，说明她已失去了丈夫；尼日尔小孩头上分别留有一绺、两绺或三绺头发，这表明孩子已失去了父亲、母亲或双亲；几内亚富尔贝族人不论男女，只要头发蓬松散乱，便是告诉人们，他们正在服丧。

在非洲，男人的发型并不比妇女的逊色。如有的祖鲁族男人，把辫子理成璎珞垂额的造型。几内亚的科尼亚克族男人有个传统观念：公鸡是宝贵品质的化身，因此，他们常在剃得精光的头顶上，梳一个高高的鸡冠式发型，引以为自豪和骄傲。

马里人喜欢把发型做得很高，就像羊角一样竖在头上。摩尔族人的发式像驼峰，有时干脆模仿骆驼，以表明自己具有骆驼那样吃苦耐劳的精神。人们在东非发现，一些军人常把头发集中到脑后，梳成一条辫子，好像尖尖的蛇信子拖在背上，并用油脂和其他黏合物把发型固定，这是马萨伊族的传统习惯和爱好。乌干达的迪迪族人把头发梳成蘑菇伞型，据说是为了保护眼睛，防止耀眼阳光的直接照射。

非洲人梳辫子的数量也因习俗不同而有差别。譬如多贡族人，他们用头发捻成整整 80 条小辫，以示“民族团结”之意。

位于乌干达—肯尼亚边境的游牧民族南迪人外出参战时，家乡任何人都不能提出征战士的名字，而必须用“飞鸟”的名字来称呼他们。假如哪个孩子忘记这一禁忌，脱口说出远方战士的名字，妈妈便训斥道：“不要说那些天上的飞鸟!”

刚果的班加拉人如果正在打鱼或者打鱼回来时，他的名字便暂时不用，任何人都不得提起。无论这位打鱼人的真名叫什么，人们都不加区别地称之为“姆威尔”。其原因是河里到处有精灵，如果听到渔人的真名，就会捉弄渔人，使之一无所获或所获甚微。即使渔人捕到鱼带上岸来，出售时，买主也不能呼其真名，因为此刻，若精灵听到渔人的真名，便会记在心里，日后惩罚他或损坏他捕到的鱼，使其卖不了好价钱。因此，渔人若受到任何叫他名字的人的严重危害，他都可以要求那位无意中喊出他名字的人，以较好的价钱买下他的鱼，作为补偿。

乌干达部落的卢格巴拉人，很讲究由母亲给新生儿取名，所取的名字也很有意思，常常表示父母双方或一方的行为及性格，如：“犯懒”，指父母懒惰；“在啤酒杯里”，指父亲是个酒鬼；“不给”，指母亲为丈夫准备的饭菜太差。此类名字，大多对父母是非赞美性的，甚至常常暗示父母一方或双方的疏忽、品行不端或社会地位低下以及物质的匮乏。像“恶巫女”、“养汉老婆”、“无亲无友”、“穷丁当”、“挨饿”等，都是人名，当地巴尼欧罗人的名字，则常与死亡、忧伤、贫穷、邻里仇怨等主题有关。

打招呼的方式。非洲流行的打招呼方式——举起右手、手掌向着对方、目的是表示“我的手并没有握石头”。显然，它是在表明“没有武器”这个习俗，自古在世界各地普遍地被采用，只不过样式稍微不同而已。它可以说是友好的象征。

Negro 和 Black 是禁句。美国黑人对 Black 一词并没有抗拒心理。可是，一听到有人称呼他 Negro，就勃然大怒。非洲人对 Negro、Black 二词不但有抗拒心理，而且不承认它的含义。强调肤色不同，在非洲是最大的禁忌。称呼非洲人，最好照他们的国籍来称呼。一般说来，非洲人国家意识相当强烈，直呼其国名，他们听来就很受用。

African 的称呼有特定对象。称非洲黑人为 African 就犯了严重的错误。在非洲，所谓的 African 并非泛指所有非洲人，而是指特定的一群人，那就是南非共和国荷裔白人。因此，那些非洲土著，碰到别人称他们为 African，就会露骨地表示厌恶。

莫拍落后镜头。任何国家都有肮脏透顶、穷人群集的地区，世界首富的美国，亦不例外。你若在那些脏乱地区兴致勃勃地拍照，跟你同行的当地人就会提出抗议，甚至不肯当你的向导。发展中国家的人民，最不喜欢自尊心受损。一见落后的景象就想拍照留念，这无异在找人家的茬儿，如此欠考虑的行为，还是不做为妙。

莫瞪眼看对方。古时候的埃塞俄比亚，侍者是背对主人（或客人）来服务的。埃塞俄比亚有个迷信，那就是有人瞪着你看时，被瞪的人不是灾祸必至，就是死神要找上他。在这个国家，跟当地人交谈或碰面的时候，可不能目不转睛地瞪着对方，这么做，对方一定大感不悦。

在非洲土地上繁衍生息的人因气候、文化等因素，形成了独特的饮食特色，在非洲，原产的香料与蔬菜、水果较多，且品种多样，所以自古就形成了将许多种食品混在一起烹饪的方法，对于肉食大多采用烤制之后，再用咖喱、奶昔、番茄汁等淋拌的制作方法，对于面食则采用与其他水果相拌过油微炸的方法。

由于历史的因素，非洲菜式在保留传统的烹制方法外，也吸纳了很多法国菜式的做法，另外还受来自意大利和中东阿拉伯国家的许多影响，从而形成了风味独特的食物结构。从北非到南非，由于种族和宗教文化等方面的影响，其饮食的主要风格在于以烤、煮、烩、炖等方式制作的各种食物的“杂烩”。

非洲食物向来以调味的艺术而闻名，将各种香料与调味料，如辣椒、豆蔻、肉桂、丁香等，运用得淋漓尽致。

在非洲很多地方，吃饭时不用桌椅，也不使用刀叉，更不用筷子，而是用手抓饭。吃饭时，大家围坐一圈，一个饭盒和一个菜盒放在中间。每个人用左手按住饭盒或菜盒的边沿，用右手的手指抓自己面前的饭和菜，送入口中。此时，你会无所适从，甚至抓得满手沾饭，而非洲人自己抓饭、吃饭时动作干净利落。

客人吃饭时应注意的是，切勿将饭菜撒在地上，这是主人所忌讳的。饭毕，长者未离席时，晚辈要静坐等候；子女离席时，须向父母行礼致谢；客人则应等主人吃完后一道离开。

在非洲的不少地方，吃饭时有着严格的礼仪，甚至连牛羊鸡鸭的每个部位归谁吃都有规定。如在马里，鸡大腿归年长的男人吃，鸡胸脯肉归年长妇女吃；当家的人吃鸡脖、胃和肝；鸡的头、爪和翅膀由孩子们分食。又如在博茨瓦纳，在公众大型宴会上，宾客和男人吃牛肉，已婚的妇女吃杂碎，两者分开煮、分开食，不得混淆。入乡随俗，须了解为宜。

二、中东国家礼仪礼俗

“中东”一般可近似地理解为泛指西亚、北非地区的一些国家。广义上说，一般可包括埃及、沙特阿拉伯、卡塔尔、阿联酋、科威特、也门、叙利亚、约旦、巴勒斯坦、利比亚、苏丹、突尼斯、阿尔及利亚、摩洛哥、毛里塔尼亚、伊拉克、巴林、阿曼、黎巴嫩、伊朗、土耳其、阿富汗、以色列、塞浦路斯等。索马里、吉布提、科摩罗三国因为都是阿拉伯国家联盟成员国，经常也被包括在内。其中，除以色列、塞浦路斯外，都是伊斯兰国家。而在这些中东伊斯兰国家中，土耳其、伊朗和阿富汗为非阿拉伯国家。

阿拉伯国家属于伊斯兰国家，但伊斯兰国家并不都是阿拉伯国家。阿拉伯国家的范围与中东的范围有部分重叠，但也有不同之处，并非所有中东国家都是阿拉伯国家；而伊斯兰国家也是如此。

中东地区的人们普遍信奉伊斯兰教，有其独特的宗教文化背景和风俗习惯，在谈吐和举止上要注意不要触犯他们的宗教禁忌。中东地区对男女的穿着打扮要求十分严格，像对待法律一样。

阿拉伯人在谈论公事前通常要喝一杯咖啡或薄荷茶，但喝茶时不可用左手，递名片和吃饭时也不可用左手。阿拉伯人见面时一般握手表示欢迎，有时亲吻面颊表示热烈欢迎。若能在一个合适的机会按照阿拉伯人的宗教礼节向他们打招呼，对方会认为这是您对他最真诚的恭维。

与阿拉伯人第一次见面时不要赠送礼物，否则会有贿赂之嫌，不要问候对方的妻子，也不要向对方的妻子赠送礼物，但送给孩子的礼物是受到热烈欢迎的。送给阿拉伯人的礼物最好具有知识性，富有人情味。不要过分赞扬阿拉伯人的某件物品，否则他会当场将其作为礼物送给你。

阿拉伯人禁酒，不喝任何含酒精的饮料，不能将酒作为礼品赠送给他们。阿拉伯人不吃猪肉，不用猪皮制品及带猪形图案的饰品，同时不要谈狗，不要送带有动物形象的礼物。因为在他们看来，动物形象会带来厄运。

在中东伊斯兰国家中，根据宗教和教派情况的不同可分为四种类型：

第一，逊尼派占人口多数的国家，包括埃及、沙特阿拉伯、卡塔尔、阿联酋、科威特、也门、叙利亚、约旦、巴勒斯坦、利比亚、苏丹、突尼斯、阿尔及利亚、摩洛哥、毛里塔尼亚、索马里、吉布提、科摩罗、土耳其和阿富汗。

第二，什叶派占人口多数的国家，包括伊朗、伊拉克和巴林。

第三，阿曼是伊巴德派占人口多数的国家。该派为哈瓦利吉派的一个支派，哈瓦利吉派是伊斯兰教中独立于逊尼派和什叶派之外的一个教派，产生于公元7世纪中叶。

第四，黎巴嫩的情况比较复杂。黎巴嫩人口中的穆斯林约占60%，基督教徒约占40%。但穆斯林分属什叶派、逊尼派、德鲁兹派等不同教派；基督教徒分属天主教马龙派、天主教麦勒卡派、罗马天主教、希腊正教和新教等不同教派。由于任何一个教派在总人口中都不占绝对优势，因此黎巴嫩根据各教派的人口比例分配国家权力，规定总统由天主教马龙派人士担任，总理和议长分别由伊斯兰教逊尼派和什叶派人士担任。

在中东的非伊斯兰国家中，以色列81.2%的居民为犹太人，信仰犹太教。以色列被视为一个犹太教国家，安息日及所有的犹太传统节日和宗教节日都被定为全国性的节日。塞浦路斯人口中77%为希腊族人，信奉东正教，18%为土耳其族人，信奉伊斯兰教逊尼派。塞浦路斯是中东地区唯一一个基督教徒占人口大多数的国家。

第四节 亚洲国家主要礼仪礼俗

一、韩国礼仪礼俗

大韩民国（韩国）位于东亚朝鲜半岛南部，面积9.9万平方公里，人口5000多万（2012年）。全国人口均为单一朝鲜民族，通用朝鲜语。历史上受我国唐代文化影响很大。国旗为太极旗，白地中央为红、蓝两色太极图案，周围有四组八卦符号。白色代表土地，太极图和八卦由我国传入，象征宇宙永恒运动、均衡和协调，反映我国“易经”代表的东方哲理。受我国佛学、儒学影响很深，居民大多信奉佛教、基督教和儒教，首都汉城文庙每年春秋两季都要举行祭孔大典。韩国的经济增长速度居世界前列，经济发展水平居亚洲前列，外向型经济较发达。韩国文化是东西方文化的交融体。

韩国饮食风格介于中国和日本之间，多数人用餐使用筷子。菜料以高蛋白食物为主，辅以蔬菜。喜食汤和饭（将牛肉汤、排骨汤等和在饭中）、火锅、汤面、冷面、生鱼片、生牛肉、什锦饭等，也喜欢热辣口味。在宴会上，韩国人习惯互相斟酒，喝交杯酒；受人劝酒时不可拒饮；不胜酒力时杯中应留点酒；对于醉酒者，他们多持宽容的态度。受人敬菜时要礼貌地推让两次，第三次才欣然接受。饭后被人邀歌时不可拒唱。

韩国的民族服装是：男子穿袄、坎肩、裤、长袍，上下一色，且多用白色；女子穿袄、裙、长袍，裙子长而肥大，丰满流畅。现代男女也常穿西式服装，讲究服饰。进屋脱鞋是他们的传统习惯。他们也用炕，炕内用热水管取暖。

韩国人注重礼仪。见面必互致问候，男子见面微鞠躬，互握右手或双手，分手也鞠躬。男子不得主动与女子握手。初次见面，要交换名片。韩国人多以软饮料待客，客人必须接受主人提供的茶点。韩国人在一起聊天，都不谈本国政治、经济、妻室等话题，但喜欢询问个人情况。他们自尊心极强，不容公开被人批评或异议。在社交场合，男女必须分开。在公开场合，得让男士先行，各种会议发言者致辞都把“先生们”放在“女士们”之前。尊敬师长，使用敬语，不得当着长者的面抽烟、戴眼镜。上门造访习惯带上小礼品，但不送外国烟；接物时必须用双手，不能把礼品当场打开。在任何场合的坐姿都不能叉腿。

韩国节庆较多。农历正月初一至正月十五的节日活动类似我国春节。农历正月十五为元宵节，传统饮食是种果（栗子、核桃、松子等）、药膳、五谷饭、陈茶饭等。农历四月八日为佛诞节及颂扬女性的春香节。农历五月五日为端午节，家家户户都以食青蒿糕，挂菖蒲来过节。农历八月十五日为中秋节，农历九月九日为重阳节。清明扫墓，冬至吃冬至粥（掺高粱面团子的小豆粥）。除上述传统节日外，韩国人还重视圣诞节、儿童节（5月5日）、恩山别神节（3月28日至4月1日）等。群众喜闻乐见的体育活动有射箭、摔跤、拔河、秋千、跳板、风筝、围棋、象棋等。

韩国人喜欢单数，忌讳双数。忌用“四”（韩语中音同“死”）。忌用手指指人。站立交谈时不能背手。女子发笑时必须掩嘴。

二、越南礼仪礼俗

越南城市的男子多穿西装，妇女穿花色窄袖长袍。越南妇女的长袍可以说是越南女子的国服，上身束腰，突出身段，使女子显得婀娜多姿，下摆舒展，开衩至腰际，活动方便。特别讲究的是，越南妇女穿长袍时，还穿一条黑色或白色的宽腿拖地长裤。越南妇女喜戴项链、手镯、戒指，多留披肩长发，或用发夹束于脑后。

越南人很讲究礼节。见了面要打招呼问好，或点头致意。对长辈称大爹、大妈或伯伯、叔叔，对平辈称兄、姐，对儿童称小弟、小妹，对群众称乡亲们、父老们、同胞们（只在本国人之间用）。京族人不喜欢别人用手拍背或用手指着人呼喊。外人到他们家时，不能用脚指物，席地而坐时不能用脚对着人，不能从坐卧的人身上跨过去，不能睡在妇女的房门口和经常来往的过道上，不准进入主人的内房。在少数民族家中，绝对不能到姑娘住的房间里。有些少数民族住竹木高脚屋，习惯在楼上席楼坐卧。进屋要脱鞋，否则会被认为是看不起主人。年轻人对老年人特别敬重。在北方京族家里，由最老一辈的男人当家，南方的京族由最老一辈的女人当家，凡事一般都得征求他们的意见，只要他们同意的事，其他人一般不会表示异议。和老年人同行，如要超过去，应先打个招呼，表示先行走一步。在少数民族地区也有敬老的习惯，如傣族、佬族家中有一条凳子专供老人坐，青年人和外人不准坐。

有些少数民族很好客。客人来到他们的家中，常用本民族最爱喝的酒和爱吃的生冷酸辣等食物待客。因此，客人即使不合胃口，也要尽量地吃，否则会被认为是看不起主人。南方山区少数民族，喜欢在节日喜庆时邀请客人一同喝坛酒，即轮流用管子从酒坛里吸酒喝，第一轮（即轮流吸的第一口）不能拒绝，否则会被认为是扫兴、失礼。第一轮以后，如不想喝，可以双手抱拳向右肩举一举，表示谢谢、不再喝了（吃饭时也是这样）。

越南人喜欢嚼槟榔，人们通常用苇叶包一些灰或砚灰，同槟榔一起入口，灰和槟榔会起化学反应，嚼槟榔的味道始则苦，继而甜，对神经有刺激作用。槟榔也是当地赠送情人的信物。

不要随意摸别人的头部，包括小孩。当村寨路口悬挂有绿色树枝时，是禁入的标志，外人不得进入。南部高棉人忌用左手行礼、进食、送物和接物。越南人忌讳三人合影，不能用一根火柴或打火机连续给三个人点烟，这被认为不吉利。

三、柬埔寨礼仪礼俗

柬埔寨位于印度支那半岛西南部。东和东南部、北部、西北部分别同越南、老挝、泰国相邻，西南临泰国湾。相传高棉族的始祖是一位名叫“卡姆布”的英雄，于是，高棉族便把自己的国家叫“卡姆布其亚”。其后便成了柬埔寨国名的语源。1976 年 1 月 5 日颁布新宪法，改国名为“民主柬埔寨”；1990 年 2 月 3 日定国名为“柬埔寨”。

柬埔寨全国面积为 18.1035 万平方公里，人口为 1 400 万（2011 年）。绝大多数是高棉人，华人占 5.1%，越人占 3.5%。柬埔寨全国分 19 个省，另设 7 个大区，省以下设县、区、乡、村。首都为金边。货币为“瑞尔”。通用语言为高棉语，法语为官方语言。

在柬埔寨有个古老而美好的穿戴的习惯，他们喜欢用五彩缤纷的服饰色彩来表示日子。星期一喜欢用嫩黄色，星期二爱用紫色，星期三乐于用绿色，星期四用灰色或浅蓝色，星期五用红色，星期六用黑色，星期天用红色。上述习惯穿戴方式，在宗教活动中特别盛行，因此被誉为“七彩星期”。柬埔寨人质朴、友善，很注重礼节礼仪方式。当他们对你施礼时，很乐于你模仿他们的礼节方式还礼。

柬埔寨人与客人相见时，一般多施合十礼（即双手十指相合，置于胸前，稍微俯首）。他们还有一个特殊的民间传统礼节，亦行“绑手礼”。据说施这种礼是柬埔寨人对客人表示崇高的敬意之举。他们在外界的影响下，对握手礼也开始时兴起来。

柬埔寨人大多信奉佛教，因受宗教的影响，养成了“过午不食、尊重鸟兽”的习俗。僧侣必须遵守“十戒”，即：不杀生，不偷盗，不淫，不妄语，不饮酒，不非时食，不歌舞视听，不涂饰香鬘，不坐高广大床，不蓄金银财宝。在探望柬埔寨僧侣时，忌把鞋子带入门内，若违犯此规矩，就被认为犯了罪孽，柬埔寨人称之为“拍蒲”。他们把“星期六”视为鬼魂妖魔喜欢的日子，是不吉利的。他们忌讳用左手传递东西或食物，认为左手是承担上厕所的任务的，是极不洁净的，右手才是干净的手。他们忌讳白色，忌穿白色裤子和纱笼，认为白色是死亡的象征。他们忌讳别人触摸他们的头部，认为头是人的神圣部位，不容随意触摸，否则便是对他们的极大不敬。他们忌讳孔雀或其形象的图案等。

柬埔寨人大多以大米为主食，以鱼、虾为主要副食品。他们平时惯用盐将鱼腌在罐里贮藏，或做成鱼酱、鱼露，以留日后食用。他们很爱吃生辣椒、葱、蒜、姜等富有刺激性的食品；他们还爱喝酸鱼汤；饮酒的人在柬埔寨很普遍。柬埔寨男子一般爱抽烟，女子大多爱嚼槟榔。除和尚日吃两餐外，一般人一日三餐。进餐时，一般不用桌椅，而是脚向后席地跪坐。他们用餐不习惯使用筷子，而是用盘子、叉子、汤匙，或用手抓饭。他们饭后有漱口的习惯。中餐素菜也是普遍受欢迎的。

四、菲律宾礼仪礼俗

菲律宾共和国简称“菲律宾”，是位于亚洲东南部的群岛国家。北隔巴士海峡与我国台湾省遥对，南与马来西亚、印度尼西亚隔海相望，西濒南海，东濒太平洋。

菲律宾是以外国人名命名的唯一亚洲国家。1521 年 3 月 17 日，葡萄牙航海家麦哲伦在环球航行抵此登陆时，正值“圣拉扎拉斯节”，即给此地命名为“圣拉扎拉斯群岛”。22 年后，西班牙殖民主义者比利亚洛活斯占领并移民此岛定居，并将莱特岛及附近岛屿以西班牙王储、即后来的国王菲利普二世的名字命名为“菲律宾”。后来，这个名字扩展到整个群岛。作为国名，则始于1989 年菲律宾独立时。1946 年7 月4 日，该群岛第二次独立时，仍然定名为“菲律宾共和国”。

菲律宾全国面积为 29. 97 万平方公里，人口为 9730 多万（2013 年）。85%以上为马来人，还有少数华人、印度尼亚西人和阿拉伯人。菲律宾全国共划分为 13 个地区，下设 73 小县。首都为马尼拉。货币为“比索”。有 70 多种语言，以他加禄语为国语，但政府文告和主要报刊均使用英语。

菲律宾上层社会的人，由于受西方社会的影响，很盛行“女士优先”的风气。他们无论做什么事，一般习惯对女士给予特殊的关照。但是在农村，女子数量多于男子，因而妇女的地位很低下。他们家庭观念很强，一般特别喜欢谈论和赞美他们的家庭。上层社会人士普遍喜着西装；一般百姓，男子喜穿白色衬衫和西装裤；女子喜穿无领的连衣裙或“纱笼”；老年人仍爱穿着麻或草或木制的拖鞋。菲律宾人最爱茉莉花，认为茉莉花芳香四溢，给人以幸福和美好的印象。人们都尊其为国花，并视其为纯洁、情操和友谊的象征。好客的菲律宾人，在迎接宾客时，往往把茉莉花串成美丽的花环，敬献给客人挂在脖子上，以表示他们对来访客人的一片纯真友谊之情。

菲律宾人在社交场合与客人相见时，无论男女，习惯以握手为礼。在与熟人或亲朋好友相见时，一般很随意。年轻人与长辈相见时，要吻长辈的手背，以示对老人的敬重；年轻姑娘见长辈时，则要吻长辈的两颊为礼；如果晚辈遇见长辈时，说话前要把头巾摘下放在肩上，深深鞠躬，并称呼长辈为“博”（意为大爷）。伊斯兰教徒见面时，要施双手握手礼，在户外相见时若没戴帽子，则必须用左手捂头。菲律宾一些原始部落的人与客人相见时，行握手礼的方式很独特，一握过手就转身向后走几步，意思是向对方表明身后没有藏刀。他们认为这才是真诚的、真正的握手。到了菲律宾，美国人和欧洲人通常感觉像在国内一样，因为那里的文化习俗超越民族或地域的界限，反映了多年来的西班牙和美国的影响。当地人一般喜欢美国人并竞相模仿美国的生活方式。在政府机构、企业和教育领域都通用英语。与熟人见面时通常握手问好，男女都一样；男人之间有时会在对方的背上拍击一下。约会时准时赴约是恰当的行为。

菲律宾人极其好客，举例来说，对只逗留一夜的宾客往往也给安排最好的卧室。如果送礼的话，比如鲜花，应在到达时就献上。按惯例，在参加晚宴或其他社交集会之后要送去一件礼品或一封感谢信。宴席上，你给主人的最大赞美是吃得津津有味。

交谈时应回避的话题是政治、宗教、当地情况、腐败现象以及外援。

菲律宾人的家庭观念特别强烈，所以关于他们的家庭成员的谈话往往很受欢迎。

菲律宾人大多信奉罗马天主教，还有一小部分人信奉伊斯兰教，少数民族多信原始宗教。信仰原始宗教的人相信万物有灵，崇拜自然神，尤其崇拜鳄鱼和鸟类，认为有一种神鸟是伟大全能的创造之神，它创造了天、地和人，称为巴塔拉。

菲律宾人很忌讳“13”这个数字，认为“13”是“凶神”，是厄运和灾难的象征，是令人极为厌恶的数字。他们忌讳左手传递东西或食物。认为左手是肮脏、下贱之手，用左手是对人的极大不敬。他们一般不愿谈论政治、宗教及本国状况和腐化问题。伊斯兰教徒忌讳猪。他们禁食猪肉和使用猪制品，也不喝牛奶和烈性酒。菲律宾人不爱吃生姜，也不喜欢吃兽类内脏和腥味大的东西，对整条鱼也不感兴趣。

菲律宾农村人一般以大米、玉米为主食。副食以各类蔬菜、海鲜、蛋禽及肉类为主。菜肴喜多放调料，尤喜香辣调味品。马来人一般喜食海味，如鱼、虾、海参、海龟卵等。菲律宾三宝颜市沿海及苏禄海域的巴交族人，惯以木薯、鱼类为主食。他们很少吃大米。虽然不忌食牛肉、羊肉、猪肉，但多数人却厌食肉类。他们喜食各类水果，尤其偏爱甘蔗。菲律宾人在日常生活中嗜嚼槟榔。在他们待客时，总少不了以槟榔来招待客人。他们习惯吃西餐，但对中餐也感兴趣。上层人士用餐惯用刀叉，农村人及穆斯林信徒惯用右手抓食。

五、印度礼仪礼俗

印度共和国简称“印度”。位于亚洲南部。它的西北两侧同巴基斯坦接壤。东北与中国、尼泊尔和不丹交界，东与缅甸和孟加拉为邻，东南临孟加拉湾，西南濒阿拉伯海。印度的南部伸入印度洋，成为亚洲、大洋洲、欧洲和非洲上交通要冲。

“印度”国名源于信度河（Sindhu）。古代印度人以“信度”一词表示河流。原来这个词指印度河流域，后来发展到指整个南亚次大陆，到印巴分治以后就单指目前印度这个国家了。古波斯语将“信度”转变为“恒督”（Hindu）；古希腊人变“恒督”为“印度伊”（India）；我国从唐朝便称其为“印度”。1950年1月26日，“印度共和国”宣布成立。

印度全国人口12.1亿（2014年）。其中主要为印度斯坦族人，其次有泰鲁固族、孟加拉族、马拉地族、泰米尔族等。印地语为国语，英语为官方语言。

印度教徒中分为不同等级的社会集团，可以译为“种姓”。即把人分成四个不同等级：“波罗门”为第一种姓，地位最高；“刹帝利”为“二种姓，地位稍次；“吠舍”为平民，是第三种姓；“首陀罗”为所谓的贱民，为第四种姓，其地位最为低下。他们的各种姓都有自己的道德规范和风俗习惯。在四大种姓之外，还有一种被排除的“不可接触的贱民”，被称为“哈里真”，他们是最受歧视的人。印度教徒迎接贵宾时，主人要向客人敬献花环，并亲手将花环套在客人的脖颈上。花环的大小，要视客人的身份而定。献给贵宾的花环一般很粗大，其长过膝；给一般客人的花环仅及前胸。荷花是印度的国花，备受印度国民的青睐。因其“出淤泥而不染，濯清涟而不妖”，故人们常借以赞美人的气节与风骨，又被赞誉为“花中君子”。印度人普遍喜爱绿色，认为绿色是吉祥的色彩，象征着春天和新生。传统印度妇女都喜欢在自己的前额正中点一颗指头般大小的圆形痣，人们都称其为“吉祥痣”。其颜色不同、形状各异，或红色、或黄色、或紫色、或绿色，黑色痣虽有，但较少见，一般视衣着颜色而定。

印度人对蓝孔雀十分崇拜，并将其视作吉祥、如意、幸福的象征。印度是个极为尊重牛的国家，印度教徒把牛奉为神明。按他们的习惯，每逢饭前都要首先敬牛。还有的人敬狗、敬蛇、敬老鼠等。印度人的形体动作语言丰富，不过一些动作所示的意思与我们区别很大。如：表示同意时，他们总要先把头稍歪向左边，然后立刻恢复原状；表示不同意时，他们反倒点头示意。

印度人相互见面的礼节，有合掌、举手示意、拥抱、摸脚、吻脚。一般两手空着时，口念敬语“纳马斯堆”，同时要施合掌礼。合掌之高低具有规矩的，对尊者宜高，两手至少要与前额相平；对晚辈宜低，可齐于胸口；对平辈宜平，双手位于胸口和下颌之间。若一手持物，则口念“纳马斯堆”，同时要举右手施礼。对于长辈，或对某人表示恳求时，则施摸脚礼（即用手摸长者的脚，然后再用手摸一下自己的头，以示自己的头与长者的脚相接触）。摸脚跟和吻脚礼是印度的最高礼节。印度东南部的一些少数民族的人与客人相见时，总把自己的鼻子和嘴紧紧贴在对方的面颊上，并用力地吸气，嘴里还要念叨着：“嗅一嗅我！”以示其对客人的崇敬。印度安达曼群岛上的森蒂耐尔人，在与久别挚友重逢时，双方要交替互坐膝头，并热烈地拥抱数分钟，以表示相逢后的喜悦心情。印度伊斯兰教徒的见面礼节是按其传统宗教方式，用右手按胸，同时点头，口念“真主保佑”。现代在社交场合上的印度男人们，也开始运用握手礼了，但印度妇女除在重大外交场合外，一般不与男人握手。

正统的锡克教信徒头戴包头巾，不抽烟，不吃牛肉，并且不剪头发。

进入印度人的住家要脱掉鞋子。见面与分手时，男人与男人握手。如被引见妇女，男人不与她握手而应双手合十，微微弯腰。男人不能触碰女人，在公共场所不能与单身女人说话。遵守时间是明智可取的。虽然正统的穆斯林妇女通常不与男人见面，但如果邀请男人参加社交活动时应请他们偕夫人同来。来到印度人家里，主人会给你戴花环，你应马上把它取下来以示谦让。

印度教徒不吃牛肉，牛在印度是神圣的动物。穆斯林不吃猪肉，恪守教义的穆斯林滴酒不沾。接受或传递食品时，一定要用右手。作客时，可以带水果和糖果作为礼物，或给主人的孩子们送点礼品。

交谈时印度人喜欢谈论他们的文化业绩、印度的传统、有关其他民族和外国的情况。不要谈及个人私事、印度的贫困状况、军事开支以及大量的外援状况。

印度人大多信奉印度教，一小部分人信奉伊斯兰教、基督教、锡克教、佛教等。他们忌讳白色，认为白色表示内心的悲哀，习惯用百合花当作悼念品。他们忌讳弯月的图案。他们把1、3、7视为不吉利的数字，所以总要设法避免这些数字的出现。他们忌讳左手传递东西或食物，也不愿见到有人使用双手与他们打交道。印度教徒最忌讳众人在同一盘中取食，也不吃别人接触过的食物，甚至别人清洗过的茶杯，也要自己再洗涤一遍后才使用。

印度耆那教徒有忌杀生、忌食肉类、忌穿皮革和丝绸的民间习俗。他们甚至把飞虫等都列入不能误伤的忌项，就连地里种的萝卜、胡萝卜等蔬菜也都忌吃。阿萨姆邦的居民，对来访客人不接受、不品尝他们敬让的槟榔果是极为不满的，认为这样是对主人的不友好和不信任。印度的锡克教人禁止吸烟。印度人不爱吃蘑菇、笋、木耳、面筋、烤麸等，也不喜欢旺火爆炒而成的菜肴。

印度人素食者多，且等级越高荤食者越少，等级低者才乐于吃肉食。由于印度南部气候炎热，当地人一般味重，嗜好辛辣性食性，北部印度人的口味相对就轻多了。印度是个香料之国。印度菜的烹调也极重视对香料的运用，主要调料就有十几种，几乎做每种菜肴都离不开。印度北部人烹制羊肉和家禽最为拿手，一般的炮制方法是将鸡肉、羊肉或其他肉类切成小块，腌好后用铁扦串起来挂在天多炉内，用火烘烤至熟。印度人喝茶的方法别具一格，一般是把茶斟入盘中，用舌头舔饮。他们一般不爱喝汤，认为任何一种汤都无法与无色无味、冰凉爽口的白开水相比。他们喜欢吃中餐，喜欢分餐制，不习惯用刀叉和筷子，一般用手抓食。

六、泰国礼仪礼俗

“泰国”是泰王国的简称。位于印度支那半岛中部和马来半岛北部。东部与柬埔寨接壤，西部和西北部与缅甸交界，南部与马来西亚为邻，东南临泰国湾，西南濒安达曼海。

“泰国”一名是由泰族语得来的。泰国人称自己国家为“孟泰”，“孟”表示“国家”，“泰”为“自由”之意。因此，泰国是“自由之地”、“自由之国”的意思。泰国还称过“暹罗”。但早期泰族人民并没自称为暹罗人，也没有把自己的国家称为暹罗国。因泰族与缅甸的掸族同种，“暹”字就是由“掸”字转音而来的。“暹罗”本是“孟泰”的英译名。1856 年 4 月 5 日，泰王被迫与英国签约时，才首次采用“暹罗”这个名称。1939 年 6 月 24 日，废“暹罗”名称，改为“泰王国”。1945 年 2 月再次改为“暹罗”。1949 年 5 月，恢复国名“泰王国”。

泰国面积为 51.3115 万平方公里。人口中泰人占一多半，其次是佬族人和华人。泰国依其地形分为四个部域：北部、东北部、中部和南部。共有 73 个府，596 个县，县以下设区。首都为曼谷。货币为“铢”。泰语为泰国国语。

泰国是笃信佛教的国家，其双手合十的礼仪习俗，也与佛教的合掌作揖礼有着密切的关系。但是，泰国的礼仪在佛教影响为主的基础上，还加入了伊斯兰教和中国儒家的礼仪形式，使得泰国成为举世皆知的礼仪之邦。他们逢遇喜庆吉日或迁居、丧葬等，一般邀请亲朋好友和僧侣参加。如果是官方举办的，被邀请的人数为双数，若是私人聚会，则为单数。但从民众习惯上来讲，多数人喜欢请9人，其原因是泰文“9”的发音是吉祥之音，它的含义是“向上”、“兴旺”、“发达”；再有的还说泰文“9”似一头大象，大象又是吉祥的象征。泰国有个特有的国俗民风，即男子一生中要当一次和尚，少则三个月，多则三五年，甚至终生。没有当过和尚，不能被视为成年人，既让人看不起，连求偶都会很困难。泰国和尚免向任何人施礼（因为人们认为和尚的袈裟代表佛）。泰国人惯于准时赴约，认为这是礼貌的问题。他们视白象为国宝和吉祥的象征，常用它来代表智慧、力量和忠诚。他们喜爱蓝色，认为蓝色象征着“安定”和“永恒”。“荷花”备受泰国人的喜爱。他们常借荷花来赞美人的气节。

泰国人在与客人见面时，通常施合十礼。将手合十于胸前，头稍稍低下，互相问候“萨瓦迪卡”（你好）。还礼时，也须双手合十，放在额到胸之间。地位较低或年纪较轻的人，应该主动向地位高和年纪大的人致合十礼。地位高、年纪大的人还礼时，手不应高过前胸。双手举得越高，表示尊敬的程度越深。在特殊情况下，如平民拜见国王的时候要施跪拜礼；儿子出家当和尚时父母也要施跪拜礼。

进入泰国人住家按习俗要脱鞋。不要踩在门槛上，按泰国的传统说法，门槛下有神灵栖居。

切忌触碰任何人的头部，即使是对小孩子，因为头颅被视为人体的最高部分，这在字面上或比喻意义上都是如此。同样地，在泰国人的社交聚会中，年轻人都尽量使自己处于比年长者矮一截的位置，以免别人感觉他们对长者“不敬”。当然，这不是总能做到的，但重要的是他们已尽力而为了。

泰国人总要考虑很久才能作出决定，所以与他们打交道要有耐心。

泰国人不用姓氏而用名字称呼；如果你被称为“××先生”或“××小姐”时，不必感到奇怪。事前邀约是必要的，准时赴约是礼貌的标志。作为客人，应对主人的家庭和住房表示感兴趣，但不要过分赞美某样东西，以免主人觉得非把它送给你不可。在一般情况下，小小的纪念品可作为礼物相赠。礼物通常应用纸包装好。鲜花也是合宜的礼物。

交谈时应回避有关政治、王族和宗教方面的话题。

别随意把你的脚指向任何东西。无论站着或坐着，应注意不要把你的脚斜放在惹人注目的位置，或让人看到你的脚底。

泰国的一般家庭不设座椅，人们惯于席地而坐，但不允许盘足或把腿叉开而坐。他们讨厌西方人平时生活中拍拍打打的举止习惯，认为这是有伤风化的。泰国的乡村人对握手礼也看不惯，甚至不欢迎。他们忌讳用左手服务，认为左手不洁净，还会令人回想起肮脏的事情，甚至还会怀疑这是不轨行为。他们忌讳用红笔签字和用红颜色刻字，认为用红色是对死人的待遇。他们睡觉时忌讳头西脚东，认为只有死人停尸才头西脚东。他们把戴着墨镜用手指着对方说话视为一种不礼貌的行为。他们禁止议论或打听国王及王室的秘密。他们忌食鲜牛肉，不喜欢酱油、红烧菜肴、甜味菜、香蕉和海参等食品。

泰国人最爱吃民族风味的“咖喱饭”（它是用大米、鱼肉、香料、椰酱及蔬菜等烹制而成的）。他们特别喜爱吃辣椒，而且越辣越好，辣椒酱是他们每餐必备的；泰国人也非常喜欢用味精和鱼露调味。他们不喝热茶，而习惯在喝的茶里放冰块，喝饮料也同样喜欢配上些冰块。喝橘子汁或酸橙汁时，总喜欢在里面加放点盐末。这种习惯的养成，可能与他们国内气候炎热有很大的关系。他们饭后有吃水果的习惯，在吃西瓜或菠萝时，不仅爱放些冰块，而且也习惯蘸上些盐末或辣椒末一起吃，认为这样吃起来显得别有风味。早餐喜欢吃西餐，午餐和晚餐大多爱吃中餐。他们用餐时，不习惯使用筷子，有的人爱用叉子和勺（右手拿勺，左手拿叉），有的人乐于以手抓饭取食。

七、伊朗礼仪礼俗

伊朗伊斯兰共和国简称“伊朗”，位于亚洲西南部。北面与土库其接壤，西与土耳其和伊拉克为邻，东靠阿富汗、亚美尼亚、巴基斯坦，南隔波斯湾、阿曼湾与阿拉伯半岛诸国相望。

古代波斯人自称为“伊兰”，伊朗就是“伊兰”的译音，在古波斯语中为“光明”之意。还有人说，伊朗是“雅利安人”音转而得名的。据说“雅利安人”是由远古时期当地居民与从中亚草原来的部落混合而成的。1979 年 4 月 1 日正式宣布成立“伊朗伊斯兰共和国”。

伊朗全国面积为 164. 5 万平方公里。人口中主要是波斯人，还有阿塞拜疆人、库尔德人等。伊朗全国划分为 23 个省，省下设县、区和市镇。首都为德黑兰。货币为“里亚尔”。官方语言是波斯语。

伊朗人喜欢别人在打招呼时称他们的姓并加上学术或职务的头衔。他们对打招呼的礼貌语言很注重，一般人们相见时都要说："萨拉姆（你好）!"甚至不相识的人见面也是如此。他们素来有敬重长者的美德，并以此感到自豪。在每个家庭中，晚辈都非常尊敬自己的父母，尤为敬重父亲。他们时间观念很强，习惯准时赴约，认为这是外交的礼节问题。玫瑰花是伊朗人最喜爱的鲜花。人们都把它看成是圣洁、完美、幸福和纯贞爱情的象征，并喻之为国花。他们对金鱼怀有很深的感情，认为金鱼是一种美丽而又吉祥的观赏物。他们特别喜欢兽中的狮子，认为狮子有神圣和吉祥的意义。

应邀赴宴时，带一份盆景或鲜花或糖果是合乎习惯的。礼貌的做法是经过再三推辞后接受邀请。

伊朗人在与宾客相见时，一般惯以握手为礼，然后亲吻对方的双颊。他们的等级观念很强，不同等级的人有不同等级的礼节；身份相同的人以互相吻嘴唇为礼；身份稍差的人以吻面颊为礼；身份相差很大的人，则一方应俯拜在另一方面前为礼。男人不与女人握手。

伊朗人大多信奉伊斯兰教。他们除禁食猪肉和使用猪制品外，还规定不食自死、病死或未经阿訇、毛拉念经宰杀的牲口，也不吃外形可憎或不端正的动物之肉。他们忌讳"13"这个数字，认为"13"会给人们带来不幸或灾难。他们忌讳左手递送物品，把左手称为肮脏之手、下贱之手。在饮食上忌吃无鳍无鳞的鱼，不爱吃红烩和带汁的菜。

伊朗游牧地区的人们以牛奶、黄油和奶酪为主；在农业地区，主食是面饼、馕和米饭。他们普遍喜食被称作"毛斯特"的酸奶子，常把米饭、肉、蔬菜和调料调在一起做成抓饭。伊朗的土库人对羊头肉、羊脑和羊脚最感兴趣，认为其营养价值最高，所以总习惯留给小孩吃。他们也喜食羊排，吃时不常敲开骨头吮吸骨髓。饮茶是伊朗人日常生活中必不可少的一部分，大多爱喝红茶，并喜欢在茶中加些糖，或把块糖放在嘴里再饮茶。他们还有个极其古怪的习惯，即常以当地的粘土为食。市场上有可食用的粘土出售，一种叫"马加拉特"的粘土，还被人们视为珍品。他们一般食量不大，喜素食。一般在餐桌上只备水杯和食盘，习惯用右手抓食。

八、孟加拉礼仪礼俗

孟加拉人民共和国简称"孟加拉"。位于恒河和布拉马普特拉河的下游。西、北、东三面与印度为邻，东南与缅甸为邻，南濒孟加拉湾。

孟加拉国也是以民族名称而得名的。"孟加拉"即由古代"孟加人"加上“拉”(“阿里”的变音)组成。“阿里”一词，据说源于古孟加人的统治者，在其故乡低洼地区建起许多高又宽的护堤（梵文里亦称其为“阿里”）。据《往世书》记载，钱德拉族国王巴利有5个儿子，分别建立王国，其中温格王国位于帕德玛河南岸和布拉马普特拉河之间。12世纪时，其西部地区叫“拉拉”，后演变成“拉尔”。两个词（“温格”和“拉尔”合在一起组成“崩格拉尔”。穆斯林统治孟加拉后，按其读音习惯，称“班伽尔”或“班伽拉”。英国入侵后，讹传为今名“孟加拉”。1972年1月7日，正式宣布成立“孟加拉人民共和国”。

孟加拉国全国面积为14.3998万平方公里，人口为1.587亿（2015年)。约有20多个民族，其中绝大多数是孟加拉人。孟加拉国全国划分为4大政区，下设20个县。首都为达卡。货币为“塔卡”。孟加拉语为国语，通用语为英语。

孟加拉国人受地理环境的影响，不像巴基斯坦那样倾向于欧洲的生活方式，一般人的生活观念都倾向于亚洲。他们时间观念很强，对约会特别讲究准时赴约，认为这是社交上的礼貌，必须遵守和准时。他们特别喜爱荷花，习惯称荷花为“花中君子”，并视荷花为“吉祥”、“平安”、“光明”、“纯洁”的象征。

孟加拉国人在社交场合与客人见面时，一般以握手为礼，在男人与女人相见时，一般都习惯用点头示礼或说句客气话来代替礼节，因为男人一般不与女人握手。通常在饭店或俱乐部里款待客人。按习惯往往由妻子陪同丈夫出席这类活动。

孟加拉国人大多信奉伊斯兰教，还有少部分人信奉印度教、佛教、基督教。孟加拉国人忌讳有人拍打他们的后背，认为这是一种极不礼貌和不尊重人的表现。他们对不经他们同意就给他们拍照片的做法很反感。他们忌讳用左手传递东西或食物，认为左手下贱、肮脏。因此，用左手递送东西或食物是极不礼貌的。他们忌讳跷拇指这个手势，并视其为不礼貌的举止。他们不喜欢“13”这个数字，认为是个消极的数字。

孟加拉国的伊斯兰教徒恪守禁酒的教规，教徒是不饮酒的，也禁食猪肉和猪制品，还忌讳谈论有关猪的话题。

孟加拉国人对中餐倍加喜欢。他们除在社会场合有时使用刀叉外，一般都惯于用手抓食取饭。孟加拉查克玛人多以米饭为主食，副食为鱼肉和蔬菜，他们除了食用鸡肉、牛羊肉、鹿肉、青蛙肉、螃蟹外，猪肉也是他们常用的肉食（因其为非伊斯兰教），竹笋也是查克玛人十分喜爱的食品。

九、蒙古礼仪礼俗

“蒙古国”是以本民族的名称而得名的。“蒙古”一词是由“勇敢”和“朴素”两个词素结合而成的。另有人认为，蒙古高原的鄂嫩河上游原有座蒙山，附近有蒙河，生息在这一带的部落即称“蒙古”。1924 年 11 月 26 日，正式成立“蒙古人民共和国”。1992 年 1 月 11 日正式决定改“蒙古人民共和国”为“蒙古国”。蒙古平均海拔 1580 米，是一个内陆国，东、南、西三面与我国为邻，北面与俄罗斯接壤。

蒙古全国面积为 156.65 万平方公里。人口主要是喀尔喀蒙古人，约占全国总人口的 80%，还有少数的哈萨克等民族。

蒙古全国分为 18 个省和 3 个直辖市，省、市以下设县（区）。首都乌兰巴托。货币为“图格里克”。官方语言为喀尔喀蒙古语，有 70%人讲突厥语。

蒙古人以待客态度非常真诚而闻名于世。只要他们得知宾客临门，男女主人总会恭敬地站在门口热情地迎候嘉宾。宾主相见，不管过去是否相识，都要向客人问候“您好”、“向您请安了”等。客人告辞时，主人往往要举家相送，并一再说些“再见”、“欢迎再来”、“一路平安”之类的送行话。蒙古人与客人见面时，还有个特别的待客习惯，他们喜欢拿出自己珍爱的鼻烟壶让客人嗅闻。客人若遇到这种情况，应该诚心实意地嗅闻，然后把壶盖儿盖好还给主人。他们与亲人或朋友打招呼的方式极为特殊。相互见面时，一般不习惯先问对方身体如何，而是习惯先问对方的牲畜是否平安？这是蒙古国人的一种传统习礼。其原因主要是他们是游牧民族，整日与牲畜相伴，牲畜在他们的日常生活中占有极重要的地位，离开牲畜他们就等于没有了自己的经济支柱。故此，亲友相遇一般都不先问对方身体如何，而是先要问牲畜是否平安。

蒙古国人对不同色彩有着不同的爱好：他们崇尚蓝色，认为蓝色象征着永恒、坚贞和忠诚，因此，他们习惯把自己的国家称为“蓝色的蒙古国”；他们珍视黄色，认为黄色是黄金与珍宝的颜色，黄色是荣华和富贵的象征；他们偏爱红色，认为红色象征着幸福、胜利和亲热；他们喜欢白色，认为白色寓意着洁净、质朴和公正。蒙古人很尊敬年迈的老人，也很讲究男女之间的相互平等。

蒙古人在社交场合与宾客相见时，一般也施握手礼，但献哈达要属蒙古民族最正统的礼节方式了。不过蒙古国人敬献的哈达不同于中国一些民族的白色哈达，而是由丝绸制成的天蓝色哈达。他们在献哈达的同时，还要向客人献上一碗鲜奶，以表达他们对嘉宾的深深敬意，相互见面时一般不施脱帽礼。请让客人只以右手示意，即施请安礼。如果人在马上要先下马，坐在车上要先下车，以表示对对方的尊敬。请安的时候，男子要单屈右膝，右臂自然下垂；女子施礼则要双膝弯曲。蒙古人亲属间相见时，一般要施亲吻礼，晚辈出远门或归来时，长辈要吻晚辈的前额，以示祝福。

蒙古国人信奉的主要宗教是喇嘛教，还有少数人信奉东正教、天主教和伊斯兰教。

蒙古人最厌恶黑颜色。把黑色视为不祥的色彩。

蒙古人忌讳别人用烟袋或手指点他的头部，认为这是一种极不礼貌的举止。忌讳生人倚坐在他的蒙古包上。蒙古人在饮食上不吃虾、蟹、海味及“三鸟”（即鸡、鸭、鹅）的内脏，也忌讳吃鱼，因为有些地区的蒙古人视鱼为神的化身。他们不爱吃糖和带辣味的调味品；不爱吃带汁的、油炸的菜肴，不太爱吃米、面食品和青菜；他们还不爱吃猪肉及糖醋类菜肴。

蒙古人最爱吃肉和奶类食品，尤以羊肉食用最为普遍。“手扒肉、烤全羊、石烤肉”等都是他们常用的民族传统佳肴。他们用餐时习惯以手抓饭，有时也用刀叉。他们吃肉时乐于把整块肉下锅煮，待熟后捞出，然后用手撕或以小刀切着吃，而且大多食量惊人。

十、朝鲜礼仪礼俗

朝鲜民主主义人民共和国简称“朝鲜”。位于亚洲东北部，包括一个半岛和3300多个大小岛屿，半岛面积约占总面积的97%。北部和我国为邻，南部与韩国相连，东南隔朝鲜海峡与日本相望，东北与苏联接壤，西、南、东分别为黄海、朝鲜海峡、日本海环绕。

“早晨的太阳光芒万道多鲜艳，我们的国家因此起名叫朝鲜。”这句《朝鲜之歌》的开头词，简明生动地描绘了朝鲜国名的历史由来。朝鲜的《东国舆地胜览》一书中说：“国在东方，先受朝日光辉，故名朝鲜。”“朝鲜”，是“朝日鲜明”之意，即“朝日鲜明之国”、“清晨之国”或“晨曦清亮之国”。说明朝鲜人民是极为向往和热爱光明的。公元918年定名“高丽”即“高山丽水”之意，为“高句丽”之别称。1897年李熙曾改称“大韩”，但为时甚短。1948年9月9日，朝鲜民主主义人民共和国宣告成立。

朝鲜首都为平壤。货币为“圆”。朝鲜语为朝鲜的国语。

朝鲜人在与客人相见时，总要以真挚的微笑来热情迎接客人。见面要礼貌地问候客人“您好”；送客时还要说“请慢走”、“祝您一路平安”或“祝您一路顺风”之类的礼貌敬语。朝鲜人尊老敬老有着良好的民间传统。赡养老人、敬重老人被视为一种光荣的美德。路遇长辈或上级，要鞠躬、问候，并为长辈或上级让路。

朝鲜民间在元旦的黎明时，传统习惯总要把一些钱塞进扎好的稻草人中，扔到十字街头。他们认为这样可以送走邪恶的魔鬼，迎来福星高照。到黄昏时，人们还要把全家人一年里脱落的头发全部烧掉。据说这可以使四季平安。新年期间，朝鲜人除享受美味佳肴外，还必定要做一种用糯米、栗子粉、松子、枣泥、蜂蜜等蒸煮成的饭。据说吃了这种饭可使家人兴旺，日子过得甜蜜。

朝鲜人崇拜太阳神，并自称为太阳神的子孙。白色表示太阳光，故他们对白色倍加厚爱。他们喜欢木槿花。由于木槿花鲜艳、美丽，而且实用价值高（白木槿花可充蔬菜，嫩叶可以代茶，茎又可造纸等），所以深得人们的偏爱。因此，人们都尊其为国花，并视其为民族坚毅不屈的象征。他们对金达莱花也有很深的感情，人们普遍偏爱这种花，认为金达莱象征着繁荣昌盛、幸福永存。

朝鲜人在社交场合与客人见面时，习惯以鞠躬并握手为礼。握手时，或双手，或用右手。女人一般不与男人握手，只是鞠躬致意。他们崇尚尊老敬老的礼仪传统习惯：一般起床后，子女须向父母问安，远行归来须向父母施跪拜礼；父母外出、回归，子女须迎、送并施礼；若遇年长客人临门时，一般父母要率先向来客施跪拜礼，然后令其子女向客人施跪拜礼，以表示对长者的尊敬。

朝鲜人信奉的主要宗教有佛教、基督教、儒教、天道教等。他们崇拜熊，认为熊是本民族的祖先；民间还把虎视为山神；人们又把猪看作地神，把狗视为客鬼，把蟒封为财神，等等。

朝鲜人的语言词汇中有许多忌讳。因他们的语言文字与中国的文字语言有许多不可分割的联系，故同音字和一词多义的也很多，如“私”、“师”、“事”、“四”等字同“死”的发音类同，因此，人们对这些都很敏感，许多人还很忌讳，传统上都认为与“死”同音的字词为不吉利的，“4”这个数字也是个预示厄运的数字。他们对“李”字的解释方法也有忌讳。朝鲜人也有李姓，但在解释“李”字的写法时，绝不要解说为“十八子”李，因在朝鲜语中，“十八子”的读音与一个淫秽的词近似，听起来令人反感，尤其是男子在女人面前，绝不能说这种话，否则会被认为你是有意侮辱人。

他们忌讳有人在面前擤鼻涕、吐痰、掏耳朵或衣衫不整。认为这些都是不礼貌的举止。

朝鲜人在饮食上一般不爱吃羊肉、肥猪肉和鸭子，厌油腻；不愿喝清汤；熟菜中不喜欢放醋；不爱吃放糖和带花椒的菜肴。

朝鲜冷面是驰名国内外的一种深受人们喜欢的传统民族食品。其中尤以荞麦面冷面为著称。一般用牛肉汤或鸡汤，佐以辣白菜、肉片、鸡蛋、黄瓜丝、梨条、葱丝、辣椒、味精、盐等。食用时，先在碗内放少量凉汤与适量面条，再放入佐料，最后再次浇汤。其面条细且质韧，汤汁凉爽，酸辣适口。

饺子汤是朝鲜民间传统待客食品，是以牛肉熬汤，用牛肉、猪肉、豆芽、白菜、洋葱、辣椒、芝麻、香油、酱油等做馅包成大饺子，放入牛肉汤中煮熟。食用时，连汤带饺，放些调料，其味道甚佳。“烤牛肉”是朝鲜民间著名的菜肴。其制作方法是将牛肉切成片，然后用力拍打松软，再放入容器中，并投入各种调料搅拌匀，再浸泡、置放40分钟后，放在烤架上或用烤签串烤，其风味独特，深受喜爱。

朝鲜人多受中国和日本的影响，用餐也使用筷子，饮食口味近似我国东北人。在餐具使用方面，朝鲜人有其特殊的习惯，使用饭碗一般因年龄、性别和季节不同各有区别。有专门的男用碗、女用碗、儿童用碗；夏天多用瓷碗，冬天多用铜碗。他们就餐时乐于菜齐后一起上桌；泡菜、浓汤及多种调料，是朝鲜人每餐必不可少的食品。

十一、土耳其礼仪礼俗

土耳其共和国简称“土耳其”，位于亚洲西部，地跨欧、亚两洲。东临伊朗、亚美尼亚、格鲁吉亚，东南与叙利亚、伊拉克接壤，西、西北和希腊、保加利亚毗连，北濒黑海，西南部隔地中海与塞浦路斯相望。

“土耳其”国名来源于国内主要居民土耳其人。“土耳其”之名是从19世纪末才开始广泛使用的。“土耳其”一词是由“突厥”音转变而来的。在鞑靼语中，“突厥”有“勇敢”的意思。“土耳其”意即“勇敢人的国家”。虽说奥斯曼统治阶级认为把自己称为“土耳其人”是一种对自身的侮辱，因其有“乡下佬”乃至“傻瓜”的意思。但是到1897年，青年诗人穆罕默德·艾明却自豪地宣称：“我们是土耳其人，血管里流的是土耳其血液，起的是土耳其的名字……”因此，在1923年10月29日共和国成立时，正式采用“土耳其”为国名。

土耳其全国面积为78.1万平方公里。土耳其人占绝大多数，库尔德人、阿拉伯人、亚美尼亚人等占少部分。土耳其全国划分为八大行政区。首都为安卡拉，货币为“土耳其里拉”，官方语言为土耳其语。

土耳其人喜欢邀请客人到自己家中做客，并一定会十分殷勤地招待你。咖啡、香烟、点心、水果要让客人一一品尝，最后还会邀你下次再来。在土耳其，人们保留着一种古老的传统习俗，普遍对大蒜怀有特殊的感情。因此，人们都愿意在自家门口挂上几瓣蒜，用它来逢凶化吉。他们特别喜欢外国客人用土耳其语同他们讲话，哪怕你刚刚学会一句同他们对讲，他们也会因此而对你格外亲热的。土耳其是世界驰名的烹饪王国之一。他们的烹饪技艺在中东及北非许多国家流传甚广、影响颇大。他们喜欢于别人品尝及赞赏他们的美味佳肴。他们对无异议的国际问题、家庭、职业以及个人的业余爱好等话题喜欢谈论。他们特别喜爱花，尤以郁金香花更受他们的青睐。郁金香在土耳其人的心目中是幸福的象征、爱情的信物，并被尊为国花。他们对绿色、白色和绯红色较为偏爱，认为这几种颜色给人以积极向上的印象。

土耳其人在社交场合与客人见面时，一般是首先互致问候，然后再施握手礼，同时祝愿客人的身体好。他们在同亲朋好友相见时，也有的施亲吻礼(即互相亲吻对方的双颊)。土耳其人为亲友宾朋送别时，一般多施鞠躬礼，施礼时，要以两手交叉放在胸前，鞠90°躬，以表示对客人的敬重和惜别之情。倘若两手不交叉于胸前，则寓意下次不欢迎再访的意思。

进入清真寺之前，要像穆斯林那样脱鞋。在乡下，进入屋内时要脱鞋，但在城市里已不再保持这一习惯。

土耳其人的好客是真心诚意、慷慨大方的，有时慷慨得甚至令人不知所措，可能邀请你上他家里去作客，但更可能带你去餐馆度过一个休闲的晚上。

如被邀请去他家里吃饭，可以带些鲜花、糖果或糕点作为礼物。如果你知道这家人喝酒的话，可以送酒。

土耳其人往往从衣着来判断人，这里的习惯是穿着比较保守。

交谈时恰当的话题是不会引起争议的国际事务、家庭、专业和业余爱好。

土耳其人大多信奉伊斯兰教，有少数人信奉基督教。他们忌讳用左手传递东西或食物，认为左手是肮脏的，使用左手传递东西或食物是对人的极大不敬，并有污辱人的嫌疑。他们对已婚的男女或恋人在公共场合的相互亲昵的举止是极为反感和厌恶的，认为这是一种伤风败俗的行为。他们布置房间最忌讳使用花色，认为花色预示着凶兆，对主人来说是很不吉利的。

土耳其信奉基督教的人忌讳“13”这个数字，认为“13”是不吉祥的，是预兆厄运和灾难的数字。因此，无论做什么事情，他们都要设法回避这个数字。土耳其在社交活动与客人闲谈中，不喜欢议论有关政治以及塞浦路斯与希腊的冲突等方面的问题。他们禁食猪肉及一切外形丑陋和不洁之物，如甲鱼、螃蟹等；还忌讳使用猪制品，也忌讳议论猪或有关猪的问题。

土耳其的烹饪技术在世界上是非常有名望的。曾有人这样说过，世界上有三个国家最讲究吃，第一是中国，第二是法国，第三就是土耳其。他们特别爱吃羊肉，尤以羊脑髓为最珍贵，认为羊脑髓是上等的补品。他们对蔬菜中的茄子倍加偏爱。因此，土耳其烹制茄子的菜肴品种非常多。在土耳其人们的心目中，“转烤羊肉”是极受欢迎的。人们乐于边转烤羊肉，边从外围削下些肉片，铺在大饼上吃，认为这样削下来吃肉嫩、酥香味美。他们很喜欢吃大米，不过他们用大米主要不是做主食，而是和羊肉汤一起当菜吃(即为羊肉大米汤)。他们还喜欢用面粉、牛奶、糖和榛子做的各种甜味食品，按他们的用餐习惯，这是正餐的最后一道。

后 记

“经略海洋、维护海权、建设海军”，是历代党和国家领导人的伟大战略构想和宏伟蓝图。海军是一个国际化军种，培养一支具备扎实的海军军事技能、宽广的国际化视野的新世纪高素质海军军官队伍，是完成这一历史使命的基本保障。作为中国未来的海军军官，海军院校学员应努力培养包括国际视野、涉外政策法规、外语语言交流、军事综合技能和身体心理素质等在内的涉外交流能力，这也是贯彻党中央、中央军委关于培养具有国际化视野人才系列重要指示的重要举措。作为海军工程大学的一名教员和海军院校涉外工作的组织与参与者，在本书正式付梓之前，笔者将相关的涉外知识与礼仪内容和多年的海军外事交往工作案例，广泛应用于海军初级军官培养的课堂教学实践。在近十年的教学过程中，针对培养一名海军军官应具备的国际交往能力，不断丰富教学内容，形成了较为完备的海军涉外礼仪知识教学内容体系；去粗取精，逐步形成了本书的蓝本与雏形。以此为理论支点，笔者还充分利用海军工程大学丰富的外事外训活动资源，为在校学员提供大量的涉外交往实践机会，通过理论与实践的有效结合，为广大学员提供了灵活多样的现场实践和互动交流机会，为他们打开了一扇认知世界、了解外军的大门，极大地提升了军校学员的综合素质，并多次成功地服务保障中国海军重大对外军事交往活动。比如近年来在中国海军成立 60 周年多国海军活动、2014 年西太平洋海军论坛年会、历次中俄海上联合演习、舰艇出访、亚丁湾护航行动等活动中，海军工程大学选派了数百名在校学员直接参与承担了各项活动的组织协调、翻译联络和远航训练任务。学员们英语听说能力好、与各国海军和国际媒体沟通能力强、涉外交流能力表现突出，受到了海军机关和首长的一致好评。

随着本书的出版，笔者有理由相信，在中国海军由近海防御走向“蓝水海军”的伟大进程中，该书将有更多机会为培养高素质海军院校学员、打造一支优秀的中国海军军官队伍的浩大工程作出绵薄的贡献。

敬请读者朋友批评指正！